国家社科基金
后期资助项目
GUOJIA SHEKE JIJIN HOUQI ZIZHU XIANGMU

因果构式的
运作机理研究

Mechanism of Causal Construction

廖巧云　著

中国社会科学出版社

图书在版编目（CIP）数据

因果构式的运作机理研究／廖巧云著．—北京：中国社会科学
出版社，2011.11
ISBN 978 - 7 - 5161 - 0748 - 5

Ⅰ.①因… Ⅱ.①廖… Ⅲ.①复句 - 研究 Ⅳ.①H043

中国版本图书馆 CIP 数据核字（2012）第 075399 号

因果构式的运作机理研究　廖巧云著

出 版 人　赵剑英

责任编辑　任　明
责任校对　王俊超
封面设计　郭蕾蕾
技术编辑　王　超

出版发行　中国社会科学出版社
社　　址　北京鼓楼西大街甲 158 号　　邮　编　100720
电　　话　010 - 64040843（编辑）　64058741（宣传）　64070619（网站）
　　　　　010 - 64030272（批发）　64046282（团购）　84029450（零售）
网　　址　http：//www.csspw.cn（中文域名：中国社科网）
经　　销　新华书店
印刷装订　北京君升印刷有限公司
版　　次　2011 年 11 月第 1 版　　　　印　次　2011 年 11 月第 1 次印刷
开　　本　710×1000　1/16
印　　张　15.5　　　　　　　　　　　插　页　2
字　　数　281 千字
定　　价　48.00 元

国家社科基金后期资助项目

出 版 说 明

　　后期资助项目是国家社科基金设立的一类重要项目，旨在鼓励广大社科研究者潜心治学，支持基础研究多出优秀成果。它是经过严格评审，从接近完成的科研成果中遴选立项的。为扩大后期资助项目的影响，更好地推动学术发展，促进成果转化，全国哲学社会科学规划办公室按照"统一设计、统一标识、统一版式、形成系列"的总体要求，组织出版国家社科基金后期资助项目成果。

全国哲学社会科学规划办公室

序言一　认知语用学研究有什么用

——代简短的序

　　廖巧云博士写的这本书是以研究因果构式为例，探究因果构式的成因，例如，看见"下雨地湿"这一现象，在不同的情况下，同样用"因为"（because 或 for）连词连成的复句，既可表示事实上的因果关系，如"因为天下雨，所以地湿了"，也可以表示因推想而出现的因果关系，如"因为地湿了，所以是下雨了"。这是为什么？本书试图给出一种可能的答案。

　　"因为天下雨，所以地湿了"、"因为地湿了，所以是下雨了"，这两个句子谁都懂，为什么还要有劳语言学的博士们下大功夫去研究呢？原因之一是要让语言学研究成果为当代的前沿学科人工智能的研究服务。

　　当前的人工智能研究遇到的一个瓶颈就是对人类的心智了解不够，希望能从人类运用语言的运作来窥视人类的心智运作。要完成上述任务，必不可少的一项工作就是通过揭示人类自然语言的加工机制，阐释其根本原则和策略，构建人类语义加工的基本模型。上述的"因为……所以……"问题的研究就是试图用于揭示人类自然语言的加工机制的。

　　对于这个问题，廖巧云是从认知语用学入手进行研究的。认知语言学是当代语言学研究的一种思想和实践，同其他主要的理论语言学相比，是最为晚起的。当代学术研究的发展有一种趋势：一个学科一开始就会出现多种多样的研究课题、研究进路和缤纷多彩的学术观点，只要求在最基本的假设上有共同点。认知语言学研究就是如此，不像此前的生成语言学、功能语言学，它们的基础理论和基本课题，分别都定位于创始人之一尊。因此，埃文斯（V. Evans）说，最好将认知语言学的研究称为一场"运动"（movement）或一项"事业"（enterprise）。认知语用学也一样。这种趋势有明显的好处，这就是从一开始就能把更多的有志者吸引在这一"运动"或"事业"周围，开展多视角、多维度、多方位、多课题的研究。

这也许是认知语言学和认知语用学能在不长的时间里有长足发展的一个原因。问题是如何把握最基本的假设上的共同点。

人们通常将由大脑产生心智的过程称为认知过程，用认知过程解释语言过程或说明语言知识的本质的语言学称为认知语言学；同样，用认知过程解释语用过程称为认知语用学。这里就体现了认知语用学在基本的假设上的共同点，即若用语言表征一个事物作为对象，不是"语言"同"对象"直接联系，而是在二者之间有一个认知过程作为中介。这个作为"中介"的认知过程是什么？这就是认知语用学要研究的。一方面要研究一个个的语用现象的认知过程，另一方面要把这些认知过程归结成特点、原则、策略等。如果说"因为天下雨，所以地湿了"从物理的角度讲是因果相应，那么"因为地湿了，所以是下雨了"就是倒果为因了。这为什么可能呢？这中间是什么认知过程作为中介在起作用呢？认知语用学进行的多视角、多维度、多方位、多课题的研究就是希望把这样的认知过程找出来。其中，复合构式研究是认知语用学研究近期一个比较多的研究观照的热点。

对于这个问题，廖巧云的研究只是做了一件事：挖掘了这个构式（"因为……所以……"／…because…）中主句与从句所涉及的"三域"的多义性背后的认知过程，亦即发现了这一构式的语言与其所表征的对象之间的认知过程。这一发现虽然简单，但如果这一研究真的是有为而发，面对着当前人工智能研究的瓶颈问题，在认知语用学的实践和心智哲学的反思基础上，在构建自然语言机制方面作出探索，揭示人类自然语言的加工机制，阐释其根本原则和策略，这也就为揭示人类自然语言处理的基本原理提供了可资借鉴和进一步反思的研究成果，这就是该研究的基本价值。

但是，这一研究仍然会面临这样的疑惑：它的自然语言复合构式系统所处理的意义，看来仍离不开人们主观的解释，因此这里的解释还只是人们对这一构式的形式符号进行处理的一种假设，本质上仍然只是构式处理；这"三域"只不过存在于研究者以及被说服了的读者的心理。验证它是否有普遍心理实在性，对它进行证实或者证伪，从而开启更有价值的后续研究，这可能是研究者在此基础上可以考虑的一个新课题。

徐盛桓

河南大学

2011 年 9 月 15 日

序　言　二

　　早在几年前就读了廖巧云教授的《C-R-A 模式：言语交际的三维阐释》，给我留下了十分深刻的印象，作者善于继承，勇于开拓，方法新颖，论述清楚。今廖巧云教授新作《因果构式的运作机理研究》又即将付梓，请我作序，实为欣慰，手抚书稿，心绪激动，值得祝贺！

　　廖巧云教授不但善搞管理，学术也未见放松，出色地完成了"双肩挑"的重任，行政管理兢兢业业，思路清楚，办事认真；专业研究坚持不懈，潜心思考，跟踪前沿，不断拓展学术视野。学而养思，思而育文，文而炼心，心生言立，终在功能语言学、语用学、认知语言学等领域取得了令人欣喜的成绩。说实话，当今时代能认真踏实沉下心来读书做学问者甚少，深刻思考前沿课题且成果累累者更是少而又少！这样的后来者若在我国能多一些、再多一些，我国的语言研究和外语教育将会进步更快。

　　廖巧云对认知语言学和认知语用学有着深刻的了解，在创造性地整合相关理论的基础上提出了自己的理论框架"整体性认知—语用模型（HCPM）"，将其灵活地运用于因果构式的具体研究之中，得出了令人信服的结论。这也为当今语言学前沿"构式语法"增添了新内容。整篇论文立论正确，论证充分，层次清楚，行文流畅，从中足可见出她坚实的理论基础和娴熟的科研能力。她能在近两年内就该项研究在核心或权威核心期刊上发表 6 篇论文，可喜可贺！

　　笔者认真学习本书，颇有收获，也深有感触，大致总结出如下五个特点。笔者同时也想借助这五大特点，用于说明我国当前语言学研究中一些值得密切关注的倾向，以供同仁参考。这也是我接受廖巧云索要序言之根本原因，借此新作付梓之际，略抒科研管见。

　　一、立论明确，意在创新。作者基于复杂系统因果观和生成整体论，整合了认知语言学和认知语用学中的相关观点，发展成一个统一而又完整的研究模型 HCPM，并以其为理论框架来揭示因果构式的产生和识解机理，解释该构式的多义性关系，这充分反映了作者能在理论层面上抓住明确的方向。稍作反思，国内有些论文或"缺乏论点"或"论点无新意"，或堆砌他人理论，或以数据统计为目的，用钱冠连先生的话说，"错把方法当理论"，当引以为戒！

二、论证确当，援引广博。政论文主体包括"论点"和"论据"两大要素。说话要有根据，立论要有理由，理论要为实践服务。在确立论点之后，自然就要陈述立此论点的缘由，或用此理论来解释具体语言现象。廖巧云的整部书都围绕 HCPM 展开论述，且以其为理论框架来探讨英语因果构式的生成和识解机理，并提供了丰富的语言材料，验证该理论框架的普适性。想想国内有些学位论文语料不足，缺乏数据；常信手拈来几个例句，或生造例句，尚不能借用网络语料库技术来作具体论证，从而丧失了部分说服力，当须加以克服！

三、善于继承，勇于创新。我们的专业名称为"外国语言学"，这就注定我们要学习外国学者的成果，但汉语界有些学者常对我们持有偏见，认为我们仅在"步人后尘"、"拾人牙慧"。其实不然，我们不仅在阅读外国学者的作品（当然能读懂就很不容易了），且还在此基础上有所发展，勇于创新。该论文就是一个好例子。为此，日后的论文不可仅以某外国理论为框架，换用些汉语例子作支撑。下面一句通俗表达则指出了此类文章的要害，"我们为什么要为外国人忙乎？"仅用汉语例子来论证外国人提出的理论，何时才能有自己的理论？徐盛桓先生提出的"内涵外延论"，钱冠连先生提出的"中国后语哲"，都是我们自己的理论，当予维护和支持！"创新立意"当为 21 世纪科研之首要。

四、兼跨学科，拓宽视野。本书立论部分中涉及认知科学、哲学（包括语言哲学和心智哲学）、逻辑学、语义学、句法学、语用学，以及认知语言学等多学科知识，笔者认为这些知识对于我国当前语言学研究都是十分重要的，也是不可缺少的。早有学者发出"尽早走出纯语言研究"的呼喊，但响应者似乎不是很多，外语界和汉语界沉湎于纯语言研究的人尚不在少数，其中的原因是多样的，精力不够、时间不足、兴趣不广、杂事太多、生活压力等等不一而足，从而造成了知识老化的现象，要能跟上时代的步伐，实现与时俱进的目标，就要多读相关领域的书，走"跨学科研究"的道路。廖巧云本书的研究思路就很值得借鉴。纯语言模式过于狭窄，封闭式考察难以洞察；多视角有利于拓宽思路，跨学科促进全面提升。

五、理论嫁接，持续发展。国人对于马克思主义可谓精通，其基本原理可谓烂熟于心，但我们发现，马克思的"整合性"研究方法却鲜有贯彻用于论文写作之中。我们知道，马克思坚持"继承与发展"的研究原则，吸取了费尔巴哈唯物主义和黑格尔辩证法的合理内核，将两者整合为"唯物辩证法"，指导了我们的理论研究和革命实践，这一科研方法本身就值得我们学习！笔者依旧记得廖巧云于 2005 年出版的博士论文《C-R-A 模式：言语交际的三维阐释》，就分别论述了合作原则（C）、关联原则（R）、顺应理论（A）单独用于解释言语交际之不足，从而萌发了将这三者结合起来的研究思路。她的这篇博士后论文也是顺此进路，将语言哲学中的"整体论"与"认知语言学"、"认知语用学"紧密结合起来，从而提出了"整体性认知—语用模型"这一理论框架。这说明她已掌握了马克思的这种研究方法，也与我们多年来所倡导的研究思路相吻合。

将本书说成十全十美，也有违辩证法，因为事物永远是发展的，任何成果都难免挂一漏万。譬如理论整合部分的论述还可再深入，尚可进一步借用语言哲学中的相关成果；若能运用封闭语料库统计相关数据作出说明，则会使本书更加出彩；如何将其用于解决人工智能的瓶颈问题还有待探索。但这毕竟是作者从新视角展开的初步研究成果，更多问题尚有待作者本人或后来者进一步研究和验证。

王　寅

2011 年 12 月 18 日

前　言

本书旨在为构式（construction）认知语用研究，特别是复合构式认知语用研究提供一个研究框架。构式种类众多，而这样一本小书无法涵盖各类构式，因此本书聚焦于因果构式，而且是以英语复合因果构式为始发点，希望能够成为抛砖引玉之作。

世界上的万事万物均存在着多种多样的因果关系，这是人们最常用的思维形式之一。因果表达无论在哲学领域还是在语言交际中都占有举足轻重的地位，因为对现象的解释基本上是从因果关系入手的。迄今为止，国内外许多学者［耶斯佩森（Jespersen，1933）；夸克等（Quirk et al.，1985）；邢福义（2002）；斯威策（Sweetser，1996）；沈家煊（2003）；廖巧云（2004、2007）；徐盛桓、李淑静（2005）；牛保义（2006）；桑德斯和斯威策（Sanders & Sweetser，2009）］等从哲学逻辑学、语义学、句法学、语用学和认知语言学等视角对因果关系进行过探讨，比较清楚地梳理了因果构式的复杂情况，为因果构式的分类、描写及其规范运用积累了大量的成果。不过，对于因果构式的生成机理和识解机理的研究还有待进一步深化。

本书的主要目标在于：以生成整体论为指导，基于认知语言学和认知语用学的相关理论，提出一个研究构式运用机理的"整体性认知语用模型"（Holistic Cognitive-Pragmatic Model，下文缩写为 HCPM），解释因果构式生成和识解的机理，揭示因果构式的多义性实质，说明因果构式能够表示多种关系（多义性）的理据，并进一步将 HCPM 用于其他语言（如汉语、日语、法语等）因果构式的分析，论证该研究方法的普适性。

全书共分八章。第一章为绪论，设计本书的研究目标、理据、方法论等；第二章在对英语因果关系的表达式进行一般介绍之基础上，回顾其研究简史，提出了本书的基本假设和主要论题；第三章以生成整体论为指导，基于认知语言学和认知语用学理论，构建了本书的总体性理论框架，即 HCPM；第四章基于 HCPM 对英语因果构式进行分类，将其视为从逻辑

因果构式到实据因果构式的"连续体",是一个整体;第五章运用 HCPM
分析因果构式的生成机理并建立了表达因果关系多样性的因果构式图;第
六章运用 HCPM 分析因果构式的识解机理并构建因果构式的整体性识解模
型;第七章是关于 HCPM 研究框架的普适性探讨;第八章为总结与展望。
主要内容如下。

　　第一,提出了研究构式运作机理的整体性认知语用模型,即 HCPM。
该模型以复杂系统的因果观和方法论以及生成整体论为指导,集认知语言
学理论和认知语用学理论的相关优势于一体,汇集了两者的最核心内容,
并发展成一个统一完整的研究框架,即将构式的生成和识解机理分析框架
融为一体。将 HCPM 用于分析构式的生成和识解机理的过程从意向性开始
并再回归到意向性,即整个过程受到意向性的制约。在具体的表达中,意
向性体现为具体的交际意图,该交际意图制约着话语的生成和识解过程。

　　无论从复杂系统基本学说和生成整体论的角度,还是从认知语言学要
探讨话语的生成机理和识解机理的角度看,HCPM 均具有较大的优势,具
有很强的可操作性。该模型可以分化出构式生成和识解机理的两个分析框
架,即"构式生成机理研究框架"和"构式识解机理研究框架"。前者着
重于从自主成分到依存成分的推衍,更有利于分析作为依存成分的显性表
述所形成某些特定构式的机理;后者着重于从显性表述推导隐性表述的过
程,可以更好地说明构式的识解机理。HCPM 为构式研究提供了一种较为
简便而又有解释力的分析框架。

　　第二,基于 HCPM,在复杂系统的因果观和方法论以及生成整体论研
究范式的观照下,因果构式被看做一个复杂的系统、一个复杂的整体。在
复杂系统中,每个主体只有在自己与其他主体相互作用而共同创建的环境
中方能找到自己的位置并表现出与其他主体相协调、与环境相适应的行
为。正因为如此,语境内的任何人、物和事件在本质上说都不是固定不变
的。主体自身的复杂性指主体复杂的应变能力以及与之相应的复杂结构;
主体的适应性体现为能与其他主体和环境进行信息和资源的交流,为实现
自身目标而调整和改变行为模式,从而适应环境变化的要求。根据荷兰
(Holland,1995) 的 CAS 理论,宏观的变化和个体分化都可以从个体的行
为规则中找到根源。因果关系可能随着环境的改变和主体的目标或行为模
式的改变而发生变化,由此带来了因果关系这一复杂系统的多样性。

　　因果关系以涌现和层级的方式存在,表现出整体性。因果关系可以体
现为从逻辑到实据因果关系的连续体从而构成一个整体;逻辑因果构式和
实据因果构式具有同构性,即虽属于不同的小系统,但运作方式一致,遵

守共同规律。根据莫兰（Morin）所说，世界的基本性质是有序性和无序性的交混，因而构成了世界复杂性的基础（参见陈一壮，2004）。逻辑因果构式和实据因果构式正好是世界因果关系的有序性和无序性的反映。非线性复杂系统表现出不同层次的自相似性，它们可以同时具有形态、功能或信息的自相似性，也可以是其中之一；既可以是严格的自相似性，也可以是统计意义上的自相似性，此所谓"理一分殊"。

从 HCPM 审视因果构式的分类问题，我们将因果构式分为逻辑因果构式和实据因果构式两个子构式。为了更清楚地论述因果构式的"连续体"的问题，我们在将因果构式分为"逻辑"和"实据"两大类之基础上，进一步将其分为不同小类：线性、规约、可能、推断、认识、言语行为六类因果构式。这些构式除表示线性因果关系以外，还可能表示泛因果关系，也就是从规约上、认识上、言语行为的运用上提供一个"说得通"的理由。事实上，除了线性因果关系可以是纯粹的逻辑因果关系外，其他的或多或少具有实据的特性。

第三，运用 HCPM 探讨了英语因果构式的生成机理，并构建了表因果关系的多样性的构式为 $\boxed{^{\circ}(\alpha, \beta)}$ 。

因果构式的生成机理可表述为：逻辑因果构式是根据世界逻辑结构中存在的逻辑因果关系推衍而来；实据因果构式则是由逻辑因果构式推衍而来的。首先有"意向内容"和"意向态度"，在此基础上，依靠相邻/相似关系，通过传承，生成相邻/相似于因果表达式的显性表达，即逻辑和实据因果构式。前者与客观世界中的逻辑因果关系是自主与依存的关系，而前者与后者之间也同样是自主与依存的关系，前者是自主的，后者是依存的。逻辑因果构式由客观世界的因果关系推衍而来，而实据因果构式是由逻辑因果构式推衍而来。该推衍过程受制于意向性（意向内容和意向态度），依赖相邻/相似关系和传承。因果构式以交际的意向性为导向，以相邻/相似关系的认定为主要手段，推衍出逻辑/实据因果构式；因果关系主导着逻辑因果构式，同时逻辑因果构式又主导着实据因果构式，并且前者对后者发生"传承"的作用；实据因果构式的存在和运作是以逻辑因果构式的意向性为其导向的，其运用要回归到逻辑因果构式的意向性；实据因果构式在需要时原则上可以还原为逻辑因果构式。因果构式的这一形成过程反映了语言表达生成机理的普遍规律。

基于这样的生成过程，在下向因果力和上向因果力的共同作用下，我们构建了表因果关系多样性的构式 $\boxed{^{\circ}(\alpha, \beta)}$ ，它可以具体体现为从逻辑因果关系到实据因果关系的连续体，从而形成了因果关系多样性；即该构式既可表示从原因到结果的线性因果关系，也可表示从逻辑因果关系推导而来的实据因果关系。表有其因 α 必有其果 β 的逻辑因果构式是典型的因果构式，是因果构式的原型；以其为基础，通过相邻/相似机制，形成从逻辑因果构式到实据因果构式的网络。我们可将因果关系的表达式理解为选择与自组织的联姻，人们的知觉不是通过感觉的总和产生，而是整体涌现的。

第四，运用 HCPM 探讨了因果构式的识解机理，并构建了因果构式的整体性识解模型。

因果构式的识解机理可表述为：在整体性框架内，依靠相邻/相似性寻求最佳关联，推导出现实世界中的逻辑因果关系，以获得其相对完备的表达，并根据具体语境推断讲话人的交际意图的过程。因果构式识解的推理过程，是根据因果构式的显性表述，利用心理结构的知识集，通过一连串的"如果 x 则 y"的推导进行逻辑和实据因果构式的交替编码、组织和补偿，不断获得新认识，最后得到对因果构式用在当下的恰当理解。这是在下向因果关系作用下局域话语之间的相互影响进展为话语的整体性解释的过程。在该推理过程中，逻辑因果构式和实据因果构式不同的是：后者需要首先依靠相邻/相似性寻求最佳关联，通过溯因，推导出符合事理的逻辑因果构式，再进行逻辑因果关系的推导；而前者则是直接进入逻辑因果关系的推导。我们将因果构式看成是话语表达的较低层级，而把该话语实际想要达到的交际意图看成是较高层级从而具有下向因果力。所谓谋求因果构式的理解或解释，就是通过对不同层级的因果构式相互作用的考察，追溯其中的下向因果力对这些层级的因果构式的影响，接受合理的，拒绝不合理的，直至最高层级，即交际意图。因果构式的识解实际上是一个整体性识解过程。

在此基础上，我们进一步构建了因果构式的整体性识解模型：第一步，根据初始条件和边界条件建构因果关系的意义整体 D；第二步，设定实据因果构式的集 d（1，2，…，n）在 D 被关联，即设定 π（1，2，…，n）在 D 可认定的相似关系 R；第三步，凸显由此认定 d（1，2，…，n）之间的意义关系 R；第四步，根据 R 获得对 d（1，2，…，n）在语境中的合理性解释。这里的初始条件约束指话语 d（1，2，…，n）提供的参照系；边界条件约束指语境提供的参照系。该模型将因果构式看做一个整体 D，语篇的整体性成为主体的经验知识，论证的过程就是从语篇中寻找证据并对这一经验知识加以支持。模型中的意义关系 R 就是话语之间的修辞关系。初始条件和边界条件是对心理模型的限定条件，对心理建模的信息进行选择性限制。前者侧重于话语的信息，后者侧重于语境信息。因果构式的识解模型是在生成整体性原则基础上，强调主体的论证能力。也就是说，话语的整体性是主体的经验知识，主体要通过心理建模说明话语的合理性。

本书具有广阔的应用前景。首先，本书对从认知语用学角度研究构式具有重要的理论参考价值。本书构建的总体性理论框架，即整体性认知—语用模型（HCPM），是容纳句法、语义、语用和认知于一体的复合构式研究框架，既能解释构式的生成机理，也能解释其识解机理，为构式运作机理研究提供了一条新思路。本书引入复杂性科学思想作为研究的总体理论指导，这在国内外均属前沿性探讨；以复杂性科学为背景的生成整体论强调系统的整体性和生成性，整体与部分不是组成关系，整体也不是各相关部分的集合，它们是生成关系，部分是由整体生成的；该研究将因果构式的生成和识解置于生成整体论研究范式之下，认为其生成和识解是一个整体性过程，这为构式研究提供了一种新视角。其次，本研究成果在一定程度上为解决人工智能研究遇到的一个瓶颈问题，即对人类心智的研究提供了有价值的参考。当前人工智能研究遇到的一个瓶颈就是对人类的心智了解不够。本书的主要贡献之一是要让语言学研究成果为当代的前沿学科人工智能的研究服务，希望能从人类运用语言的运作来窥视人类的心智运作。在构建自然语言机制方面作出探索，揭示人类自然语言的加工机制，阐释其根本原则和策略，这也就为揭示人类自然语言处理的基本原理提供了可资借鉴和进一步反思的研究成果，这就是该研究的基本价值。本研究结果为神经认知语言学研究提供了素材。再次，该研究将具有重要的教学实践指导意义。本课题以因果句为研究的始发点，投射其他各种复句，进而投射整个句法研究，从而为句法教学提供一条新思路，即句法的教学应该重点注意句法所表达的语义，并且要说明构式是形—义配对体（form-meaning pair）。这将对外语教学中教师培养学生的语用能力和交际能力具有重要的指导意义和参考价值。

本书适用于对语言和语言研究感兴趣的大学生和研究生，也适用于广大的外语教师和有关社会工作者。

本书的付梓凝聚了许多人的帮助，融入了老师、同事、学友和家人的心血与汗水。首先要感谢我的博士后联系导师，河南大学的徐盛桓教授。他知识广博如海、思想宏阔深邃，每一次求教，每一次交谈，都使我豁然开朗、茅塞顿开，一些困扰多时的问题便可迎刃而解。感谢令人敬仰的学术前辈和师长王寅教授，他为本书提出了许多宝贵的修改意见。还要特别感谢这两位国内认知语言学界的领军人物能在百忙中为本书作序。感谢我的同事和学友侯国金教授、项成东教授、吴炳章博士、刘玉梅博士，他们是该书的第一批读者，提出了很多宝贵的修改意见和值得深思的问题。感谢四川外语学院的领导和同事们给予我的关心与支持。感谢我的研究生们，他们对该书的进展情况给予了极大关注，特别感谢涂志成、邱晋、孟利君等同学，他们为我收集了部分语料，并且做了校读工作。感谢中国社会科学出版社，特别感谢任明老师，他为本书的出版付出了大量心血。感谢刚刚离我而去的母亲，她的慈爱与宽容将伴我终生。感谢我的丈夫和儿子，他们的理解与支持使我免却许多后顾之忧。最后要感谢参考文献所涉及的作者们，本书建立在他们的研究成果之基础上。

本书除得到国家社会科学基金（项目编号为 11FYY05）的资助外，还得到了中国博士后科学基金（项目编号为 20060400795）、重庆市社会科学基金（项目编号为 2009YY26）、重庆市教育委员会人文社会科学基金（项目编号为 09SKJ04）和四川外语学院人文社会科学研究基金（项目编号为 Y05018）的资助，谨表谢忱；其中部分成果已经在《外国语》、《现代外语》、《外语学刊》、《外语教学》等 CSSCI 源刊上发表。

囿于本人的学术水平，书中定有不少问题与疏漏，敬请读者指正。

廖巧云

2011 年秋于歌乐山麓

目　　录

图表清单

第一章 绪 论

第一节 研究背景

一 构式概念

本书是关于因果构式的研究，所以有必要先对"构式"这一概念进行简要介绍。"构式"（construction）是认知语言学的核心内容之一"构式语法"（construction grammar，详见第三章第二节）的核心概念。根据戈德堡（Goldberg，1995：4）的观点，构式是形—义的配对体（form-meaning pair），指由两个或两个以上象征单位（词素、词、短语、句子、语篇等）所形成的结构；而且构式各构成成分的意义无法通过构式的某些成分或已有的构式推导，构式必须被看做一个整体。根据克罗夫特和克鲁索（Croft & Cruse，2004：225，254）的观点，一切语法知识基本上都是以构式的形式来表征的，因此，"构式"能概括全部语法知识。也就是说，"构式"可以用来分析语言的各个层面［兰格科（Langacker，1987/2001：53—54）］。本书的"构式"概念将涵盖所有"语法结构"、"句法"、"句法结构"等相关概念，除非另有说明；下文出于表达的需要或者同原有表达一致的需要，一些地方仍然会使用"语法"、"句法"、"句法结构"等。本书因果构式的"例示性表达"（王寅，2005：327）被称做"因果句/逻辑因果句/实据因果句"。

二 构式研究概览

20 世纪以来，构式研究如火如荼。关于构式研究的趋势和理论不断涌现，其中主要有转换生成语言学、功能语言学、认知语言学等。同时，国内外出现了对某些构式（如句型）进行深入研究的热潮，特别是近年来从认知语言学角度对一些构式的讨论引人注目。

　　一门学科是否得到充分的发展，一个重要的标志在于它对世界或对存在其中的各种现象的解释程度。语言学的一个重要任务就是对所研究的语言现象作出科学的解释。早期的传统语法学［如语文学（philology）］主要是对语法现象进行分类，分类的成分大于解释的成分，所以可以称为分类意义上的学科。传统语法学家认为，句子所表达的意义取决于构式本身。随着语言研究的发展，20世纪后半叶出现的形式主义语言学和功能主义语言学成为世界语言学界的两大主流学派，都致力于解释语言现象，并将其视为自己的首要任务，亦是说，不仅描写对象，而且要解释它们为什么这样。不过，形式主义语言学主要停留在静态层面，采取纯形式的方法；功能主义语言学从社会和语用功能的视角研究语言，致力于解释语言的社会和语用功能，把其看做动态的而不是自主的现象，但功能语言学却没有解释认知方式如何决定语言表达及其变化。所以，两者的研究均还有缺陷。

　　认知语言学认为，自然语言作为人类最主要的交际工具，它在本质上是人类感知世界、认识世界，通过心智活动将感知到的外在现实加以概念化，并将其编码的结果；语言是人类认知能力不可分割的重要组成部分；语言的基本功能是象征，它是让构式赋予认知内容的一种手段；各种构式的类型都可以看做是象征结构的类型；构式规则可以看做是抽象的结构图式（赵艳芳，2000、2001：2—14；陆俭明，2003、2004：241—246）。构式认知研究也是在一般认知能力的框架内探求与其相关的认知理据。认知语言学通常包含两项内容：认知语义学和认知语法。前者主要关注"人类的概念系统、意义和推理"，即研究"人类的理性"，莱考夫和约翰逊（Lakoff & Johnson，1999：497）认为语义形成过程就是概念化过程；后者主要关注在人的感知经验基础上形成的概念图式如何影响构式，试图为构式寻找经验上和概念上的理据。在认知语言学的框架内进行构式研究，是当前认知语言学最大的"热点"。构式的认知研究又是语法认知研究的核心部分，同人类所发展起来的认知过程、认知特点、认知策略、认知手段、认知方法有关，并在表达机制的制约下形成了各种不同的构式。因此，构式必定深刻地反映人类的认知能力（徐盛桓，2005b）。从历时角度来说，这些构式应被看成是过程的集合；从共时来说，这些构式就是某一时期相对稳定的社会化约定俗成的［戈德堡（Goldberg，1995）］。认知句法学试图推测出构式的形成理据，也就是兰格科（Langacker，1987/2001）所说的"句法结构的基础"。随着认知语言学的发展，人们逐渐意识到，人类的认知方式为解释和分析语言现象提供了一种新理论框架。认知语言学认为，构式同认知密切相关，构式规则是现实规则通过认知投射到语言中的结果，即是遵循着"现实—认知—语言"的基本框架。客观世界的图景通过人类认知这一中介投射到语言中，形成语言设计的总体框架，成为语言运用的认知理据。在人们感知世界的过程中，认知主体（如说话者）的态度、信仰、情感等都将不可避免地渗入其中，影响人们对事物以及事物之间关系的认识过程和结果。这些影响会反映到语言结构上（徐盛桓、李淑静，2005）。这些观点为我们进行构式的认知语用研究提供了坚实的理论基础。

表达原因与结果关系的因果构式，一般由原因分句和结果分句构成，较为简单，但它们所表达的因果关系则是多种多样的。正是这一看似简单而意义复杂的因果构式的能产性激起我们探索的极大兴趣。

第二节　本研究的理据

本研究将在认知语用理论框架里探讨因果构式表现出的讲话人的认知状态同其句法、语义和语用之间的关系，即这一简单的、常用的因果构式在语法、语义和功能等方面表现出的运作机理；旨在提出一种分析因果构式的全面系统的理论模式，揭示因果构式的多义性的实质，解释因果构式能够表示多种关系（多义性）的理据；并在此基础上初步论证因果构式运作机理的研究框架和该研究框架的普适性。研究的理据主要包括以下几个方面。

第一，该研究符合科学研究元理论的要求。这里所说的元理论是指"科学学"（science of science）的元理论。科学学的元理论（［OL］参见 http：//baike. baidu. com/view/63383. htm， accessed 18/04/2007 ）认为，作为现代意义上的科学研究，需涉及研究对象的四个方面：本质研究、目的研究、构成研究和解释性研究。亦即说，元理论是对研究某一问题时可能涉及的出发点、视角、理据的说明，主要涉及本质性理论（Essentialist Theory）、目的性理论（Teleological Theory）、实体性理论（Substantialist Theory）和机理性理论（Theory on Mechanism）四个原则。

本质性理论是探讨研究对象的本体、实质的理论，回答的是研究对象"是什么"的问题。就因果构式的研究来说，本质性理论旨在揭示因果构式反映的是世界上存在着哪些不同情况的因与果的关系。目的性理论是探讨研究对象可以实现人类什么目的的理论，主要与功能有关，即目的研究是探讨研究对象的功能和作用、为什么目的服务等；对因果关系的认识，包括线性因果关系和"给出理由"的泛因果关系,需要用语言表达确定下来和传递给别人,这就需要有一个约定俗成的表述因果关系的表达式。实体性理论说明被研究的对象实体的构成,即研究对象的内在成分和构成;就因果构式来说,有关的理论要说明因果构式的构成。机理性理论揭示被研究对象生成机理、运作过程和功能得以发挥的机理,即解释性研究;解释性研究探讨现象发生的原因和过程,解答"为什么"的问题,需要依靠相关学科理论,针对研究对象的学科背景进行机理分析。

以上讨论说明,作为一个研究理论框架至少要包括这四个原则涉及的四个方面。前三个方面是研究的基础,机理性理论是在此基础上建构起来的分析框架。本质研究、目的研究和构成研究的步骤和分析对任何一项研究都是基本适用的,是科学研究必要的步骤和基础,而解释性研究则会因学科性质的不同而有所不同。就语言学研究而言,这四者分别担负了充分观察、充分描写和充分解释的任务。值得注意的是,同一语言现象置于不同学科背景下会有不尽相同的解释,达至不同的理论目标,并且对以上三种研究的观察和描写也会产生影响。就构式研究而言,前三方面的研究已经较为成熟,但是关于运作机理的研究却有待更深入探讨,即探讨构式的生成和识解机理。这说明本研究具有现实意义。

第二,该研究符合因果关系表达式研究现状的要求。关于因果构式的研究,较早期的主要是对因果构式进行语法和语义功能分析,代表人物有耶斯佩森(Jespersen,1933)、夸克等(Quirk et al.,1985)、邢福义(2002)等。这些研究将重点放在因与果的逻辑关系方面,即主要涉及逻辑因果构式的研究,而极少触及实据因果构式的讨论;主要从因果构式的语义和语法结构之间的关系进行研究讨论,而从语用、认知角度探讨得较少,特别是对因果构式的运作机理,即其生成和识解机理的阐释不多。探讨因果构式运作机理的研究是近些年才开始的,主要有斯威策(Sweetser,1990/2002),沈家煊(2003),廖巧云(2004,2007),徐盛桓、李淑静(2005),牛保义(2006)等。这些研究表明:因果构式的复杂情况得到了比较清楚的梳理,基本上是以客观事理或主观认识作为主要参数,区分出逻辑因果构式和实据因果构式两大类。不过,对于英语因果构式的运作机理的研究还有待进一步深化(详见第二章)。这说明了本研究的必要性。

第三,该研究符合复杂性科学(science of complexity)提供的方法论和研究范式的要求。近年来,复杂性科学逐步同人文社会科学领域不断地交叉和融合,以复杂性科学为背景的生成整体论强调系统的整体性和生成性,整体与部分不是组成关系,前者也不是后者的组合而是整合,部分是在整体框架中形成的。在这样的世界观和方法论的观照下，语言被看做一个复杂的层级系统。动态系统的复杂性所表现出的非线性和非平衡性、动态性、整体性、自组织性/涌现性、分形性/自相似性、开放性等重要特征也为本研究提供了理论参照。因此，为了认识和解释一种语言现象，需要从不同层级进行研究。我们将因果关系表达式即因果构式的生成和识解置于生成整体论研究范式之下，认为其生成和识解是一个整体性过程，可望给研究因果关系这一最常用的思维形式和语言表达带来突破（详见第三章）。

第三节　本研究的对象和范围

本书的研究对象是因果构式，主要对英语因果构式所表示的因果关系多样性进行系统探讨。这里需要交代的是，本研究所涉及的"因果构式"主要指"复合因果构式"。英语语法著作在谈到主从复合句的各种分句时，常会提到诸如条件分句、原因分句、结果分句等，它们都同因果表达有关。也就是说，因果构式有广义和狭义之分；广义因果关系还可扩展到条件关系等（邢福义，2002：39）。本书集中讨论狭义因果构式。

表因果关系有多种构式，有些带有操作词（因果连词），而有些则无操作词。无操作词的因果构式依赖我们对事物之间的关系来把握，有操作词的因果复合构式具有多样性，十分复杂。英语里主要有 because、for、as、since、while 等充当操作词。本书主要涉及"because/as/for 因果构式"（because/as/for-causal construction，以下多用简称"英语因果构式"或"因果构式"），暂不包括表因果关系的 since、while 等，也不涉及省略句，即没有操作词的因果构式。我们将研究范围限定在英语的"because/as/for 因果构式"的主要原因是："because/as/for 因果构式"具有很好的代表性，在徐盛桓、李淑静（2005）的一项调查研究中，"because/as/for 因果构式"占所有因果复合构式的81%。因此，若能对"because/as/for 因果构式"作出合理的解释，则可能解释其他类型的因果构式。

本书将详细讨论的因果构式"BECAUSE（命题 α，命题 β）"主要包括三个基本参数：两个命题 α、β 和一个操作词/连词（operator/conjunction）BECAUSE/ AS/FOR。"α"和"β"分别表示原因分句和结果分句；"α"和"β"的次序在构式中是可以变动的。因果关系的多样性是由两命题内容相互调节来体现。我们将用符号"⊙"标示因果关系的连词；因此因果构式由"⊙α，β"或"β⊙α"来表达，可以进一步抽象为构式 $\boxed{^{\circ}(\alpha，\beta)}$ 。

本书将探讨因果构式的成因和识解问题，故我们主要涉及句子层面，基本不涉及词汇层面，词汇层面的操作词 because/as/for 也只取其语法意义，充当因果关系的连词，起连接因分句和果分句的作用。

第四节　本研究的基本假设

本研究的基本假设是：因果构式" $\boxed{^{\circ}(\alpha，\beta)}$ "所表示的因果关系具有同型性，是指虽然因果关系具有多样性，但是它们都可归结成"前因后果"的关系，因此它们具有同型性。因果构式具有体认性、整体性、动态性三大主要特征。

首先，因果构式具有体认性。因果构式的形成是现实世界事件间的因果关系通过人们的感知和识解投射到语言中的结果。

其次，因果构式具有整体性。一个具体的话语意义系统在生成过程中不是一部分一部分地出现的，而是按照生成机理不断生成、修复、放大的过程。意义作为整体，不但同层次中各部分不可分割，而且也与层次间的互动关系密不可分。如果说话语是生成意义的"信息元"，那么意义就是尚未分化的整体；经过信息的分化、筛选、修复、组织、更新，话语义形成一个整体。

再次，因果构式具有动态性。认知语言学认为，意义就是概念化［兰格科（Langacker，1987/2001：5）］，是一个动态的过程。本研究同意兰格科的观点，认为"应以描写人们理解意义的认知常规描写意义"。话语义是话语里的信息同外界进行信息交换的产物。根据构式语法，构式有基本意义，以其向外蔓延，从而形成一个构式家族［戈德堡（1995：1，225）］。因果构式也具有基本意义，在长期的具体使用过程中出现了不同变体，从而形成了因果构式家族。本书旨在重点考察该构式家族的分布情况。

一个构式像世界上其他事物一样，是一个复杂系统。它允许不同的下层结构线性排列形式，在许多情况下，不同的排列形式并不影响构式的可接受性，不过会使构式的语义或语用功能存在不同程度的差异（刘辰诞，2005：9）。同样的，因果构式的下层结构线性排列可以体现出多种不同的因与果之间的关系，使得表面相同的因果构式可以表达从逻辑到实据的因果关系，从而使这些不同关系的表达式在语义和语用方面表现出不同的特征。逻辑因果关系表示事件本身的因果关系，即合乎逻辑的、顺应事理的因果关系；实据因果关系表示述说一个事件和得以将事件作出这样述说的原因的因果关系（详见第四章关于英语因果构式分类的讨论）。因果构式"$\boxed{^\circ (\alpha，\beta)}$"的句法表达式可以事件实际的因用作原因从句，也可以事件实际的果用作原因从句；可表示线性因果关系，也可表示泛因果关系亦即某些"说得通"的理由；可为一个实际的事实事件提供因果说明，也可为思维活动或言语行为提供合适的理由。这些均体现出因果构式所表示的因果关系的多样性。

这些特性决定了我们只有从体认性、整体性和动态性出发，才能对构式作出较为合理的解释。

第五节　本研究的方法论

本研究的方法论基础是复杂系统的因果观和方法论（详见第三章）。以定性研究为主，构建一个适合研究构式运作机理的整体性模型。

具体方法是溯因推理（abduction），即从观察到的现存因果构式的"例示性表达"，反溯其成因。根据安德森（Anderson，1983）和霍普和特拉格特（Hopper & Trauggot，1993），溯因推理法同归纳推理、演绎推理密切相关，总是受归纳过程和演绎过程的检验。演绎推理法是从大前提和小前提推出结论；归纳法是通过观察小前提和结论，然后建立大前提；溯因推理法是先观察结果，从这一观察结果产生解释性假设，然后寻找事实加以验证。

本研究采取的具体方法步骤是，先选取典型的语言表达式进行观察、分析，根据观察分析的结果，提出我们的研究假设，然后用假设解释语言现象，最后用解释的有效性强调假设的适用性。

溯因就是由果推出因，长期的语言运用就形成了现在的因果构式，我们的研究就是要追溯这样的构式形成的理据。下文提出来的 HCPM 研究框架就是溯因推理的具体运用（详见第五章、第六章）。

第二章　因果构式研究回顾

第一节　引言

本章首先对英语因果构式进行一般说明，然后从科学学的元理论的四个原则的要求以及实现本研究目标的需要出发，从哲学逻辑学、句法学、语义学、语用学和认知语言学等角度对因果关系及因果关系表达式的研究状况进行全面回顾。

要研究元理论涉及的四个原则，就必须涉及哲学逻辑学、句法学、语义学、语用学和认知语言学对因果构式的研究。哲学逻辑学理论主要说明世界上存在不同情况的因果关系；句法学说明因与果之间的句法关系；语义学说明因与果之间的语义关系；语用学和认知语言学主要涉及因果构式的运作机理。认知语言学要有语言学研究作为基础，即需要进行句法、语义研究；而且，因果关系可以看做一种语义关系，即与逻辑研究密切相关，更是哲学上的范畴。

如果从古希腊时代算起，构式研究已经有几千年的历史了。构式研究经历了一个从静态走向动态的研究过程。

20 世纪是语言学发展史上一个伟大的时代。20 世纪上半期，从索绪尔（de Saussure）开始，语言学取得了丰硕的研究成果，有了明确的研究对象和理论体系，稳固地确立了作为一门独立学科的地位。语法学也得到了前所未有的发展。其中心任务是揭示语义和各种结构之间的对应关系，并解释某一意义为何采用某一特定的结构而非其他的结构。

在 20 世纪中叶以前，语言研究以全面地、准确地描述某种自然语言作为自己的最终目标，语法理论的努力方向始终没有脱离这一传统的轨道，也就是说，20 世纪 30—60 年代是描写语言学占主导地位。而从 20 世纪 60 年代起，这种状况开始发生变化，追求的目标从描写语言现象转向解释语言现象。就语法研究而言，就是不仅要说明哪些说法合乎语法，哪些说法不合语法，还要说明为什么是这样。从回答"是什么"或"怎么样"到回答"为什么"。

目前一般将语法研究分为形式与功能两大学派；也有人分为三大学派，即形式学派、功能学派和认知学派。前一种分法将认知学派归入功能学派。无论是形式学派，还是功能学派，内部都还可以分为不同的流派。我们持上述三分法的观点。

下面，我们将在对因果关系及因果关系表达式的研究状况进行全面回顾的基础上，提出自己的研究设想和试图解决的问题。

第二节　英语因果构式概说

一　简介

要讨论因果构式，我们首先需要对因果构式进行一些必要的说明。

正如第一章所说，因果关系是人们最常用的思维形式之一。因果关系涉及同一个问题的两个方面：因和果。"因"与"果"是一个矛盾的统一体；有因必有果，有果必有因，"因"与"果"是对立的，同时又是相互依存的。这两个方面都是语言运用必然涉及的。语言表述因果关系，其任务是既要纪因，又要述果，即将因果加以廓清，并按事态、语境、意图和受话人的兴趣所在，恰当地把因果安排在合理的信息结构里。因果关系由因果构式来实现，更具体地讲，是由因果构式的例示性表达来实现。这些例示性表达可以是主从复合句，也可以是简单句；主从复合句由表原因的连接词引导，简单句由短语表原因。

本节将主要讨论英语因果构式的语法—语义机制、不同因果表达方式、英语因果构式的分类等，对因果构式所表示的因果关系及其同世界逻辑结构之间的关系给予基本的说明，以便读者从总体上把握因果关系及其表述。

二　因果构式的句法—语义机制

（一）先因后果

关系是语言学的语义功能范畴之一，它研究自然语言中表达两个或两个以上的事物或事物之间的联系。自然界中的任何因果现象，都是先有因，然后由因促发果，最终才会有果的出现；而且有因才会有果，世界上不存在无因之果。因果关系是一种广泛运用的事物法则，原因与结果是一对重要的哲学范畴。

（二）一因多果和一果多因

在因果关系的讨论中，历来有"多因多果"的说法，主要是"一因多果"和"多因一果"两种情况。分别指一种原因能够引起多种结果的情况和一种结果可由多种原因来产生的情况，这两种因果关系都没有确定的因果对应性。同一事物可以是相反结果的原因；同样的原因在不同的条件下会产生不同的结果。例如：

（1）a. He is absent *because he has got a cold.*

b. He is absent *because his parents have come.*

c. He is absent *because it is raining so hard.*

d. He is absent *because he has not finished his classes.*

（2）a. Because he has got a cold, *he is absent.*

b. Because he has got a cold, *he can't help me with my work.*

c. Because he has got a cold, *he has to go to see a doctor.*

d. Because he has got a cold, *he has to stay in bed.*

例（1）说明同一个结果可以由多种原因引起，感冒、父母来了、下大雨、还未上完课等均可以是他缺席的原因；例（2）说明同一个原因可以引发多种结果，他感冒可以引发缺席、不能帮我、必须看医生、必须待在床上等结果。

（三）英语因果构式的语序

"语序作为一种极其重要的语言现象，已经引起了不少语言学家的重视。不同的语言之间，其语序往往是不同的。"（金立鑫，2002：169）对于同一个事件，表达顺序的差异将带来语义关系、表述人立场等的改变。"语序"通常被认为是词在短语或句子中线性排列的顺序。语序可以用来表示句子成分的词汇意义、句法关系、修辞方式，甚至还能提供语义、语体、文化等方面的各种信息。但就句子本身而言，语序所表示的主要还是其成分的语法、语义和语用方面的情况。决定语序的因素很多，主要有语义、语用、语法、修辞规则。此外，与民族有关的语言习惯和语言心理，如逻辑、时间、方位顺序等原则，也直接对语序的选择产生影响。语言是思维的物质载体，思维有着人类的一致性和各民族的差异性两种属性。人类共同的生理机制决定了人类思维的大致一致性，而各民族人民所处环境的差异，获得经验的不同，以及所受文化影响的不同必然导致了其对世界的认知方式也有差异。

语言的主要功能是对同一客观外界——自然界的反映。在对共同的因果现象进行语言表述时会遵循同样的先因后果的顺序。从语言和思维的关系来看，它们之间相互依存。反映因果关系时都是按照自然界中事物发展的先后顺序这一共同的思维规律来描述的。就事物的发展规律而言，总是先有原因后有结果，因此作为表现客观事物的语言单位之一的因果构式，在表达事物的因果关系时通常也应该是先因后果的表达。

然而，认知语言学家认为，语言不是直接反映客观世界，而是有人对客观世界的认知介于其间。因此认知在语言表达形式的形成或选取过程中起着十分重要的作用。由于某些表达方式的顺序不一定等同于认知规律，而且事件的发生总是先因后果不等于人们对该事件的认识必定也是认识其因之后才能认识其果。因此，需要区分三个层面（徐李洁，2003）：①事件的本身：有因果链的事件，其发生必先因后果。②对事件的认识：先知其因后识其果；先认识果后才认识因；只知其果仍未知其因。③对事件的表述：已知其因果链，是先说因还是先说果，这要看话语"参照点"的选择。因此，除了由因及果的常规表达方式外，还有由果及因的表达方式，即"A，Because B"。

因果构式的语序在很大程度上还受到信息焦点的影响。所谓"信息焦点"就是指一个句子中心里重要性比较大的语言成分（刘鑫民，1995）。不同语言表达信息焦点的手段不尽相同。一般说来，英语为句末信息焦点。英语民族文化重视"自我精神"，因而形成了"由近及远，由小到大"的思维定式。英语中这种由近及远、由小到大的观念不仅决定了在时间和空间上先小后大的语序排列顺序，而且还渗透到语言单位从小到大的排列顺序。一般说来，英语中较大的、较重要的、较复杂的单位多排在句后，也就是我们常说的呈正三角形状语序（王寅，1999）。即先小后大、先轻后重，因此操英语的民族认为语句末端是传递信息的重要部分。这一规律在因果构式中原因句和结果句的语序排列上也得到了体现。也就是说，因果构式的语序可以分为两种情况：常规或无标记语序，即原因从句放在主句后面；非常规或有标记语序，即原因从句放在主句前面。如例（1）讲话人将不同的原因作为信息焦点，故置于句尾；而例（2）则将不同的结果作为信息焦点，故置于句尾。

三　因果关系的语义—句法表征

我们参照张道真（1979：452，457）、章振邦等（1997：1011—1013，1209—1217）语法书总结因果关系的主要表达方式。在英语语言的使用中，一提起因果关系，人们马上就会想到用从属连词引导的原因和结果状语从句来表示。其实，英语中因果关系的表达方法很多。其中，英语因果构式主要包括复合因果构式（作为复句表因果关系）和简单因果构式（作为简单句表因果关系）。本部分主要对复合因果构式和简单因果构式的表达式进行总结。

（一）复合因果构式表示的因果关系

1. 因果关系连词探源

对于英语复合因果构式，连词是表示关系的一种必不可少的手段。如果我们省去英语复合因果构式中的连词，语义的传递和接收会有一定的障碍。因为英语是具有形式变化的语言，它更多地依靠形式来表达语义关系。表原因的关联词语在表达因果关系时起着不可忽视的作用。它的省略将会给解码者留下一定的心理空间自行插入符合语义关系的连词，从而使编码者原本的意图受到曲解，因而给言语交际的顺利进行带来不利影响，故表因果关系的关联词语不可或缺。英语里表示因果关系的连词主要有because、since、as、for、while 等。

英语词源词典告诉我们，for 这个单词的早期形式在古英语中就有，用作介词，除了作 before 的解释外，古英语时期就有 of/by cause、of reason、by reason of 等的用法，也同 of purpose、with a view to 等有关；12 世纪开始出现连词的用法，既用于引导表示原因的分句（introducing a clause containing the cause of a fact），也用于引导表示理由、证明等的分句（introducing a clause containing the proofs of or reasons for believing what has been previously stated）。Because 的出现是在中古英语时期（1150—1349 年），由 by cause that 演化而成；cause 一词的出现是在 13 世纪。Because 早期多用作副词，用作连词已是 14 世纪的事了，表 by cause that、for the reason that、inasmuch as、since 等义（Little，1980）。

英语复合因果构式虽然都可以用 because 和 for 等作为连词引导表原因、理由的分句，但传统语法通常认为：用于表示"原因"时，用 because 更为"正式"，用 for 则显得语气"不如 because 那样强和那样直接"；用来说明"理由"，for 则"比 because 更为正式"（郑易理等，1987）。换句话说，在长期运用的过程中，用 because 或 for 表示原因或理由的用例并不罕见，但从存在着表示"原因"时用 because 更为正式而表"理由"时用 for 比 because 正式的这一定则来看，作为运用之始，说 for 多用于表"理由"而 because 多用于表"原因"应是合乎语言运用事实的，许多语法书认为 for 是并列连词，就是因为人们认为，for 所连接的事件及其"理由"二者不一定显出明显的一主一从的关系。这大概就是当今的语法书区别不同的因果连词的起源。

2. 引导原因状语分句的 because、since 和 as

引导原因状语分句的三个最常见的连词是 because、since 和 as，其中 because 语势最强，since 次之，as 又次之。由 because 引导的原因状语分句通常表示说话人认为这种原因或理由是听话人所不知道的，因此，在回答以疑问词 why 开头的问句时，只能用 because，而不能用 since 或 as，如例（3）；Because 之前可加 only、simply、just，否定词 not 等强调词，如例（4）和例（5）；在分裂句中强调原因分句时，只能用 because-分句，不能用 since 或 as 引导的分句，如例（6）。

（3）A：*Why* were you absent?

　　　 B：*Because* I was not well.

（4）Don't do anything *simply because* other people speak ill of you.

（5）I'm going on a trip tomorrow, because I have to, *not because* I want to.

（6）A. It was *because* he was ill that he didn't go with us.

　　　 B. * It was *since/as* he was ill that he didn't go with us.

3. 引导原因状语分句的 as 和 since

作为引导原因状语分句的连词，as 和 since 差别不大。带有这类状语分句的复合句，均侧重于主句的内容即原因状语所引起的结果，其原因只是附带说明。例如：

（7）*As/Since he was not at home*, I spoke to his brother.

例（7）着重点在 I spoke to his brother，这是因为有 as/since 引导状语分句，其原因或理由在说话人看来已经很明显，或已为听话人所熟悉，不必加以强调；as/since 状语分句主要执行语篇功能（语篇主位），而非概念主位，更非信息焦点，因此不重读。如果分句表示的原因还不是确定的事实，就不能用 since，而通常用 because。由 as/since 引导的原因状语分句通常位于主句之前，但有时也可置于主句之后。由 as 表示的原因语势最弱，常用于日常谈话，如例（8）；由 since 表示的原因，指的是人们已知的事实，这时 since = as it is the fact that…，相当于汉语中的"既然"，如例（9）。

（8） *As* I haven't seen this film, I can't tell you what I think of it.

（9） *Since* he can't answer the question, you'd better ask someone else.

4. 表示因果关系的并列连词 for 和 because

根据张道真（1979：490）和章振邦等（1997：1011—1013，1209—1217）的论述，我们将 for 和 because 的用法总结如下。

第一，二者存在诸多不同点。从用法上看，当表原因时，because 是从属连词，而 for 兼有并列连词和从属连词的某些特征，所以说它是介乎并列连词和从属连词之间的。由连词 for 引导的分句可作原因状语，相当于 because – 分句，但 for – 分句的位置比较固定，通常位于主句之后，而且要用逗号隔开，与并列分句很相似。连词 for 有时并不表示因果关系，而仅是对所说的话提供理由，如例（10）；连词 for 与 because 同义，但连词 for 只用于正式语体，特别是正式的书面语，而 because 却不受此限。此外，作为原因状语，for – 分句和 because – 分句还有以下区别：because – 分句的位置比较灵活，而 for – 分句的位置却比较固定，如例（11a）和例（11b）；because – 分句可以单独回答 why – 问句，而 for – 分句不可以，如例（12）；作为原因状语，because – 分句之前可带并列连词或强调词，而 for – 分句不可以，如例（13）；连词 for 可以引导一个独立的句子，为上文陈述的情况说明原因或提供理由，而 because 通常引导从属分句，除用以回答 why – 问句外，because – 分句通常较少单独存在，如例（14）。

（10） We must start early, *for* we have a long way to go.

（11） a. *Because he is ill*, he is absent today.

　　 = He is absent today *because he is ill*.

　　 b. He is absent today, *for he is ill*.

（12） A：Why are you so busy?

　　 B：*Because* there is such a lot to be done.

* For there is such a lot to be done.

（13）The doctor looks tired and sleepy *simply because* he sat up all night with the patient.

（14）When I saw her in the river, I was frightened. *For* at that point the current was dangerous.

以上所讲的区别是就 for 和 because 表示"原因"这一用法而言的。

第二，二者也存在相近的用法。如果不是表示原因，而是对所说的话提出理由，则 because-分句与 for-分句一样，都只能位于主句之后，既不能用于回答 why-问句，也不能在 because 之前用否定词或其他副词，如例（15），所不同的只是 for-分句限于正式语体而已。

（15）It must be very late, *for/because* the last bus has gone.

（二）作为简单因果构式表因果关系

作为简单因果构式表因果关系主要是指简单句的状语部分表示原因的情况。不过，就简单因果构式中的因果关系而论，能够用来表示因果关系的构式成分不单有状语，还有主语、表语等。而能够充当上述成分的不仅有名词（短语）、形容词（短语）和动词（短语），而且还包括介词短语、不定式结构等。下面让我们就这些语法手段所表达的因果关系逐一进行讨论。（参见韩清明，1997；张道真，1979；章振邦等，1997：1011—1013，1209—1217）①

1. 名词短语表示因果关系

名词短语在简单因果构式中表示的因果关系主要有以下几种：非生命名词作主语，可表示原因，与句子中的宾语构成意义上的因果关系，如例（16）、例（17）；一些本身含有"原因"和"结果"意义的名词作主语和表语，可以表示因果关系，如例（18）、例（19）、例（20）；普通名词短语作状语可以表示原因，句子的主体表示结果，如例（21），这种作状语的普通名词短语看做 -ing 分词短语（即 being + n.）的省略形式，如例（22）。

———————————

① 本节以下部分的例句，除特别注明之外，均选自韩清明（1997）、张道真（1979）、章振邦等（1997）。

（16）The thought of her two kids gave her strength to keep living on.

→*As* she thought of her two kids, she took her strength to keep living on.

（17）The want of my family had kept me from receiving more schooling.

→I had not been able to receive more schooling *because of* the want of my family.

（18）The grounds for his stay was his illness.

→He stayed *because of* his illness.

（19）Heat is the cause of the expansion of matter.

→Matter expands *because of* heat.

（20）The war was the result of their desire for more land.

→The war broke out *because* they desired for more land.

（21）An experienced teacher, Hans knows how to make a good lecture.

→Hans knows how to make a good lecture *since* he is an experienced teacher.

（22）A man of few words, he declined to express an opinion.

→*Because* he was a man of few words, he declined to express an opinion.

2. 形容词及其短语表示因果关系

形容词及其短语在句子中可作原因和结果状语。作原因状语时，可置于句首，亦可置于句尾；作结果状语时，通常置于句末。例如：

（23）Young and short, I was afraid that they would not let me go.

→*Since* I was young and short, I was afraid that they would not let me go.

（24）And then, I was knocked down on the floor, unable to move.

→And then, I was unable to move *since* I was knocked down on the floor.

例（23）的形容词短语表示原因，例（24）的形容词短语表示结果。这种用于表示原因或结果的形容词短语同名词短语一样，也可看做是 being + adj. 的缩略形式。

3. 介词短语表示因果关系

表示因果关系的介词短语可分为两种结构。一种是单个的介词加名词、代词等构成的介词短语；另一种是短语介词（如 due to）加名词、代词等构成的介词短语。表示因果关系的介词和短语介词引出的短语通常用作状语，它们与整个句子在意思上构成因果关系。

表示原因的介词很多，常见的有 as、at、by、for、from、in、of、with、without 等，这些介词所表示的"因为"、"由于"含义，大都为其引申意义，因而常隐含在句子之中，细加分析，即可看出句中的因果关系，如例（25）、例（26）、例（27）；表示原因的短语介词很多，常用的有 because of、by reason of、by right of、in view of、due to、for fear of、for lack of、out of、owing to、thanks to、on account of 等，这些短语介词引出的短语除了可用作原因状语外，有的还可用作表语、定语等，如例（28）、例（29）、例（30）。

(25) The old woman cried out *at* the news of her son's death.

→*Since* she heard the news of her son's death, the old woman cried out.

(26) The sailor died *from* loss of blood.

→The sailor died *because* he had lost too much blood.

(27) He toiled *under* a mistake.

→*Since* he had made a mistake, he toiled.

(28) I didn't get away *because of* the snow.

→I didn't get away *because* it snowed.

(29) *Thanks to* your help, I completed the assignment in time.

→*Because* you helped me, I completed the assignment in time.

(30) This is the resistance *due to* friction. （due to friction 作定语）

→*Because* there is friction, there appears the resistence.

表示结果的介词短语不多，最常见的是"介词 to +（表达感情的）名词"结构；这种结构表示由于某件事的影响而发生的情感/心理上的变化，句子的主体表示事物发生的原因；表示结果的介词短语一般位于句首，有时也可将其置于句末，如例（31）。

（31）To my surprise, he finished the task only in a few days.

→I was surprised because he finished the task only in a few days.

4. 动词和短语动词表示因果关系

一些表示"引起"、"导致"意义的动词和短语动词，如 cause、lead to、result in、result from 等，可用于句子中表示因果关系。例如：

（32）The rise in the temperature of the gas led to its expansion.

→The gas expanded because of the rise in the temperature.

（33）Her success resulted from hard work.

→She was successful since she had worked hard.

（34）These measures resulted in a great victory.

→A great victory was won because these measures had been taken.

（35）a. His death resulted from an overdose of drugs.

b. The overdose of drugs resulted in his death.

→ He died because he took the overdose of drugs.

从例（33）和例（34）中可看出，result 是一个双向动词，尽管其后所接的是不同的介词 from 和 in 从而导致了主体和客体的位置正好相反，但整个句子所表达的意思都是相同的。result from 的主语表示结果，其介词 from 的宾语表示原因，即主语的结果是由宾语的原因引起的；result in 的主语表示原因，介词 in 的宾语表示结果，即主语的原因导致或造成了宾语的结果。所以，例（35a）和例（35b）的两句语义相同。

5. 不定式短语表示因果关系

不定式短语表示原因或结果，在意思上与全句构成因果关系。不定式短语表示原因通常位于表示情感的动词、形容词或过去分词的后面，如例（36）。

（36）I felt happy to hear of your coming.

→I felt happy because I heard of your coming.

不定式短语表示结果主要分为修饰动词和修饰形容词或副词两种情

况。当不定式短语置于无意志动词之后时，通常表示事先未曾预料的情况或结果，如例（37）；不定式前用 only 时可以加强"意想不到"的语气，如例（38）；当一个句子里带有 too、enough、sufficiently 等词时，其后常可跟一个不定式短语作结果状语，如例（39）；不定式短语也可用于 so（…）as、such（…）as 结构中，作结果状语。如例（40）。

（37）After the conference, they parted company, *never to* see each other again.

（38）He hurried to the railway station, *only to* find the train already gone.

（39）The scene was *sufficiently* strange *to* arrest our attention.

（40）She cried *so as to* be heard all over the village.

6. 其他构式表因果关系

除了能够充当主语、表语等成分的名词（短语）、形容词（短语）、不定式结构在英语的简单句中可表达因果关系外，分词短语［如例（41）、例（42）］、独立结构［如例（43）］和"with + 复合结构"［如例（44）］也可以在简单句中表示因果关系。

（41）Seeing nobody at home, she decided to leave them a note.（现在分词短语表原因）

→Because she saw nobody at home, she decided to leave them a note.

（42）Confined to bed, she needed to be waited on in everything.（过去分词短语表原因）

→Because she was confined to bed, she needed to be waited on in everything.

（43）John being away, Henry had to do the work.（独立主格表原因）

→Because John was away, Henry had to do the work.

（44）With the weather so close and stuffy, ten to one it'll rain presently.（"with + 复合结构"作状语表原因）

→Because the weather is so close and stuffy, ten to one it'll rain presently.

从以上讨论中可以看出，这些因果关系的表达虽然不是复合因果构式，但是几乎所有的简单因果构式都可以变换为复合因果构式。本研究只涉及复合因果构式。

第三节　英语因果构式研究的主要路径

一　因果关系的哲学逻辑学研究

原因与结果是揭示客观事物或现象之间具有的前后相继、彼此相依关系的一对哲学范畴，是客观事物普遍联系、相互作用的表现形式之一。原因是指引起一定事物或现象的现象；结果是指由于原因的作用而产生的事物或现象。事物或现象之间这种前后相继、引起和被引起的关系，称为因果联系。因果联系是客观事物本身所固有的，具有客观普遍性。原因与结果在时间上是前后相继的，表现为前因后果，即原因在前，结果在后。但是前后相继的现象之间不一定都是因果联系，事物的先行现象必然引起后续现象出现，是因果联系的本质特征。这里将要讨论的哲学逻辑学研究主要涉及对因果关系和泛因果关系的建立。

关于因果关系的研究，可以追溯到古代。世界哲学的三大渊源，即古印度哲学、中国古代哲学、古希腊哲学，均对因果关系的研究和对人类因果思想的发展作出了贡献。古代印度哲学讨论了"因中有果论"、"因中无果论"，并对因果关系的逻辑性质进行了探讨，从逻辑角度研究了因果关系，提出了"因三相"之说，研究了原因与结果之间的必然联系之逻辑要求，其作用在于确立了因果之间的包含关系和二者的同有同无性。（维之，2002a：3—10）"因中有果论"和"因三相"成为人类古代因果思想的典范。中国古代哲学注重事物的因果关系，其中墨家的因果思想是主要代表，区分了必要原因与完全原因，将因果关系纳入推理的逻辑法则中。在古希腊哲学初期，因果关系的思想就形成了，致力于追索自然事物的根本原因。对这一原始因果关系的发展，赫拉克利特、德谟克利特、苏格拉底、柏拉图等均作出了贡献。但能代表古希腊因果思想最高水平的是亚里士多德，他可称为因果关系研究的真正创始者。其"四因说"（维之，2002a：18），即质料因、形式因、动力因、目的因四种原因的观点，揭示了事物形成与变化的多种原因；并进一步考察了原因的性质，提出了"固有原因与偶然原因之别"、"潜在原因与现实原因之分"、"结果的多因性"、"互为原因性"、"原因的层次性"、"因果同时说"等观点。"其最有价值的因果思想是认识到了原因的多样性"（维之，2002a：22）。

在近代西方哲学的因果研究中，涌现出了众多有贡献者。布鲁诺（1548—1600）提出了内因、外因概念，并指出了因果关系的两种模式。两种模式是："一种是哲学家考察的角度，即绝对地按自然原因存在的整个范围来看，另一种则是从限定的和实用的角度来理解的。"［《西方哲学原著选读》（上卷），商务印书馆1981年版，第323页］这两种因果模式的区分对于因果关系的研究具有重要意义。一种是完全的因果关系，也即事物本来的因果关系；另一种是出于实用目的而只寻找事物的主要原因或必要原因或某一未知原因，属于不完全的或近似的因果关系。这说明因果关系的多样性问题早就为哲人所意识到。另外，培根（1561—1626）的"三表归纳法"是以自然事物都有因果关系为前提，即先天地认定因果关系的普遍性；笛卡尔（1596—1650）表述了一种较独特的因果关系思想，即认为原因的实在性必多于或等于结果的实在性，一切存在物都有原因；在洛克（1632—1704）看来，因果观念是人们在观察事物中形成的，从现象上看，它是一种物体间的相互作用关系。休谟（Hume，1711—1776）是历史上少数几个专门研究了因果关系问题的哲学家之一。他对因果观念的来源和形成进行了研究。他认为，因果关系的第一个必要条件是"接近关系"；第二个必要条件是"在时间上因先于果的关系"，又称为"接续关系"。他也认为因果关系具有普遍性。他还考察了三种可属于原因和结果的关系，即接近关系、接续关系和必然联系。他后来发现的新关系，即两个对象的"恒常结合"，可以导向因果之"必然联系"问题的解决。"相关对象的恒常结合"在因果观念形成中具有重要意义。最后，休谟指出，因果关系是"涵摄着接近、接续和恒常结合的一种哲学关系"（转引自维之，2002a：51—65）。

现代哲学家洪谦（1909—1992）是中国逻辑经验论的先驱。其博士论文《现代物理学中的因果性问题》阐述了"物理学中的因果性概念"、"决定论与非决定论"、"因果性的'本质'"、"因果性与量子力学"、"统计规律和概率规律"、"因果秩序和时间秩序"等问题。他从经验论的因果观出发，批判了康德（Kant）的先验因果观以及约定论的因果观，根据海森伯的测不准关系，指出决定论的因果律在量子力学中失效了，但这种因果律的失效并不意味着因果律在原则上的不可能性。从他的讨论中我们似乎可以提出两个工作概念：物理上的因果关系和认识上的因果关系。前者是事态之间的关系，而后者则是人类对事态之间的关系的把握。

维之 (2002a，2002b，2002c) 在讨论前人关于因果关系的研究基础上，讨论了因果必然性和偶然性的问题。因果必然性，即是说世界上必然存在因与果的关系，而且总是原因决定结果或导致/引发结果。有必然性，也就有偶然性。在哲学上，偶然性是必然性的对立范畴，偶然性的常见定义是：事物发展、变化中可能出现也可能不出现，可以这样发生也可以那样发生的情况。它泛指事物变化发展的不可预言性、不确定性，与随机性、统计性、无规则性、多可能性和一因多果等是同类概念。

根据维之 (2002a，2002b，2002c) 的讨论，世界事物的"不确定性"有两种主要来源：①人的主观认识对客观世界及其过程的反映存在不完全性；②客观过程本身的随机性。"不确定性"还有两种表现形式：①预测的不确定性——人们对于一个过程的终局或一个原因的结果的预测具有不确定因素，这只是人们由于知识或信息的不完全而造成的认识上的主观不确定性或虚假不确定性，因为客观事物变化过程总会有一个确定的终局或结果，不可能同时亦此亦彼；②比较的不确定性——两个相同的原因或初始条件产生出两种不同的结果，这主要指客观事物本身所具有的真不确定性。

偶然性也可分为两大类：①"作为必然性之表现的偶然性"。这类偶然性有确定的原因可寻（只是尚未认识而已），它并不违反因果必然性，故而又被称为"操作上的偶然性"或"相对偶然性"；②"作为必然性之补充的偶然性"。这类偶然性被认为是找不到确切原因的，它违反因果必然性，所以又有人称之为"本质上的偶然性"或"绝对偶然性"。所以，这里的相对偶然性是与预测的不确定性相联系的，它来源于人们对复杂事物的认识不完全性；绝对偶然性则与比较的不确定性相联系，源于客观事物本身所具有的不确定性。

实际上，"本质上的偶然性"并不存在，亦即没有因果必然性的事件并不存在。"因果必然性只意味着结果必然决定于原因，但并不意味着原因本身也是已定的；不定的原因导致不定的结果也是必然之理。"（维之，2002c）

原因与结果是辩证统一的。二者的对立表现在：原因与结果是相互区别的，在确定的关系中，原因就是原因，结果就是结果，二者不能混淆、不能颠倒。原因与结果又是统一的：一方面，原因与结果相互依存，不可分割。任何现象都是由一定的原因引起的，无因之果是不存在的；同时，任何现象也必然引起一定的结果，无果之因也是没有的。另一方面，原因与结果又是相互作用的，并在一定条件下互相转化。这表现为两种情况：

一种是在事物无限发展的链条中，任何现象都既是前一现象的结果，又是后一现象的原因；同一现象在一种关系中是原因，而在另一种关系中又是结果，反之亦然。第二种情况是原因作用于结果，结果又反作用于原因，二者互为因果。在现实生活中，因果联系的表现形式是复杂多样的，重大的原因会引起重大的结果，持续起作用的原因会引起持续存在的结果。因果关系的多样性还表现为一因多果、一果多因、多因多果，等等。

维之（2002c）进一步指出，因果必然性也就只能严格存在于完全的因果关系之中。不完全原因（因素）与部分结果之间显然是不能严格对应的，但某部分结果与其完全原因之间则可有单向的因果必然性，即此结果只能由这种完全原因来产生，而这种完全原因还将产生别的部分结果。另外，当其他有关因素或参与条件给定的情况下，一因素或部分原因与其结果之间也可有必然的关系。除以上三种情况外，其他任何独立而言的因素或不完全原因与其各种结果之间，都将没有确定对应的必然关系。

从哲学逻辑学角度进行的研究足以说明，因果关系是普遍存在的，而且因果句反映的是世界上存在着不同情况的因与果的关系，即因果关系具有多样性。既然因果关系具有必然性和偶然性之别，那么说明确实存在真正因果关系和非真正因果关系，也就是我们在第四章第四节里讨论的真因果构式和假因果构式。

二　因果构式的句法研究

句法是任何构式研究不可少的内容。从传统语法到结构主义语言学再到形式语言学，无不涉及句法问题。因果构式研究是语法研究的一个重要部分。在过去的一个多世纪里，如火如荼的语法研究必然也涉及了因果构式这一重要内容。本节将主要从传统语法、结构主义语言学、转换生成语言学等理论的研究入手进行讨论。

（一）传统语法对因果构式的研究

语法就是有关词的结构和组词成句的全部规则。语法研究有着古老的传统。早在古希腊、古罗马，就已经开始了对希腊语和拉丁语的语法研究。后来又出现了文艺复兴时代的普遍唯理语法和18、19世纪的欧洲学校语法。在语言学正式建立以前的这些语法研究，统称传统语法。传统语法对句法研究的主要范式是归纳描写，通过对一种语言（例如英语）中同句法有关的各种现象进行分类，并进行语义—逻辑的分析，作出尽可能详细而全面的归纳和描述，认识这种语言的规则系统，深化对这种语言可观察到的知识的了解。英语传统语法研究，其主要方法也是尽可能详尽地搜集语言事实，进行细致合理的分类、概括和描写，从中总结出规则。著名的传统语法学家柯姆（Curme）、耶斯佩森、克鲁辛格（Kruisinga）、普茨曼（Poutsma）、斯威特（Sweet）等，都以其缜密的观察、深刻的思考，经过精细的分类和详尽的描写，写成了影响极大的英语语法著作。传统语法把词看成是语法分析的基本单位，语法被分成形态学和句法两部分。句法是词组成句子和短语的规则。

　　传统语法中通用的分析句子的方法是句子成分分析法。句法分析是对句子和短语的结构进行分析。这种方法以词为分析的基本单位，根据句子和短语中词和词之间的关系，逐个确定句中的各种成分，然后再根据句中包含的成分确定句子的结构类型（即句型）。

　　句子成分分析法从词开始"自下而上，从小到大"地对句子进行分析，因此，英语里又称为"bottom-up"分析法。传统语法把句子成分分为主语（S）、谓语（V）、宾语（O）、补语（C）、定语（M）和状语（A）。例如：

(45) The book cost five dollars.
　　　book（S）｜｜　　cost　　（V）　｜　dollars（O）
　　　The（M）｜　　　　　　　　　　　five（M）｜

　　这种分析方法具有自身的局限性，如，有时在句中作为一个成分起作用的不是单个的词，而是短语，这时候我们无法对这种句子进行分析，强行分析的结果是很荒唐的。

　　如果根据句子成分分析法来分析因果构式，则无法体现因果构式的原因分句和结果分句之间的关系。例如：

(46) Because he appears, her face brightens up.
　　　she（S）feels（V）happy（C）.
　　　Because he appears（A），

　　从例（46）中可以看出，这种传统的句子成分分析法不但无法对原因分句进行合理的划分，而且根本无法体现该句所表示的语义。

　　丹麦著名语言学家耶斯佩森对英语史和英语语法有独到的研究，其语法著作十分丰富，最有名的是《语法哲学》、《英语的成长和结构》、《英语语法精要》、《分析句法》和《近代英语语法》等。他在《语法哲学》

一书中，引用了大量的英语材料及其他各种类型的语言现象，从人类社会的实际活动中研究人类的语言活动，系统地阐述了语法的一般原则。全书主要讨论逻辑范畴和语法范畴及其相互关系。针对把语法分成形态学、句法学和构词学的传统观点，他提出语法研究和语法描写的新分类法，主张语法应分两步来叙述：第一步从形式到意义，称为"形态学"；第二步从意义到形式，称为"句法学"。耶斯佩森建立了他的语法体系，提出了"品级"（rank）和"系联"（nexus）两个重要范畴。他提出的著名的"三品说"，根据词在句中的地位把它们分为首品（primary）、次品（secondary）和末品（tertiary），其中首品大致等于名词，次品大致等于形容词和动词，末品大致等于副词。"连接"（junction）和"系联"（nexus）理论也是耶斯佩森语法体系的基石之一，它们是词组的两种结构方式。"连接"是一种限制或修饰关系，它表示的是一个单一的概念；"系联"是一种主谓关系，它连接两个相互独立的概念。系联中的次品总是把某种新的东西带到这种联结中，独立的系联就是一个句子，系联也可以作句子的成分。关于句子定义，耶斯佩森从功能着眼，把句子分成三类：①非结合句；②半结合句；③结合句。最后，他谈到心理学、逻辑学和语言学史对语法研究的重要作用。

耶斯佩森在《语法哲学》中的理论探索具有重要意义，是使传统的规范语法向现代的描写语法转变的重要一步。他冲破传统逻辑的束缚，从语言本身及其交际功能出发来研究语法，依据现代英语的实际，提出"三品说"，使语言理论成为概括语言事实的工具，而不是让语言事实去迁就语法的教条。关于传统语法对因果构式的研究，耶斯佩森在他的《英语语法精要》（1933）一书中只是提到了因果构式作为一种复合句的情况，对连接词 because 进行了举例说明。而根本没有讨论原因分句和结果分句之间的关系。也就是说，在关于传统语法的书里，并没有具体讨论如何划分因果构式的例子。耶斯佩森虽然并没有对因果构式和因果关系进行讨论，但他提出的逻辑概念对我们的研究是有启示意义的。

邢福义（2002）重视语言和逻辑之间关系的研究。在他看来，在重视逻辑基础、逻辑事理、语义逻辑研究的同时，也应该重视语言运用的特点，因为语法分类不能只看逻辑关系。他强调："复句分析问题是语法分析问题，判断复句关系固然不能不考虑复句构成的逻辑基础，但必须注重考察各种语言形式在语言运用中的不同之处。只有把逻辑关系和语言形式联系起来考虑，才能从语法的角度对复句关系作出恰当合理的解释。"（邢福义，2002：107）邢福义提出了"语表—语里—语值"三角验证的语法研究方法论。任何一个语法事实都有其语表形式、语里意义、语用价值。这一研究方法强调多角度的动态研究，力求避免静态孤立的分析。他运用形式逻辑的某些方法来研究现代汉语语法的基本做法是"归演结合，表里结合，求同察异"。"归演结合"，是从大量的语言事实中归纳规律，在这个基础上演绎和推导并以此检验所得的结论，然后修改补充。"表里结合"，是从"表"，即语法格式入手，考察"里"，即逻辑基础，并且观察"里"，即逻辑基础的差异和"表"，即某一语法格式不同变换方式之间的联系，以求更准确、更细密地揭示出语法规律。"求同"是寻求共性，建立大类，"察异"是考察个性，建立小类。邢福义深入发掘复句格式对复句语义关系之间的制约和反制约的联系。就制约的走向说：复句格式反映复句语义关系，制约于复句语义关系，其中表现为虚和实、顺和逆，反映了复句格式所规定的关系跟客观存在的关系之间的微妙联系；就反制约的走向说，复句格式标明复句语义关系，反制约于复句语义关系。不过这一研究方法的结果也只是像他本人所说的，仅仅是对各种不同类型的复句关系，如因果句复句关系，进行分类而已。他对因果句的分类主要是对各种表达方式的总结，并根据已然/未然原因和已然/未然结果将因果句分为三类（详见第七章第二节）。这反映出，他对因果句的分类对我们的研究是有启发意义的。他对因果句的讨论主要涉及了汉语因果句的表达式和不同表达式之间的语义差异。这说明因果之间的关系具有多样性，因果关系的表达也具有多样性，这是语言之间的共同特性。不过他的研究和讨论主要是描述性的，而且仍然缺乏清晰的分类标准，没有对因果构式的生成机理进行探讨。

传统语法不太重视句子的动态特点，往往以静态的眼光看待动态的句子，把活的、具体的句子当做死的、抽象的句子来分析。亦即句子的语法分析独立于句子所处的背景。结果是传统语法不可能将语言结构放入具体语境中进行动态的研究讨论，而是静态地规定其规则系统；传统语法的研究对象一般不超过句子的范围。传统的语法分析直接影响了语法研究的进一步发展。传统语法也不可能研究具体结构的意义，所以传统语法对因果构式的研究是十分受限的。

（二）因果构式的结构主义语言学研究

结构主义是个十分宽泛的概念。在索绪尔理论的影响下，分析研究对象的结构在现代科学中成为一种潮流，在语言研究中，结构主义的方法也成为一种流行的方法（高明凯，1963；Peregrin，1995）。几乎所有的语言研究都把结构研究作为重要课题，如结构主义语言学、转换生成语言学、功能语言学和认知语言学，只是各自的研究方法和对结构的看法有些不同。这里要讨论的是狭义上的结构主义语言学，主要涉及以布龙菲尔德（Bloomfield）为代表的理论。

结构主义学派是形式学派的一个分支，以索绪尔的理论为指导。内部又分为美国描写语言学派、布拉格学派、哥本哈根学派，其中以美国描写语言学派的影响最大，成果也最显著，其哲学基础是逻辑实证主义，心理学观点是行为主义。其主要代表人物是布龙菲尔德。布龙菲尔德的结构主义把语言看做是完全独立于语言使用者和语言使用环境之外的自主的系统，他们研究的着眼点都只是抽象的语言系统。在意义的研究方面存在缺陷。总的说来，在整个描写语言学时期，意义的研究始终处于不重要的地位，以至不仅在当时，而且直至今天，语义研究在语言研究中还是一个薄弱的环节。在《语言论》中，布龙菲尔德从行为主义的角度，把语言形式的意义定义为"说话人发出语言形式时所处的情境和这个形式在听话人那儿所引起的反应"（Bloomfield，1933/1935/1984：166）。虽然我们不能认为布龙菲尔德忽视或排斥意义，因为他在许多著作尤其是《语言论》（*Language*）中，有很多地方谈到并肯定意义的作用，但是，他对意义的界说是不清楚的，把意义作为"语言研究的弱点"（Bloomfield，1933/1935/1984：140）。当布龙菲尔德谈到语义时，他十分明显地陷入了行为主义（Behaviorism）的泥潭。在他看来，分析语言所表示的意义就是指人受到外界刺激而引发产生言语，同时由于受到言语的刺激而引发行为反应。可以图示为：

S—r—s—R

S 代表刺激，R 代表反应；s 代表语言的代替性刺激，r 代表语言的代替性反应。语言就是"刺激—反应"的中介物。布龙菲尔德认为，语义便是由"r—s"这一言语同行为之间的关系来表示（S 和 R 分别表示语言前后的行为）。布龙菲尔德用了杰克和吉尔（Jack and Jill）的故事来说明：两人在路上行走，"吉尔饿了而且看到一只苹果"（S），由于受到这一刺激，她用语言告诉了杰克（r），她的话语对 Jack 造成语言刺激（s），最后便出现了"杰克为吉尔摘取苹果"这一反应（R）。

一些语言学家在结构主义思潮的指导下，运用句型的概念，通过切分、归并、分类、组合的步骤，具体运用分布、替换、直接成分分析等研究手段，依靠句子的形式特征来解释句法结构的面貌。结构主义语言学，如美国描写语言学，重视结构的描写和程序的发现，"分布"和"替代"是其重要的研究方法。结构和分布都要以合理的分类为基础。他们所采用的直接成分分析法是典型的二分法。对语言体系部分特别是对语法部分的论述是布龙菲尔德语言理论的主要成就。他提出了配置（arrangement）的学说，提出了形式和形式类（form class）的概念，区分黏着形式和自由形式，对词的问题也有独到的见解；他提出的直接成分的概念，为建立层次分析法打下了基础；他的结构关系的理论，也为说明语言片段的特征，为分析结构中的成分关系提供了模式。

结构语言学家将句子看做最大的独立的语法语言单位，而这些语法语言单位又由更小的单位构成。布龙菲尔德在句法分析方面，提出了直接成分（immediate constituent，简称 IC）的概念。直接成分分析是在线性原则的基础上发展的。从线性的角度看，语言中的每个句子都能作为组成成分（一般指词）的序列来描写。但句子不是它的每个组成成分的简单相加，而往往是一层一层组织起来的。因此，通过直接成分分析，能显示出句子组织的层次关系，正因为这样，直接成分分析法后来也叫做层次分析法。请见下例：

(47) The boy came yesterday.

我们先将句子分成"the boy"和"came yesterday"两个部分，亦即"the boy came yesterday"的直接构成成分。然后再将"the boy"分成"the"和"boy"两个直接成分，"came yesterday"分为"came"和"yesterday"两个直接成分，以此类推。这种分析一般有三种表示方法，即树形图法、括号法和竖线条法。

(a) 树形图法（tree diagram）：

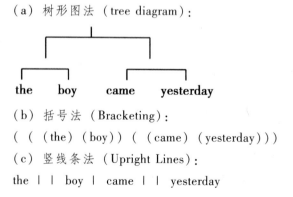

(b) 括号法（Bracketing）：

(((the) (boy)) ((came) (yesterday)))

(c) 竖线条法（Upright Lines）：

the | | boy | came | | yesterday

直接成分分析方法有一个十分突出的优点便是有时候能够区别歧义的

（或多义的）词的序列，亦即解决结构歧义的问题。如"old men and women"究竟是理解为"老头儿们和妇女们"还是"老头儿和老婆子们"呢？在没有语境的情况下就难以作出恰当的解释，传统的句子分析法就无法解决这一问题。

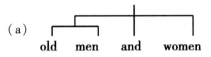

（a）

这里的两个直接成分是"old men"和"women"。

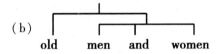

（b）

而（b）这里的两个直接成分是"old"和"men and women"。

直接成分分析法有助于廓清一些句法结构上的歧义，是因为该方法不但能显示句子成分之间的序列关系，而且能够体现它们之间的层级关系。所以我们说直接成分分析法有自己的优点。

但是由于结构主义形式学派只注重结构而非意义，所以具体到我们要讨论的因果构式时，这种只重视结构的句子分析方法就会带来无法解决的问题。如例（46），我们首先可以把该句分为"Because he appears"和"her face brightens up"。在进一步划分的过程中，我们发现，要对表示结果的主句进行再划分没有问题，但是对表示原因的从句的进一步划分则有问题了，"because"同"he appears"的关系如何界定，这样的划分有没有意义？即使是第一层次的划分也无法显示原因分句和结果分句之间的关系。再如：

(48) He did not go to USA because he loved Laura.

依据直接成分分析法，无论是应用树形图还是竖线条抑或是括号，我们都必须从因分句和果分句中间进行第一次划分，无法标示出该句的歧义。即是说，该分析法可以标示"not"否定主句动词的情况，而无法标示否定从句的情况。

从这一点来看，直接成分分析法在分析因果构式时显得无能为力。语言是交际工具和抽象思维的工具，是表达思想内容的，任何排除意义的做法都同语言的本质相抵触，也必然经不住时间的考验。

结构语言学的目的是克服传统语法的缺点，是对传统语法的反叛。结构语言学主张，语法范畴不能根据意义来定义，而是根据其"分布"（distribution）来确定。美国结构语言学采用索绪尔的观点，把语言视为形式（form）而不是实体（entity）。语言在他们眼中是纯形式系统，因此他们专注于语法、音位或词素系统的研究，意义不是他们的研究对象。（高明凯，1963）语言成分是系统的结构成分，互为依存，成分的价值由其在系统中所处的位置（或分布）来决定。

结构语言学的贡献在于，它把传统语言学长期忽视的语言结构形式分析引入语言学研究，引起语言学家对语言结构形式的注意。它率先在语言结构分析中运用公式的方法，这一方法一直沿用至今，成为后来语言结构分析的重要和有效手段。它的研究目标和方法也对后世语言学产生了广泛的影响。但这一研究方法的主要缺陷在于：其目标局限于对语言的结构描写，而没有解释语言为何这样运作；语义结构在语言组织中的作用是静态的而非动态的。

我们的研究不是对因果句的结构进行简单描述，而是对因果构式进行详细的阐释，把该构式看做通过认知向语言投射的运作过程，从而解释该语言表达式在实际应用中的组织机制。

（三）因果构式的生成语言学研究

20 世纪中叶，出现了当代语言学一个极其重要的组成部分，即生成语言学研究。生成语言学以其独特的研究视野和全新的语言学理论，在语言学领域形成了"乔姆斯基革命"。

乔姆斯基（Chomsky）是美国描写语言学大师哈里斯（Harris）的学生，学的是结构主义的分析论证方法，但是在他学成出师的时候，跟结构主义以至传统语法学的认识论基础进行了决裂。乔姆斯基明确指出，实际语料的搜集与分类只是语法分析的低级阶段，要进入高级阶段就必须有高度抽象的概括归纳，而语法研究的最终目的是要对语言现象提出合理的解释，并且进一步由语言机制探讨大脑的工作机制，了解人类思维活动的本质。

像布龙菲尔德的结构主义一样，乔姆斯基的转换生成理论也把语言看做是完全独立语言使用者和语言使用环境之外的自主系统，他们研究的着眼点都只是抽象的语言系统。而且着眼于整个人类语言的研究，探求人类语言的普遍语法，希望证实人具有先天的语言机制，语言规则是高度概括、十分简明并具有很强的生成性的。

　　生成语言学的目标是为语言现象提供合理解释，找出能够解释语言运作机制的最佳理论。按照乔姆斯基的设想，所有人类语言的语法系统在高度抽象的层次上都大致相同，都是由所谓的普遍语法经过一定的变化派生出来的；所有的语言现象都可以用同一组语法规律、相同的原则来加以解释，而语言之间的差异只是参数不同而已。

　　转换生成语言学把语言作为人脑中固有的系统来研究，致力于探索决定语言结构的普遍原则，它的最终目标是描述和解释这个内在的语言系统的本质特征（乔姆斯基，1986）。

　　转换语法（乔姆斯基，1957）的设想大致如下：一个操母语的人不仅有能力讲和理解他以前曾经听到过的句子，而且也有能力讲和理解无数他从前闻所未闻的可能的句子。语法的功用就是解释一种语言中一切可能的即潜在的句子，而且只能解释只是这种语言中的这类句子。但是通过描述一切可能出现的句子来做到这一点却是不可能的，因为这样一些句子是无数的，或者说在数量上是无穷的。因此，一种语法阐述的规则是有限的，而这些规则却代表着该语言潜在的系统，可用来生成无数的句子。由一系列此类生成规则构成的语法就叫做生成语法。这种语法进一步把规则区分为两种类型：一种用于生成句子，而这些句子则构成该语言的"内核"，另一种则从构成该语言"内核"的句子中生成其他所有的句子，这种语法就叫做转换生成语法。

　　转换生成语法对语言进行研究是从对下面两种类型的句子进行基本的区分入手的：核心句和转换形式。核心句是语言的基本的、基础的句子，是生成其他所有句子的材料。转换形式则是从核心句中生发出来的"其他所有的"结构，这些结构导致了英语句子的复杂性。

　　英语核心句由一个名词短语（NP）后跟一个动词短语（VP）构成。我们用公式 S→ NP + VP 来表示。在这里箭头表示"可重写为……"。我们可将"S→ NP + VP"读做"把 S 重写为 NP + VP"。S、NP 和 VP 是指代特定的形式或结构的术语，大多数结构都有几种可能的用法或功能。主语和谓语指代的是功能。主语功能是 NP 的一种可能的用法，而谓语功能则是 VP 的一种可能的用法。

　　核心句是英语中最基本的也是最基础的组成部分。核心句是语法的中心、英语的核心。英语中所有的更加复杂的结构都可认为是从这种核心句终端语符列中派生出来的，或者说都是这种核心句终端语符列的转换形式，例如，疑问句"Can Tom come?"与陈述句"Tom can come."两者之间显而易见有一定的联系。如果给我们任何一个像"Tom can come."一样的核心句，我们就能运用构成问句的规则将其转换成一个与之相对应的问句。这种规则就叫转换规则，该规则告诉我们如何通过调换、增加或省略等手段来派生出另外的句子。这样我们就可从"Tom can come."和"Tom came."中分别派生出"Can Tom come?"和"Did Tom come?"两个句子。而我们却不能从任何东西中派生出"Tom can come."和"Tom came."两个句子，因为没有什么别的比这两个核心句更为基本的句子了，这两个句子是基本的和基础的句子，是核心句这一整体的一个部分。所有的语法关系都是根据核心句这一概念而规定的。

　　生成语言学的研究关心的是短语结构和句子，生成语言学观念中的结构是词结合在一起构成短语和句子的方式，这种结合的运作在生成语言学的术语中称为"合并"（merger）［雷德福（Radford，1997）］。转换生成语法中的"生成"（generate）这一术语是一种静态描述而不是动态描述。如果说语法生成了一个特定的句子，是说这个句子是语法所定义的全部合乎语法或者良构句中的一个。在转换生成语法中，所有的句子似乎是同时生成的。转换生成语法把语法归结为"原则"（principle）研究，这些原则可以对词、短语及句子的形成机制进行解释。这一生成过程只能生成很少量的简单句，即陈述句，也就是核心句。由生成规则生成的是句子的抽象表达，不是我们日常使用的语句，所以被称为深层结构。短语规则只描述句子内在的语法关系，所以我们还有表层结构，即包括具体表达（词汇）和语法关系的结构。也就是说，深层结构包含句子的基本语义。我们需要把深层结构转换成日常生活中使用的语句，即表层结构。为了实现这一目的，我们就需要转化规则。

　　生成语言学的句式结构是以自下而上的方式生成的，也就是说，树形结构图是自下而上建立的。这种结构观与结构语言学的直接成分分析如出一辙。

　　另外，乔姆斯基的追随者也探讨过言语的生成及理解。激活扩散模型［戴尔（Dell）、麦克凯伊（Mackay）等］便是其中一例。该模型假定在言语产生的过程中言语处理的各个层面是同时运作的，认为语法编码和心理词汇同时运行。该模型的主要贡献是提出了在语言生成中交互激活的思想。他们认为，在言语生成过程中，当一个层面上的节点被激活时，它随之可以激活在同一层面或其他层面上的节点；激活可以在网络中不同层次间的任何可能的节点之间传递。其优势是用语义联系取代层次结构，强调语义联系或语义相似性可以将概念组织起来。由于深受乔姆斯基转换生成语法理论的影响，"鲁利亚把言语的产生概括为依次发生的四个阶段：

①起始于某种动机与总的意向；②经过内部言语阶段；③形成深层句法结构；④扩展成以表层句法结构为基础的外部言语"（张晓东，2003）。所以，该模型把言语生成过程中的语法构成直接看做是从深层句法结构到表层句法结构的转换。

关于话语理解，与话语生成过程相适应，乔姆斯基提出了几个主要的模型（参见周秋原、金升霞，2004）：①转换生成语法模型：该模型认为言语理解过程是听话人根据检索出来的词来建立句子结构，然后从表层结构倒换成深层结构，而深层结构表征句子的意义，所以对一个句子的理解就是要获取它的深层结构。②并行模型：该模型认为，在句子理解过程中，对语法结构的分析与词汇提取同步进行，句法和语义在理解过程中交互起作用，言语的理解既包括自下而上加工（听者首先对进入感觉系统的听觉或视觉的信息进行分析，抽取特征，而后往上面的音素、词语、句子结构发展，一直到辨认句子成分的语义关系，直至产生句子的意义），也包括自上而下加工（利用各种信息来处理、澄清自下而上出现的信息），是通过两种加工过程的相互作用实现的，整个言语处理过程都是内在互动的。这种语言理解系统意味着当听到一个词语时，尽量进行句法和语义处理。只要激活了一个词，就能决定它的句法范畴，然后生成关于另一句法成分的假设，话语意义随着句法分析同时展开，以前的语义操作可促进后面句法分析的决策，这些相互作用使句子处理非常迅速。③复杂性派生理论：该理论认为听话人首先处理句子的表层结构，然后用转换原则把表层结构映现在深层结构上，越是复杂的句子，理解起来就越困难。

生成语言学对语言结构的研究方法是纯形式的，其研究整体上讲是无视意义的。即使它触及语义问题也不是自觉的。总之，生成语言学设计语法的任务和目标是制定一套有限的句法规则，使之能生成自然语言中无限的句子结构。（雷德福，2000：45）鉴于此，我们如果将转换生成语法理论套用到因果构式的分析上，也同结构主义理论一样，一方面，因果构式的生成本身存在问题；另一方面，生成的句子也无法反映原因分句和结果分句之间的关系。按照转换生成语法规则，我们很难生成因果句或者生成能体现原因分句和结果分句之间关系的句子。生成的句子仍然是缺乏具体语境的句子，缺乏具体意义的句子。

虽然被称为形式语言学的生成语言学把语言结构看做纯形式的、静态的、自主的，乔姆斯基关于复句生成的最主要的观点就是复句是由简单句转换而来，但其对语言结构的充分描写与上述发现，对本研究设定研究目标有重要的启发。我们也讨论结构，但我们研究的是结构所表达的语义关系，这种语义关系是人类感知经验的反映。

通览语法研究史，我们发现，对因果构式的研究主要停留在静态层面，涉及因果构式的研究面比较窄，主要讨论了因果构式的例示性表达的基本语义和一些基本特征。

上述观点对我们的研究具有启示作用，句法学研究都认同因果关系有一个表达式；另外，句法学家们还试图对话语的生成和识解进行探讨。不过，乔姆斯基及其追随者关于话语生成与理解的模型，实际上都离不开其短语结构概念和转换概念，仍然是形式上的成分居多，其研究只注重句子结构，而忽略了语义对句子结构的影响。无论是只注重形式还是将形式和意义分离开来考虑的做法都是不可取的。已有的句法理论也未对因果构式的生成和识解机理进行探讨。

三　因果构式的语义关系研究

语义学研究原因分句同结果分句之间的语义关系。从传统的语义学观点来看，因果构式的从句表示原因、主句表示结果。本小节主要讨论语义—交际视点、功能语言学和莫斯克勒（Moeschler）等关于因与果之间语义关系的讨论。虽然功能语言学也讨论语言结构，但其注重的是对结构的解释，而且以语义为出发点。所以，我们将功能语言学的研究放入语义范畴来讨论。

（一）语义—交际视点的研究

语言是交际的工具，人们在交际中说出的最短的话语至少是一个句子，这样才能表达比较完整的意思。话语无论多长都是由一个一个的句子联结起来构成的。关于从交际视角讨论句法的问题，可以追溯到耶斯佩森。尽管耶斯佩森没有完全摆脱传统语法的藩篱，但他的许多观点反映了他对语言交际功能的重视。如本书第二章第四节所述，他在《语法哲学》中的理论探索具有重要意义，是使传统的规范语法向现代的描写语法转变的重要一步。在该书前三章，耶斯佩森论述了他对语言学一般理论问题的看法，强调从实际交际中活的言语入手研究语言本质。他冲破传统逻辑的束缚，从语言本身及其交际功能出发来研究语法，依据现代英语的实际，提出"三品说"，使语言理论成为概括语言事实的工具，而不是让语言事实去迁就语法的教条。不过，他没有讨论具体句法结构的具体用法。本节将主要讨论夸克等（1985）和章振邦等（1997：1209—1218）从语义—交际视点对因果构式进行研究所作出的主要贡献。

夸克等在《综合英语语法》中从语义和交际的视角来讨论英语的语法

问题（1985：v）。他们从句法功能的角度对因果句进行了讨论，认为因果构式可以分为直接因果构式和间接因果构式①两类。他们把几类与母句关系基本相似的从属分句归入原因（reason）分句，表示原因分句和母句之间的一种直接因果关系。主要有以下四类：①原因与效果：表示人们认识到现实世界中的一种固有的客观联系；②前因与后果：表示讲话人对一种联系的推论；③动机与效果：表示有效果的有生物的意图（动机总是包括能动作用和意图的）；④状况与后果：状况分句同时表示原因和认为要实现或将实现的一种条件，该类因果句表示从属分句中的前提和母句中结论之间的一种关系。就所有这些类型而言，一般都有一个从属分句情境在时间上先于母句情境的时间顺序。如例（49）—例（52）：

（49）The flowers are growing well because I sprayed them.

→The cause for the flowers growing so well is that I sprayed them. 或 The reason that the flowers are growing so well is that I sprayed them.（原因与效果）

（50）She watered the flowers because they were dry.

→The reason that she watered the flowers is that they were dry.（前因与后果）

（51）I watered the flowers because my parents told me to do so.

→My motivation for watering the flowers was that my parents told me to do so. 或 The reason that I watered the flowers was that my parents told me to do so.（动机与效果）

（52）Since the weather has improved, the game will be held as planned.

→In view of the fact that the weather has improved, the game will be held as planned. 或 The reason that the game will be held as planned is that the weather has improved.（状况与后果）

原因分句较为扩展的用法是表示一种间接原因。这个原因与母句中的情境无关而表示该话语言语行为的一个含蓄的动机。如例（53）—例（56）：

---

① 夸克等（1985）将它们称为直接原因（direct reason）句和间接原因（indirect reason）句。

（53）Percy is in Washington, for he phoned me from there.

　　→Since he phoned me from there, I can tell you that Percy is in Washington.

（54）As you're in charge, where are the files on the new project?

　　→As you're in charge, I'm asking you…?

（55）Vanessa is your favourate aunt, because your parents told me so.

　　→Since your parents told me so, I can say that….

（56）As you seem to know them, why don't you introduce me to them?

　　→As you seem to know them, I ask you to introduce me to them.

　　根据夸克等（1985：15.45），since 和 because 是表示间接原因最常用的从属连词。表示间接原因的分句均是语体外加状语。他们还分别对其他可表示原因的连词（as、since、for 等）进行了讨论并对它们进行了区分。例如，作附加状语的 because - 分句往往位于句首，而作语体外加状语的 because - 分句总是位于句末。for 接近于并列连词，总是位于句末。

　　以上这些讨论以及第二章第二节均涉及了因果构式的交际价值问题。他们从语义—交际视点的讨论对我们的研究具有启发意义：为交际双方表达不同强度的因果关系提供了参照，为我们进行从逻辑因果构式到实据因果构式构成了连续体的讨论提供了一定的依据。而且他们关于因果连词的描述和对因果构式的分类对我们的研究有借鉴作用。但这样的研究仍然没有涉及因果构式运作机理的讨论，而且没有对各种不同的因果关系之间的关系进行分析，未对出现不同强度的原因句的情况作出解释，更没有探讨各类不同的因果关系形成的机理。这正是我们的研究所要解决的问题。

（二）功能语言学对因果构式的研究

　　20 世纪 60 年代中后期兴起的功能语言学派，更直接的是受到索绪尔之后的三大结构主义学派之一的布拉格学派"语言功能观"的影响。布拉格学派的奠基人马泰休斯（Mathesius）一再强调"语言是一个价值系统"，"语言是交际的工具，思维的工具"，因此，"语言研究应以交际需要为出发点"，"分析语言现象要首先考虑其功能"，"要以功能为依据"。具体说，"研究语言应从语言功能入手，然后去研究语言形式"，因为"说话人先想到要表达什么，然后才去寻找适宜的语言形式"。（刘润清，

1995：314—323；刘润清、封宗信，2004：§7.1）正是基于这样的认识，马泰修斯于 1929 年提出了"句法功能观"（Functional Sentence Perspective）的理论，强调用信息论的原理来分析话语和文句。

功能语言学派主张从结构和功能两个方面来研究语言，为结构主义语言学的主要流派之一，在欧美的结构主义学派中具有自己的特色。该学派对现代语言学的贡献是多方面的。其中，马泰修斯制定的实义切分方法已被广泛采用，成为篇章语言学和语篇分析中切分话语序列的重要手段。马泰修斯的语言理论中一个十分重要的方面就是结构和功能统一的语言观。他接受了索绪尔关于语言系统和语言结构的思想，但是他主张用功能的观点来对待语言结构的分析。同时，他还提出了"功能句法观"和句子的实义切分理论。这在语法研究方面产生了深远的影响。

马泰修斯从句子的交际功能，即句法功能观出发，创立了句子的二分法或称为句子实义切分。他将句子的第一部分称为"表述出发点"（basis），第二部分称为"表述核心"（the nucleus of the utterance），也就是后来的"主位"和"述位"。前者指特定语境中能为人们感知的东西或已知的信息；后者指说话人对前者进行说明和阐释，是关于前者的所述或相关的内容。马泰修斯对句子进行实义切分的主要依据是词序，他区分了客观词序和主观词序。客观词序是"表述出发点"位于句首，"表述核心"位于句末；而主观词序则恰好相反。主观词序多用于表示强调。

功能学派注重语言的社会性，注重语言的交际功能，强调研究语法，解释说明语法规则，都必须而且主要从语义、语用方面去找原因。系统功能语法以韩礼德（Halliday）为代表。他一方面接受和继承了他的老师弗斯（Firth）关于"语境"（context of situation）和"系统"（system）的观点，同时，他也深受布拉格功能学派的影响，特别是接受了其"句子功能观"理论和"主位"、"述位"概念。韩礼德所提出的三大元功能——概念功能、人际功能、语篇功能正是对布拉格功能观的进一步概括与发展。"韩礼德对结构和功能两方面都进行了系统的研究、分析，认为结构可以从功能衍生，并且可以从功能得到解释，而他在描写功能关系时，使用综合、系统的分析方法，从而使他在功能主义语言学中独树一帜。"（陆俭明，2003：240）

功能语法与其他功能语言学研究一样，其主要理论假设都具有功能范式，其基本理论建构是语义的。语义、句法形态和语音规则系统在功能语法看来都是它们所要实现的交际、交流功能的工具。在系统功能语法里，语法被描述为系统网络，语言结构被描述为这些网络的输出。（韩礼德，

1994/2004：F53）根据系统功能语法，语言主要执行三种功能：概念功能、人际功能和语篇功能。功能关心的是小句作为描述人类经验形式的方式，即其表达功能（clause as representation）。在这一功能分析中，小句被描写为不同的经验过程，包括物质过程、心理过程、关系过程，等等。小句的篇章功能把小句处理为信息功能（clause as an message），称为主位结构（thematic structure）。韩礼德（1994/2004：37）认为，所有语言的小句都有信息特征，该信息特征有某种组织形式，使小句具有交际事件的身份。小句中的一个成分被描述为"主位"（theme），其余部分为"述位"（rheme），主位和述位结合起来构成一个完整的信息。

韩礼德对主位结构理论的发展作出了巨大贡献。在总结前人研究的基础上，他将主位称为心理主语，以别于语法主语和逻辑主语。主位是话语的出发点，或者说是信息的起点，在信息传递过程中是信息传递动力最弱的部分，几乎不表达新的意义；述位是话语的核心内容部分，在信息传递过程中是信息传递动力最强的部分，一个表达的新的意义都在述位部分表达出来。没有主位就无所谓述位，没有述位就无所谓主位。主位还可以根据其不同作用分为篇章主位（textual theme）、人际主位（interpersonal theme）、话题主位（topical theme）三种。他不仅系统讨论了如何划分特定小句的主位和述位，以及哪些成分可充当主位，而且从语篇角度讨论了主位结构。他根据主位的构成情况将主位分为单项主位、多项主位和句项主位；根据充当主位的不同成分，将主位分为无标记主位和有标记主位（廖巧云，1999）。

功能语言学作为对形式语言学的反叛，从社会和语用功能的视角研究语言结构，把结构看做动态的而不是自主的。倡导理论和经验相结合的做法，主张结合社会和文化来研究语言现象，强调意义在语言研究中的重要性，要求根据语境即上下文和实际情景来寻求意义。功能语言学很重视句法分析；功能句法分析，包括美国的功能主义语言学和韩礼德的系统功能语言学，从语言的社会交际功能出发，侧重于句子组织信息和传递信息功能的效度，因而十分重视以语言的概念内容、信息结构、语篇组织、话语策略等方面的语言交际功能为视角来分析句法，取得了很大的成就。

系统功能语法主张语法源于现实世界经验，在语言结构与人类经验有关这一点上，同我们的研究是相关的。另外，功能语法的信息结构理论对我们的研究颇有启示，已知信息和未知信息的出现顺序有助于因果关系的判断。根据功能语言学（韩礼德，1994/2004：219—220）的观点，一个因果构式中原因与结果之间是一种"扩展关系"（expansion），更具体地讲是"增补关系"（enhancement）。根据小句的信息组织方式，当原因句位于句末时，其语序是无标记的，如例（57）；当原因句位于句首时，其语序是有标记的，如例（58）。有标记和无标记语序的选择是讲话人根据自己的表达需要作出的。

（57）I was late this morning because I sent my son to school. （无标记）

（58）Because she gave us great help, we could finish the work on time. （有标记）

功能语法致力于研究语言表达式的社会和语用功能。功能主义的研究"虽然对语法结构的功能性理据提出了许多合理而重要的见解，但几乎从未触及语法结构本身的特点和讨论用什么框架来描写才更合理"（兰格科，2000：19）。三大功能的结构形式中，只有主位结构和信息结构同我们探讨因果关系有一定联系。根据主位结构，因果构式的主位是句首的原因分句或结果分句；我们能够根据主位判断讲话人强调的信息焦点是什么。但是，我们无法对因与果之间的关系进行阐释。根据我们的认识，功能语言学的研究也没有对因果构式的生成和识解机理进行讨论。

（三）其他相关语义关系研究

莫斯克勒（2007）对因果构式的语义关系进行了讨论。在莫斯克勒看来，因果关系不是一个语言学概念，只能说语言是唯一一个人类所拥有的能够表达事件之间或事物状态之间因果关系的最好工具。从该意义上讲，对于表达因果关系的语言手段的研究将对人类认知的研究很有帮助。

人们在叙述事件或事物状态之间的因果关系时，即因果句式通常采用的是果—因序列，而非因—果序列。也就是说，果—因序列是非标记性表达方式。任何自然语言至少拥有一个表达因果关系的连词，如英语的"because"、法语的"parce que"，而且均为果—因序列（莫斯克勒，2007）。例如：

（59）Axel fell because Abi pushed him.

（60）Axel est tombé parce que Abi l'a poussé. （Axel fell because Abi pushed him. ）

这里的"推"是"摔倒"的原因/起因，而且都是果—因序列。

不过，如果改变例（59）或者例（60）中事件发生的先后顺序，因果关系依然存在，但是会发生令人意想不到的变化。例如：

(61) Abi pushed Axel because he fell. （莫斯克勒，2007）

(62) Abi a poussé Axel parce qu'il est tombé. （莫斯克勒，2007）

在例（61）和例（62）里，恰当的理解应该是"摔倒"是"推"的原因，亦即"摔倒"引发"推"；"推"是"摔倒"的结果。这样，"推—倒"因果关系的解读（被称做"推导顺序"）则较难获得。

莫斯克勒（2007）进一步指出，事件和状态的结合可能产生四对话语，因与果的结合也是如此。如例（63a）—例（63d），均理解为果—因序列的因果关系；而例（64a）—例（64d）却展示了果—因序列的相反序列，即因—果序列，隐含了 because 的推论（推导性）用法。

(63) 由 because 引导的果—因序列的话语：作因果解读

a. Mary is sick because she ate too much. （事件，状态）

b. John fell because Mary pushed him. （事件，事件）

c. Mary cannot drink alcohol because she is a minor. （状态，状态）

d. The doctor is treating Axel because he is sick. （状态，事件）

(64) 由 because 引导的因—果序列的话语：作推导性因果解读

a. Mary ate too much, because she is sick.

b. Mary pushed John, because he fell.

c. Mary is a minor, because she cannot drink alcohol.

d. Axel is sick, because the doctor is treating him.

无论原因是事件还是事物状态，连词 because 引导的因果构式均可以作出因果关系的解读。但有一点要注意的是，保证因果关系存在的代价就是作出果—因序列的解读。无论原因是什么，要作出因果关系的解读，连词的最佳选择就是 because。

根据巴尔奇（Bartsch，1976：103—105），"原因—结果"关系较之"原因—效果"关系更普遍，因为前者既可依赖自然规律也可依赖社会规约。"原因—结果"关系有两种表达方式：结果是预设的而原因是事实；

原因是预设的而结果是事实。这同邢福义的"已然"和"未然"划分同出一辙。

牛保义（2006）在认知语法理论框架下，根据运用者的识解维度，把英语复合因果构式分为客观因果构式和主观因果构式。他认为，从语义上讲，客观因果构式凸显的是一种客观因果关系，是对主句和从句所表达的两个事件之间内在逻辑联系的描写；主观因果构式凸显的是一种主观认定的因果关系，描写的是言者的主观认识或实施的言语行为与事件之间的关系（详见下文本节第六点）。

以上关于因与果之间的语义关系的讨论说明，因与果之间的关系不是固定不变的，而是复杂多变的。最重要的是这些语义关系都是客观存在的。这些讨论没有涉及因果构式的生成和识解机理问题。

四 因果构式的语用研究

因果构式的语用研究就是要从语言运用的角度研究因与果的关系。一些学者（特拉格特，1982；斯威策，1990/2002）对因果构式的研究很大程度上同格赖斯甚至新格赖斯理论假设和原则有关，如列文森（Levinson，1983：146—147；1987）的"信息原则"（Principle of Informativeness）。语义关系概念是他们从语义学和语用学视角研究状语从句连词（adverbial connectives）的核心内容 [参见柯特曼（Kortmann，1997）]。他们的最终目标是从交际和人类感知世界的认知基本过程对多义性、语义变迁、语用模糊作出完整的有理据的阐释（a unified, motivated account）（斯威策，1990/2002：1—5）。语际语言学的研究为语义关联性提供了证据：语义关联性是通过对多义性结构的跨语言审视获取的；对多种语言的语义变化的分析（通常指不相关的语言）显示早期的意义使得后期的意义得以出现或存在。这两种证据是一种巧合，可以被称作生成性原则（Principle of Generativity）以及与此相应的"内部语义重构"（internal semantic reconstruction）（特拉格特，1986：97）：共时相邻性。

亨格维尔德（Hengeveld，1993；柯特曼，1997：83）从语言运用的角度对原因分句和结果分句之间的关系进行了讨论，其讨论主要是从话语的三个层次来展开的，即起因（cause）、原因（reason）和解释（explanation）三个层面。例如：

(65) a. The fuse blew because we had overloaded the circuit.

b. Jenny went home because her sister would visit her.

c. Jenny isn't here, for/because I don't see her.

斯威策（1990/2002：76—82）作出了与此相应的分类。斯威策对英语感知动词的语义变异、情态动词、连词、条件句的多义现象进行了详细分析。他从话语分析，特别是从复句连词的研究过程中作出了"知、言、行"三个层次（详见下文）的划分。斯威策（1990/2002）认为经验具有三个相关的层面：社会物理（sociophysical dimension）层面、认识（epistemic）层面和言语行为层面。他指出，人类认知的隐喻系统是连接这三个层面的纽带。建立这些联系的最一般的隐喻结构就是，人们以社会物理的空间来理解和构建心理的、认知的和思维的空间。

从语用学角度的研究也说明了因果关系存在多样性，说明这一点已经引起语言学界的重视，并对多种多样的因果关系的形成进行了一些探讨，但是研究者们并没有对因果构式的形成和识解机理进行论述。

五 因果构式的认知研究

从认知语言学角度对因果构式进行的研究，特别是探讨各类不同的因果构式生成机理的研究是近几年才开始的，主要有斯威策（1990/2002）、沈家煊（2003）、廖巧云（2004）、徐盛桓和李淑静（2005）、牛保义（2006）、桑德斯和斯威策（2009）等。下面我们将讨论相关的主要研究情况。

斯威策（1990/2002：76—86）在认知语言学的框架下提出了很有影响的连接词分类方法，区分了"content、epistemic and speech-act domains"，即"行、知、言"三域概念，对英语因果构式的语义进行了探讨，发现同一个因果构式既可以理解为内容域因果关系又可以理解为认识域因果关系。"行"指行为、行状；"知"指知识、认识；"言"指言语、言说。行域是说明一种事理上或称内容域的因果关系；知域是说明认知域上的同推理有关的因果关系；言域是指说明某一言语行为的原因或条件。斯威策指出，各种不同的因果构式的语义变化的根源是它们在不同的"域"中应作不同的诠释；更重要的是，三域中的因果之间的关系是一种隐喻影射关系，隐喻把物理域的意义扩展到心理域和社会域（斯威策，1990/2002：21）。也就是说，语词的行域义是基本的，知域义和言域义都是从这个基本义引申出来的，引申途径之一是"隐喻"［贝比等（Bybee et al.，1994；斯威策，1990/2002)］，例如：

（66）a. John came back because he loved her.（行域）

b. John loved her, because he came back.（知域）

c. What are you doing tonight, because there's a good movie on.（言域）

（斯威策，1990/2002：77）

这三句都表示因果关系。例（66a）是说明一种事理上的因果关系：约翰还爱她是他回来的原因。事理是行为的准则，因此这个"because₁"属于行域。例（66b）好像是颠倒了（66a）中的因果关系，其实不是。这句话通常的理解不是"约翰回来是他还爱她的原因"，而是"说话人知道约翰回来了，这是说话人得出约翰还爱她这一结论的原因"。换言之，例（66b）是说明一种推理上的因果关系，因此这里的"because₂"不是行域，而是知域。至于例（66c），主句是个问句，而不是陈述句，因此不可能按事理上或推理上的因果关系来理解。例（66c）的意思其实是"我问你晚上做什么是因为礼堂里有电影"，原因从句是说明作出"提问"这一言语行为的原因，因此这里的"because₃"属于言域。

斯威策的三域理论说明不同的语义能够而且应该是互相依存的，说明语义是从具体的符合事理的关系（如符合事理的因果关系）扩展到更抽象的、主观的关系（如认知上的或言语行为的因果关系）。

沈家煊（2003）应用"行、知、言"三域的划分来说明复合因果构式表达的语义关系，他认为因果关系三个域的区别可以从小句的不同性质来说明：行域指小句是句法语义单位；知域指小句是逻辑推理单位（前提和结论）；言域指小句是言语行为单位（请求、提问等）。从形式上看，行域可以在两个分句之间加一个"是"字使复句变为单句，知域义和言域义都不是这么变，例如：

（67）a. 张刚回来了，因为他还爱小丽。→张刚回来了是因为他还爱小丽。

b. 张刚还爱小丽，因为他回来了。→＊张刚还爱小丽是因为他回来了。

c. 晚上还开会吗？因为礼堂里有电影。→＊晚上还开会吗是因为礼堂里有电影。

英语相应的句子是行域可以在主句后不加逗号，如例（66a）；知域和言域则必须加逗号，如例（66b）和例（66c）。

英汉的表现形式虽然有区别，但背后的理据是一致的。行域义的主句代表说话人和听话人共同预设的命题，知域义和言域义的主句则是说话人的推断或言语行为。跟前者不一样，后者必须独立成句，有完整的语调。

斯威策和沈家煊将"行、知、言"看做形成因果构式的认知基础，但未涉及从典型到非典型的推衍。

正如下文第四章中将讨论的，廖巧云（2004）根据因与果之间的关系是否符合事理逻辑，将因果构式划分为逻辑因果构式和实据因果构式，就三域理论在因果构式研究中的划分提出了异议，并探讨了二者在语义、结构、句法功能等方面的区别和实据因果构式的表述机理。

徐盛桓、李淑静（2005）认为复合因果构式所表示的因果关系反映的是说话人对事件间的因果关系的认识，是主客观的产物。因果关系是辩证的、相对的，在一定条件下某事件可能被认识为另一事件的因，在另一条件下该事件又可能被认识为另一事件的果。英语因果构式①表示的因果关系可能表现出多种情况。既有些原因分句所表示的事件是主句所表示的事件的真正充分原因，也有些因果关系却只是主观上认定的。他们把这一现象称为因果构式的语用嬗变，并通过因果构式嬗变理论框架对这一现象进行了研究。他们得出结论认为，复合因果构式两部分之间的关系是由因果关系的连词 because 所连接的内容来体现，因果关系会因这些内容中的各种实据的影响而得以表达或发生嬗变，使得所体现的关系处于严格充分原因的逻辑关系和不同的实据关系的渐变连续体之中。

对事件间因果关系的认识可以表现为不同的层次，即客观层次和主观层次。因果关系可表现为两个不同的层次，即客观层次和主观层次。他们据此将因果构式分为客观因果构式和主观因果构式：客观因果构式指因果对应关系都是客观存在的，是一种客观存在的原因；主观因果构式指两事物间的因果关系是人们在特定语境下认定的结果。并进一步将客观因果构式分为普遍因果构式、惯例因果构式和概率因果构式，将主观因果构式分为推测因果构式、言语/思维因果构式和强化因果构式。这些构式可分别例示如下：

(68) Because it is raining, the ground is wet. （普遍原因句）

(69) Tom watered the flowers because his parents told him to do so.

---

① 在徐盛桓、李淑静（2005）的文章中称为"原因句"。下文均改为"因果构式"。

（惯例原因句）

（70）Deirdre must type quickly, for she has been known as a capable secretary.（概率原因句）

（66b'）John loved her, because he came back.（推测原因句）

（66c'）What are you doing tonight, because there's a good movie on.（言语/思维原因句）

（71）Because you helped me with the traps, now I give you two sleep darts.（Price, 1996）（强化原因句）

（摘录自徐盛桓、李淑静，2005）

客观因果构式指因果对应关系都是客观存在的，是一种客观存在的原因。普遍因果构式、惯例因果构式和概率因果构式表示的都是人们对事物间客观存在的因果关系认识的反映，三者只是普遍性和概率有所不同。

普遍因果构式表示的是事物间的因果关系体现为一种人们认识中的普遍的逻辑事理。这种逻辑事理已经成为人类普遍智力的一部分，有十分广泛的共识。符合逻辑事理的因果关系主要指充要原因因果关系、充分原因因果关系和必要原因因果关系，其中的充分原因因果关系是最常见的。如例（68），"因为下雨地面就湿"。这是充分原因因果关系的普遍因果构式。

惯例因果构式是指事物间的因果关系体现为某些人群的一种较为普遍的生活习惯和行为准则或者同一些习惯性的认识有关。如例（69），说话人知道 Tom 一贯是个听话的孩子，父母让他做的事他就一定会去做；说话人能这样说是基于对这一"惯例"的认识的基础上。这样的因果关系表达就是惯例因果构式。

概率因果构式是指事物间的因果关系可能体现为以上情况的或然性的出现。有时候因为某些因素的影响，造成有关的"因"与其相应的"果"的出现体现为概率性。如例（70），一个能干的秘书可能打字打得快，也可能打得不快，要看情况而定。所以只能是一种概率性的因果关系。

主观因果构式是指两事物间的因果关系是人们在特定语境下认定的结果。这种认定结果反映了认识者在语境作用下对两事物间的关系认识的独特视角，因而对这样的因果关系的认定有较大的主观性，是一种主观认定的原因。推测因果构式、言语/思维因果构式和强化因果构式三类主观因果构式的共通点就是表示的都是人们对事物间的因果关系的主观认定，并非客观存在的。

推测因果构式是由果溯因的因果构式，即从已知的事态出发，推测造成这一事态的原因。这点同由因说果的客观存在的因果构式不同。如例（66b'），因为 John 爱她，所以他回来了；客观上前者是因，后者是果。但该句的表达却是反过来的，以原来的果（John 回来了）作为"因"放在原因从句里，以此主观推断可能的"果"：John 爱她。这种因果构式以原来作为由充分原因引起的因果关系中的"果"作为因由，反推出原来是这一因果关系中的"因"作为认识的结果，表达思维活动中对某一特定事件在这一特定情况下的特定因果关系的主观认定，这样的因果构式被称为推测因果构式。

言语/思维因果构式是指在许多场合中言语因果构式同思维因果构式可能是相通的。言语（行为）因果构式是指表示作出一个言语行为及其原因的因果构式。主句表示的都是说话人的一种言语行为，原因从句表示说话人所认定的作出这样的言语行为的原因。从言语行为理论来说，就是作出这样的言语行为的合适条件（felicity condition）。如例（66c'），说话人知道有电影要放映，因此提出邀请（你晚上做什么→你晚上有空吗→能陪我看电影吗）；前者作为因，后者作为果。很显然，这样的因果关系是主观认定的。思维因果构式是指原因从句用于说明之所以会产生这样的想法的原因。话语说出来以前可能先是一种思维活动的内容，说话人可能先有一种想法，因而他可以说"I have an idea that I want to invite you to the cinema, because there is a good movie on."这就是思维因果构式。

强化因果构式是指这样一种情况：有一些因果关系本来是属于充分原因因果关系，但在语境的作用下，人们主观上要把它作为充要原因来理解，这就从充分因果构式"强化"为表示充要原因的因果构式。如例（71），说话人曾要求受话人帮助清理陷阱；由于他给予了帮助，说话人回赠了两支箭。这本来是充分原因因果关系，因为不是帮助清理陷阱而是做什么其他事情，甚至出于友谊，也可能给他两支箭。但在这一语境下，即事前讲好了条件：帮做了这事就给、不帮做就不会给，这一充分原因就演化为充要原因。

徐盛桓和李淑静的研究对我们的研究具有十分重要的启示。他们讨论了因果关系多样性的问题，并讨论了因果构式的嬗变问题，不过并未对嬗变的具体内涵进行细致的探讨，更未讨论嬗变的机理问题。也就是说，他们没有探讨因果构式能够表示多种因果关系的生成机理和识解机理。

如上所述，牛保义（2006）也把英语复合因果构式分为客观因果构式和主观因果构式。他在研究中发现，因果构式从客观因果构式到主观因果构式的语义变化是一个主观化的过程，并进一步提出因果构式语义关系建构的认知原则——"时序原则"和"接近原则"，一个因果构式所表达的意义就是这些认知原则的概念化。"时序原则"指人们常常把先发生的事件识解为原因，把后发生的事件识解为结果；"接近原则"指能够构建起因果联系的事件应当是一个事件伴随着另一个事件接踵发生，一个事件诱发或导致另一个事件的发生，前者是原因，后者是结果。由于并非所有先后发生的两个事件都可以识解为因果关系的事件，所以时序原则还要依赖于接近原则；因果构式语义建构是时序原则和接近原则相互补充、相互作用的结果，是时序原则和接近原则的概念化。客观因果构式的语义表现为两个事件的发生有先后；"因"事件导致"果"事件的发生；主观因果构式表现的是言者主观上所认为的事件发生的先后，或者是言者要实施的言语行为与事件发生的先后，是一个认识或推断导致另一认识或推断的发生，或是某一事件导致某一言语行为的发生。不同的因果构式就是这样按照"时序原则"和"接近原则"把事件同事件、言者的主观认识和推断同事件、事件同言者要实施的言语行为之间的关系感知或识解为因果关系。当言者把自己的识解或感知维度、自己的认识、推断、情感等主观因素当做表达客体或表达客体的一部分进行概念化时，一个因果复合构式语义的多义性就产生了。按照我们的理解，这一研究也许可以体现为这样的一种基本思路：客观因果构式是按照这两条原则建构起来的，因为因果事件总是先因后果，而且两个事件总是以某种方式"接近"的，因而这样的因果句就是反映了因果关系的客观状态的；如果言者把自己的识解或感知维度也当做表达客体进行概念化，这时有关的因和果的表达就不一定按"时序原则"的次序，这时就不像客观因果构式，就成为主观因果构式。如果我们的这一理解和表述大致是符合牛保义的思路，那么这一构思是巧妙的：正如格莱斯（Grice）构思"合作原则"是借用了康德的"四范畴说"那样，牛保义是借用了休谟对"原因"的两项设定：原因是"一个先行于并接近于另一个对象的对象"（休谟，1980：197）。同样，正如格莱斯所设定的那样，如果受话人发现话语是不"合作"的，他就要推断说话人之所以要这样说的原因，从而获得含义；牛保义也是设定，说话人如果在建构因果构式时有意"违反""时序原则"和"接近原则"这两条原则，他就是将有关的因和果作"主观化"的处理，成为主观因果构式。同时我们也要看到，正如"合作原则"的运用尽管可以提示受话人这里有含义，但未能提供具体的、可操作的推导机理一样，牛保义的论述也似乎未能具体揭示这个"主观化"的过程即主观因果构式生成的过程。因此，要用这两个原则进行英语因果构式的认知语法研究，还有待根据不同情况加以具体化、细致化、可操作化的补充。

桑德斯和斯威策（2009），对不同语言中表达因果关系的连词进行了深入研究。其核心话题之一就是对几种不同语言的因果连词的意义和使用情况进行探讨。他们认为"从跨文化角度看，因果范畴存在重大差异"，因此，他们致力于研究因果构型（modeling）在不同语言和不同文化里所体现的异同（桑德斯和斯威策，2009：1）。他们对英语、荷兰语、法语、德语等相关语言的比较研究显示：不同语言在选择不同连词表达不同的关系时，形成了因果域的分化，而且不同语言在"分化"的方式上表现出了显著差异。他们还运用 MST（Mental Spacce Theory，心理空间理论）重新审视主观性和视角的问题。他们提出了"基础交际空间网络（Basic Communicative Spaces Network，缩写为 BCSN）"（桑德斯、斯威策，2009：7）。该网络是任何交际事件的参与者自动可及的空间结构的网络；BCSN 以言语事件的指示表达（如 I-here-now）为出发点，将其同知识/内容（content）空间和认识（epistemic）空间相连，并进一步基于心理空间的整合来解释主观性和使用域之间的关系。他们运用 MST 对《圣经》经文在不同时期的荷兰语译本中所选用的因果连词进行了历时研究，不仅显示出译者在句法和语义选择方面的不同和不断变化的偏好，而且也因此体现了在因果表达结构方面的修辞策略的不同选择。另外，该书还从因果连词主观性范畴、不同连词所表达的不同因果关系、语篇层面的因果范畴等方面对因果连词进行了探讨。不过，他们的研究未能涉猎因果构式的生成和识解机理。

第四节　小结：贡献与问题

综观语言研究的历史，我们发现每一种视角的研究对于语言研究的每一步发展都作出了巨大贡献，对我们的研究也具有重要的启发意义，不过均还未能解决本书试图解决的构式的生成和识解机理的研究问题。

从哲学逻辑学角度进行的研究足以说明，因果关系是普遍存在的，而且因果构式反映的是世界上存在着不同情况的因与果的关系，即因果关系具有多样性。句法学、语义学、语用学和认知语言学等角度对因果构式的研究均为我们进行因果构式的生成和识解机理的研究奠定了良好的基础。

较早期，人们主要是对因果构式进行语法和语义功能分析，代表人物是耶斯佩森（1933）、夸克等（1985）、邢福义（2002）等。夸克等从语义的视角将因果构式分为直接因果构式和间接因果构式两类：直接因果构式涉及的因果关系有原因与效果、前因与后果、动机与效果、状况与后果四类，这些因果构式一般都有一个从属分句表示广义的原因，即上句所引导的原因、前因、动机、状况等，在时间上通常先于主句情境的时间；间接因果构式中的从属分句与主句的情境不一定有直接的因果关系，主要是表示主句之所以这样说的"一种含蓄的动机"（夸克等，1985：15.45）。邢福义（2002：59—60）重视逻辑关系对汉语运用的影响，认为从汉语来说，复句结构同复句语义之间有制约和反制约的关系；因与果之间存在已然和未然之别，主要分为三种情况：原因是已然的，结果是未然的，即由已然的原因引出未然的结果；原因是未然的，结果是已然的，即由未然的原因引出已然的结果；原因是未然的，结果是未然的，即由未然的原因引出未然的结果。我们发现，上述研究大多是从句法结构本身出发进行的研究。而具体探讨因果构式的原因分句和结果分句之间关系的情况不多见，没有学者涉猎过因果构式的生成和识解的机理。

有关因果构式的认知语用研究使英语因果构式的复杂情况得到了比较清楚的梳理，为因果构式的分类、描写及其运用的规范积累了大量的成果。不过，对于因果构式的生成机理和识解机理的研究还有待进一步深化。

认知语言学认为，语言表达式是现实世界事件的概念结构或认知图式向语言结构投射的结果。因此，我们的研究将集中解释认知结构如何决定语言结构及其变化。也就是集中解释认知结构如何决定因果构式及其变化。即是说，我们将从认知—语用角度研究因果构式，从原因分句和结果分句之间的关系区分逻辑因果构式和实据因果构式，并进一步探讨因果构式的生成机理和识解机理。这也是本研究的主要目标。本研究将试图回答以下主要问题：

1. 为什么因果构式可表示多种因果关系？
2. 为什么实据因果构式是合"法"（语法）的？
3. 因果构式如何形成？如何识解？

第三章　本研究的理论框架：HCPM

第一节　引言

第二章的讨论说明，因果构式研究还有问题未能解决，还需要建立一个研究框架，用于讨论表多种因果关系的因果构式的生成机理和识解机理。这是本章要解决的主要问题。

本章将首先对本研究的理论基础作一总体说明，主要涉及复杂系统的因果观和方法论、生成整体论、认知语言学相关理论及认知语用学相关理论；进而基于这些理论对用于研究因果构式运作机理的具体理论框架作一勾勒，提出整体性认知语用模型 HCPM，即一个融研究因果构式生成和识解机理于一体的模型，对模型进行描述并对其可行性进行论证。

第二节　理论基础

一　复杂系统的因果观和方法论

（一）复杂性科学的产生

复杂性科学是在系统科学的基础上发展起来的，其研究对象是复杂系统，研究重点是探索宏观领域的复杂性及其演化的问题。复杂性科学的产生是为了避免传统还原论科学的局限性，而采用整体论或非还原论的方法论。复杂性科学从 20 世纪 80 年代开始就引起国内外的极大关注。近年来，复杂性科学逐步与包括自然科学、人文社会科学在内的各种学科和领域不断地交叉和融合，研究范围涉及数理科学、生命科学、环境科学、信息科学、经济学、管理科学等众多领域。

（二）复杂性科学的理论模式

一般认为，现代系统科学经历了三个发展阶段：以控制论、信息论、系统论为主的系统科学的"老三论"；以耗散结构理论、协同论、突变论为主的研究自组织现象的所谓"新三论"；以复杂性为研究对象，以混沌理论、分形理论等为主的非线性科学（李曙华，2002）。系统科学的"新三论"，尤其是耗散结构理论和协同说，对解释复杂系统的发展演化机理具有方法论意义上的创新，其主要理论主张为复杂性科学研究所推崇，与混沌理论、分形理论等非线性科学共同构成复杂性科学研究的宏伟图景。但是，复杂性科学作为学科尚处于起步阶段，至今人们对复杂性科学的一些基本概念、研究对象、研究方法等基本问题的认识还存在很大的分歧。尽管如此，开展复杂性科学研究所遵循的基本原理则大体相同，而对复杂系统或复杂性的一般特征的认识也基本一致。主流的复杂性科学主要包括三个理论模式，即普利高津（Prigogine）的布鲁塞尔学派和埃德加·莫兰（Edgar Morin）的复杂性理论和复杂适应系统理论。

普利高津的复杂性科学是作为经典科学的对立物和超越者被提出来的。他认为"物理科学正在从决定论的可逆过程走向随机的和不可逆的过程"。他指出，经典物理学在它的静态的、简化的研究方式中从不考虑"时间"这个参量的作用，从而把物理过程看成是可逆的。实际上，普利高津并没有提出一个明确的"复杂性"的定义，他提出的复杂性理论主要基于耗散结构理论（沈小峰等，1987：136）。所谓耗散结构是指远离平衡态下动态的稳定化有序结构。耗散结构理论的核心就是证明：一个远离平衡的非线性的开放系统，通过与环境交换物质、能量和信息，当控制参量超过某一阈值，系统可能失稳，通过涨落，由无序状态转变为一种时间、空间或功能有序的新状态。耗散结构形成的条件有开放、非平衡、不稳定、涨落、非线性等。普利高津为代表的布鲁塞尔学派运用分支理论描述和说明非线性系统中的多样性，分析其不稳定性，并运用涨落理论解释分支点上系统的行为（李曙华，2002：138）。耗散结构理论揭示了物质进化过程的理化机制的不可逆过程。

莫兰是当代思想史上最先把"复杂性研究"作为课题提出来的人（陈一壮，2004）。莫兰思想的核心部分是他提出的"复杂方法"、"复杂思想"或称"复杂范式"。莫兰于20世纪70年代提出来的包纳多个相互独立的理论系统的复杂性方法，作为简单性方法的批判、修正和补充，是围绕着简单性方法对于认识复杂对象的不适宜之处而展开的。陈一壮（2004：65—66）将复杂性方法归结为三种形式，其中一种是：认识复杂对象不是借助于唯一的理论系统，而是借助于两个以至多个并列的彼此独立的理论系统。主要原因或者是由于认识有关对象的统一的理论系统还没有形成，或者是由于世界本来是有序性和无序性的交混和间杂，在认识层面导致逻辑性和非逻辑性的间杂，以至在对该复杂对象的研究上不可能形成统一的理论系统。在这种情况下，我们只有满足于从分散的多个理论系统出发来认识同一认识对象，从而使不同的认识结果互相补充（廖巧云，2006）。莫兰复杂性思想的核心是他所说的"来自噪声的有序"的原则，或者称为"经过无序的有序"、"起组织作用的无序性"原则。莫兰指出，世界的基本性质是有序性和无序性的交混，而这正构成了它的复杂性的基础。有序性和无序性各自的作用也是复杂的，即各自包含有积极的方面和消极的方面。有序性维护现有有序事物的持存并形成一个使人类易于开展实践活动的环境，但是它阻止新质事物的产生，以及把人类活动限制在一种无创造性的机械运作之中；无序性会引起事物的衰退和干扰人类行动计划的实行，但是它会引起新质事物的产生，以及为人类实践活动提供罕见的有利机遇。在该原理中，无序性是必要条件而不是充分条件，它必须与已有的有序性因素配合才能产生现实的有序性或更高级的有序性。该原理打破了有关有序性和无序性相互对立和排斥的传统观念，指出它们在一定条件下可以相互作用，共同促进系统的组织、复杂性的增长。"来自噪声的有序"的原则揭示了动态有序现象的本质。

　　CAS 理论（复杂适应系统理论）是荷兰（1995：27—28）提出的，被认为是"21 世纪的新科学"，属于"第三代系统思想"。CAS 所提出的系统理念不仅完全颠覆和替代了传统的研究范式，而且也有别于早期的系统思想。该理论认为复杂性科学研究的焦点不是客体的或环境的复杂性，而是主体自身的复杂性——主体复杂的应变能力以及与之相应的复杂的结构。荷兰围绕着适应性主体（adaptive agent，简称主体）这一中心，构造了复杂适应系统的回声模型（Echo Model）。CAS 理论把系统中的成员称为具有适应性的主体。所谓具有适应性，就是指它能够与环境以及其他主体进行交互作用，主体在这种持续不断的交互作用的过程中，不断地"学习"或"积累经验"，并且据此改变自身的结构和行为方式。CAS 理论的核心在于系统中的个体具有主动性和能动性。正是这种主动性以及它与环境的反复的互动作用，才是系统发展和进化的基本动因。主体的适应性体现为能与其他主体和环境进行信息和资源的交流，为实现自身目标而调整和改变行为模式，从而适应环境变化的要求。这也就是说，系统不是被动地接受环境的影响，而是能够主动地对环境施加影响。CAS 理论的一个重要方法论启示是：宏观变化和个体分化都可以从个体的行为规则中找到根源。

（三）系统复杂性的基本特征

简单而言，系统的复杂性就是指大量的自变量以难以预测的方式相互依存、相互作用时的情形。复杂性科学关注的焦点是动态系统的行为。在复杂系统中，每个主体只有在自己与其他主体相互作用而共同创建的环境中方能找到自己的位置并表现出与其他主体相协调、与环境相适应的行为。正因为如此，环境内的任何东西在本质上说都不是固定不变的（米歇尔·沃尔德罗普，1997）。根据方锦清（2002）的观点，动态系统的复杂性表现出了非线性和非平衡性、动态性、整体性、自组织性/涌现性、分形性/自相似性、开放性等重要特征。

非线性和非平衡性是与线性相对而言的。人们可以从事物之间的因果关系来考察线性和非线性：如果因果之间具有对应的逻辑关联，即有这个"因"而就有那个"果"，这就是所谓的线性；相反，如果因果之间不平衡对称，即有这个"因"而没有那个"果"，这就是非线性。人们已经认识到，现实世界中的非线性问题比起线性问题多得多，现实世界从本质上看不是线性的，而是非线性的。一个复杂系统通常都是由众多子系统组成，它们之间以某种或多种方式发生复杂的非线性和非平衡性的相互作用，导致了不仅在时间上而且在空间上产生各种复杂形式的相关结构。非线性是复杂性产生的主要根源，只要系统存在非线性或非平衡性，就都能产生复杂的行为特征而导致系统走向"混沌"之路。"线性关系是互不相干的独立贡献，而非线性则是相互作用，而正是这种相互作用，使得整体不再是简单地等于部分之和，而可能出现不同于'线性叠加'的增益或亏损。"（桂起权，2007）

动态性指复杂系统总是不断运动变化的，总是从一种状态变化到另一种状态。动态性是产生系统复杂性的主要原因之一。也就是说，复杂系统中稳定与平衡是运动的一种趋势，而波动、不平衡、矛盾等才是运动的常态，系统在矛盾中表现出十分复杂的现象。莫兰的"来自噪声的有序"原则深刻地揭示了这种动态有序现象的本质。普利高津的耗散结构理论则揭示了物质的生化演化机制。动态性一方面坚持系统演化的永恒性，另一方面坚持不平衡性是导致系统复杂多变的内在源泉。混沌理论中的"混沌"指的是对初值的敏感依赖性，它是一种"不确定的"动力学行为方式，具有非周期性、不规则、随机等特征。混沌理论表明，在看似平常的相当大范围的系统中，局部条件的微小变化能够引起全局范围内长期行为的巨大改变（荷兰，1995），最著名的例子莫过于"蝴蝶效应"。简单而言，任何一个在初始条件下的微小输入都有可能对输出行为造成巨大的影响，而这种影响往往难以预测。

整体性指复杂系统被视为一个有机的整体，系统行为并不是各构成成分行为的简单相加，而是各构成成分行为之间共同竞争或相互合作的结果。复杂性科学认为，还原论的系统分解法只适应于简单系统研究，因为真正的复杂系统具有非线性，叠加不再具有任何效用。对复杂性系统进行整体性研究不仅是对还原论的超越，而且有利于打破包括自然科学、社会科学及人文科学在内的因高度分化而业已形成的学科界限。

自组织性/涌现性指一个复杂性系统往往在没有外界的特定干预下就可以获得空间的、时间的或功能的结构。所谓自组织是指没有外界干预，仅仅只有控制参量变化，通过子系统间的合作，能够形成宏观有序结构的现象（李曙华，2002：152）；而且，那种结构或功能并非外界强加给系统的，外界是以非特定的方式作用于系统的［哈肯（Haken，1988：11）］。系统的自组织性是涌现现象的源泉——多个主体的自发的行为会产生集合体的整体规则。涌现指因个体的自发行为而导致系统整体行为或新的结构、功能出现的现象。复杂适应系统理论认为，大量适应性主体之间以及主体和环境之间存在着复杂的非线性相互作用，这种相互作用导致了系统的"涌现"现象，即微观个体的进化使宏观系统呈现出新的状态和新的结构，因此，"涌现"就将个体的适应与系统的演化这两个不同的层次连接了起来（荷兰，1995）。

分形性/自相似性在芒德勃罗（Mandelbrot，1982）的分形理论中指每一个局部的形态与整体的形态相似，在一定程度上，部分是整体的再现或缩影。分形是局部与整体以某种方式相似的"形"，或部分以某种方式与整体相似的集合；因此，分形蕴藏着无穷的信息，它使每个新的细节必能展现一个新的形态，但同时所有新层次都服从统一的生成规则，而自相似性正显示了系统这种从小尺度到大尺度的多样性与统一性的奇妙结合（李曙华，2002：213）。正因为分形的大量存在，非线性复杂系统表现出不同层次的自相似性，它们可以同时具有形态、功能或信息的自相似性，也可以是其中之一，既可以是严格的自相似性，也可以是统计意义上的自相似性，此所谓"理一分殊"。

开放性是指系统与环境（或系统）发生交换关系的属性，亦即系统具有从环境输入物质、能量与信息的属性，也具有向环境输出物质、能量与信息的属性，输入与输出是系统开放性的两个方面（曾广容，2005）。如上所述，耗散结构是一种远离平衡态下动态的稳定化有序结构，而开放性是形成耗散结构的必要条件。开放性对于系统由低级到高级的进化、自组织及新的功能的产生起着决定性的作用。

（四）复杂系统的因果观和方法论

复杂系统的因果观（范冬萍，2008）是指"在复杂系统的层次结构中，层次之间存在着多种因果关系，是一个复杂的因果网络"。在这个复杂的网络中，有上向因果作用和下向因果作用之分。根据坎贝尔（1974：180—181）的观点，"所谓下向因果关系原理指处于层级的低层次的所有过程都受到高层次规律的约束，并遵照这些规律行事"。而卡尔·波普（1987：254）则将下向因果关系解释为"一种较高层级的结构对它的次级结构起着原因的作用"。根据范冬萍（2008）的观点，"高层次对低层次组分的选择力和控制力是下向因果力的主要形式"。如，对基因而言，基因突变是低层次结构的随机变化，而生存竞争和自然淘汰则是高层次规律；后者影响和支配前者，决定前者的存活、传播和分布；这就是下向因果作用。故"一个系统的低层次的协同作用可以影响整个系统的性质和行为"；"而高层次的性质或整体模式一旦形成又会对低层次产生一种作用"。前者是上向因果作用，后者为下向因果作用。上向和下向因果作用便引出了复杂的、非线性的因果关系（范冬萍，2008）。

复杂系统的方法论就是复杂整体论。据范冬萍（2008），复杂整体论的主要观点可概括为以下四个方面：第一，低层次的规律会影响和制约高层次的所有过程，也就是说，低层次的元素及其相互作用对高层次过程有一种上向因果作用，故在复杂系统的研究中，还原方法、还原解释是必要的。第二，相对于低层次的过程而言，高层次的过程具有自己的独特性和理论的自主性，故需要有一种整体论的理念和方法去研究系统整体本身的特殊规律和网络本身的整体功能。第三，高层次的整体对低层次过程会施加一种约束、选择和控制的下向因果作用；高层次的过程又受制于或服从于更高层次的规律。故对于某个层次的解释，既应有下向因果作用或下向的解释，同时也应该有上向的因果作用或上向的解释。这便是整体论的方法，关注整体对部分的作用，特别是高层次整体对低层次部分的功能性约束和控制。这就带来了解释的多层次（本层、高层、低层）性。第四，解释的不同层次和不同维度之间具有互补性。对于同一过程的三个层次的解释，虽具有局部不可通约性或不协调性，但却是交叉互补和协同进化的。复杂系统的不同维度也是互补的。一个复杂系统无论处于哪一个层次上，均表现出二向性和多维度的特点。二向性表现为决定性与随机性、系统的约束性与元素的自由度、可计算与不可计算、可控制性与不可控制性等；多维度特征包括时间和空间、结构、功能与演化、多重可实现性和形态种类多样性等。这种多层次、多维度协同进化的整体论，就被称为复杂整体论。

（五）语言学研究的因果观和方法论

长期以来，对语言系统性质的认识一般都以索绪尔的语言系统同质说为基础，"只强调系统的封闭性、无时无空的静态性和其内部结构的平衡对称性，而忽视它与周围环境的联系和其内部结构方式的复杂性"（徐通锵，1990）。如果我们想对各种语言现象作出深刻的揭示和解释，有必要吸收现代科学发展思潮的精神，而复杂性科学思想无疑有助于我们从一个全新的角度来考察语言系统的性质和特征。

徐盛桓（2008）基于复杂系统的因果观和方法论，提出了"语言学研究的因果观和方法论"。其基本设定为：语言是一个复杂的层级系统，对语言的研究可以采用复杂系统的因果观和方法论，考虑不同层级的因果作用所带来的多种不同的认识。

现代语言学研究在理论目标、研究格局、理论设计等方面都呈现出多元化的局面，从而得出了不同或不尽相同的理论概括和研究结论。语言系统是一个复杂系统，语言现象是一种非常复杂的现象。复杂系统和复杂现象的形成往往牵涉诸多因素，形成许多层次。从复杂性理论的因果观和方法论来看，对于语言这样复杂的系统，为了认识、解释一种现象，需要从不同层级进行研究。

摩根（Morgan，1923：28）提出了构成世界的三个基本层次：物质、生命体和心灵。与此相对应，在语言学界普遍接受的同语言有关的层次观念：语言的运用，至少离不开如下三种因素的影响，即语言物质自身、语言运用的生命体及其所处的社会环境和生命体所具有的生理、心理、思维的特征。而这三方面又构成三个不同层次的系统，即语言系统、社会系统、认知系统。这三个系统都会对语言运用产生影响，这是"多层次"。这些层次还可以分层次；层次中存在许许多多的因素，对不同因素所可能造成的影响进行研究，这就涉及"多维度"（徐盛桓，2008）。对于这样的多层次、多维度的语言需要进行多元化的研究，自然就会得出多元的看法。

"在不同层次上进行研究时，有一些概念既是互相排斥又是相互补充的；研究的结论往往不同，甚至不协调，但又是互补的，可以协同进化的"；这样的认识，被称为"多层次、多维度互补和协同进化的原理"

（范冬萍，2008）。这种情况在语言学的研究中屡见不鲜。我们认为，用这一原理来思考当前语言学研究的多元局面会较为可取。对于同一个现象，在不同层次可能受不同的约束，因而可能表现出不同的行为规律，而层次间可能存在局部的不可通约性，因而不同层次进行的分析可能不一定协调，但都会有相对的合理性。

所谓层次的高低是相对的，而整体的组成部分服从于整体的功能和目标；整体的功能和目标实施最高层次的下向因果作用。一个构式的整体功能和目标指一个构式的形成受制于表达的意向、表达的需要；一个构式的表达意向、表达需要具体体现为构式义。这便是语言运用的最高层次。这将成为本研究的主要理论导向。

二 生成整体论研究范式

（一）生成整体论的产生背景

语言哲学的研究进程和自然科学的发展是同步进行的。由于还原论已经不能解释世界的结构、完成其应有的发现世界上的因果关系的使命，所以出现了科学范式转向。理论物理学家弗里乔夫·卡普拉（Fritjof Capra）在 1986 年当代物理学的世界观会议上的发言，概括了当代科学范式转向的五个方面：（1）从部分转向整体；（2）从结构转向过程；（3）从客观科学转向认知科学；（4）"知识是构式"的科学隐喻转向"知识是网络"的科学隐喻；（5）从真理转向逼近真理［参见维尼和金（Viney & King，2004：351）］。这些转移的核心是抛弃原子主义的还原论，走向整体论。

随之而来的是认知科学研究也出现了范式的转换，这就是人们通常所说的第二代认知科学的研究范式，其多元的范式包括连通主义、新行为主义、复杂系统理论、动力系统理论等，其中的复杂动力系统理论有广泛影响。锡伦和贝茨（Thelen & Bates，2003）动力系统理论根据"复杂性"思想，认为人类的认知过程是人类的复杂适应系统的一个子系统，而这个子系统本身就是一个复杂的动力系统。（杰克逊，1991；荷兰，1995）生成整体论是复杂动力系统理论的一个重要思想。当代认知科学研究扩展到人的意识的生成机理、大脑对主客观世界解释的理论模型、意识的体验性、心理语言与神经语言的转换等重要的前沿问题。

系统科学使生成整体论成为可能。生成整体论的概念源于系统科学。系统科学是从整体出发探索事物规律，揭示出自然界的进化实质上是一种生成过程，是一种事物发生、生长的超循环过程，这种过程最终必然形成复杂的非线性网络。（李曙华，2006）系统理论的出现和发展给现代科学带来了极大的影响，使得我们的思维由世界是物质的观点向世界是系统的范式转变。（梁战军，2006：81—83）系统科学形成的新思维方向把系统作为整体去揭示其规律。系统首先是一个整体，任何构成要素的特性都体现在系统之中，只有依靠整体功能和目标才能准确揭示出构成要素的性质。在整体论的视野里，我们看到的是系统的整体结构与模式。在系统中，只有大整体与小整体、大世界与小世界的区别（李曙华，2006）。

系统科学的发现使生成整体论的出现成为必然。到了 20 世纪中期，量子理论发现量子依赖其环境和关系才能认定其身份和存在，原子论和构成论不能对此作出解释，这才出现了真正的生成整体论。量子科学发现，每一量子都有波状和粒子状两个方面。其波状是不确定的，散布于所有时间、空间和可能域；其粒子状是确定的，存在于时空的某一位置，只限于实在域。粒子状是确定的，波状只在与其环境对话时才是确定的，即在实验中或与其他量子发生测量或观察关系时才是确定的。就是这种不确定的波状状态形成一系列潜势把量子事物或系统统一起来使其成为涌现的关系整体，这个关系整体不可以还原为先前存在的部分或其性质。任何两个量子缠结到一起或对它们同时测量，其关系就会导致"进一步的事实"，量子关系导致的新事实不能够由两个关系体分解为单个然后再靠各个单个的性质来预测。杰克曼（Jackman，1999：1—11）量子科学的事实使得科学在研究复杂系统时从整体出发，把世界的复杂性归结于可预测的规律，这就是复杂性理论。复杂科学的方法被用于探索事物的规律，把复杂的结果归结于简单规则，即"生成规则"。这样的"规则"是观察人工事物（artificial agent）能够导致相似现象的涌现性表现，从而发现一套摹拟真实世界表现的生成规则，帮助科学家预测、控制或者解释难以解释的复杂系统（王玉海、喻国华，2006：18—23；熊志军，2006：36—39）。

（二）生成整体论的基本内容

生成整体论的逻辑起点是"生成元"，"生成元"与原子论中构成世界的最小物质单元"原子"的不同之处在于：生成元是整体而非部分；生成元以信息为主导；生成元蕴涵着事物生长的全部可能；生成元可生可灭而非既成不变的。生成过程是从整体到整体而非从部分到整体的构成过程（李曙华，2006）。

生成整体论强调系统的整体性和生成性，整体与部分不是组成关系，整体不是各相关部分的集合；它们是生成关系，部分是由整体生成的。因此，生成整体论的前提是先有整体，然后才有部分，没有整体就没有部分；不是部分通过相互作用构成整体，而是整体通过信息反馈、复制与转换生成部分。生成的过程是信息起着主导作用，通过信息的跨层次传送和转换，制约着整体的生成，使整体的生成不是一部分一部分组合而成，而是具有涌现性的多层次耦合。

根据生成整体论的原理，"生成整体论的世界图景只有整体没有部分，只有过程没有静止"；"只有大整体与小整体、大世界与小世界的区别"，"不存在静止不变的、孤立的事物，不存在既成的、先定的部分"（李曙华，2006）。

（三）生成整体论对语言研究的影响

"哲学的假设和方法论影响着当代语言学的研究"（莱考夫和约翰逊，1999：469），生成整体论作为当代的一种科学哲学的观念，反映了现代科学对世界事物及其生成过程的基本特征的认识，成为人们认识事物的一个重要认知原则，对语言的认识当然也包括在内。生成整体论和复杂性研究的思想和方法对语言学研究的影响可以通过语义整体论思想得到体现，语义整体论是把生成整体论用于语言研究的一种研究方法（杰克曼，1999：1—11）。语义整体论认为，一个句子的意义或信念（belief）内容依赖于该句与其他句子和信念之间的关系函数，即由其他句子意义和信念内容决定。例如，"龙"的语义是由人们关于"龙"的共同信念决定的，有"龙意味着吉祥"这一信念的人说到"龙"与没有这种信念的人提及"龙"时的意义是不同的。语言学家是在生成整体论这一哲学观念和方法的指引下研究语言的。在这一研究范式内，整体和部分不再是简单的还原关系，而是大整体和小整体的关系，小整体的意义是不确定的，是由大整体决定的。

如上所述，生成整体论的前提是先有整体[①]，然后才有部分，没有整体就没有部分。只有在整体确定的情况下，部分才会有意义。如，一个话语或一个表达需置于具体语篇中才能被赋予较为具体的含义。生成整体论作为一种哲学观反映了世界事物的生成过程的基本特征。根据认知语言学的假设，语言结构组织原则应反映其他学科如哲学、心理学、人工智能和神经学等科学已知的知识，也就是说，语言组织应反映一般性认知原则。[埃文斯和格林（Evans & Green，2005：28—44）]那么构式（如因果构式）作为一个整体系统，其生成与演化就一定会反映出生成整体论所刻画的基本特征。首先，小整体规定整体。其次，构式整体一旦生成，能进入构式的小整体又会合乎逻辑地体现整体，把整体的存在体现在自身的信息

―――――――――――

① 这里所说的"整体"是指由各小整体生成的"大整体"，下同。

选择、匹配之中，作为整体的有机组成成分，以整体为依归体现其自身的意义。最后，构式的整体不再是作为各组成成分的小整体的简单相加，而是整合为一个整体，其结构可以抽象为一个构式系统，各小整体围绕动词词义或其蕴涵的相关内容，在系统内相互作用，进行信息选择、匹配、创生，从而生成整体的新信息即其构式意义，使构式获得整体大于小整体之和的效应，具体来说就是：构式意义大于构式中各构成要素（如各词项）意义之和。

三　认知语言学的相关理论

（一）认知语言学的一般说明

认知语言学是语言学的一个学派，或者说是一种新的研究范式，是指用认知的方法（cognitive approach）来研究语言。所谓认知语言学理论，就是以这种范式研究语言所发展起来的同语言有关的理论。对"认知语言学"的理解，目前有两种相区别又相联系的看法，有学者称之为"两代认知语言学"。

第一代认知语言学的研究理念或特点是"身心二分"的认知观；其研究范式是符号—计算主义；主要假设是：人脑类似于电脑，人类的认知过程在大脑中有对应的物理过程，认知过程就是人脑对信息进行计算的过程，与身体的体验无关；主要代表是乔姆斯基及其追随者们；按照乔姆斯基的说法，人的大脑里有一个语言习得机制 LAD，语言能力是自主的、天生的，相区别于人的其他的认知能力。

第二代认知语言学的研究理念是"体验"（embodiment）的认知观；研究范式包括连通主义、新行为主义、复杂系统理论、动力系统理论等。这些范式均持以下观点：认知活动是人在认知机制的支配下与世界相互作用的过程，认知的过程离不开体验和情景化，认知也必然涉及脑神经的复杂活动。在第二代认知语言学的研究实践中，又分为首字母大写的"认知语言学"（Cognitive Linguistics）和首字母小写的认知语言学（cognitive linguistics）。大写的"认知语言学"作为一个专有名词，专指兰格科、莱考夫、约翰逊、泰勒（Talyor）、塔尔密（Talmy）、戈德堡、福柯尼尔（Fauconnier）等主要集中在美国西海岸的一批认知语言学家的研究。他们的学术特点主要表现为三个假设（克罗夫特和克鲁索，2004：1）：语言能力是非自主的认知能力；语法是概念化；语言知识来自于语言运用。小写的认知语言学泛指一切用认知的手段进行语言学研究的研究实践。

当前，无论是大写的还是小写的认知语言学，其研究的中心任务都集中在揭示语言知识是如何习得、储存和表征的；目前研究的两个热点是：（1）概念结构是什么、是怎样形成的；（2）语言运用的认知能力是什么、语言运用中的默认知识表现出什么认知特征（徐盛桓，2007b）。

认知语言学认为，对语言现象的分析不仅是为了对该现象进行描述，其终极的理论目标是要解释引起言语行为的认知心理结构和认知过程。在这一目标的指引下，认知语言学同乔姆斯基的生成语言学、杰肯道夫（Jackendoff）的概念语义学、赫德森的词语法（word grammar）等语言学理论一样，都致力于揭示人类认知能力同语言形式及其应用之间的对应规律，尽管各人的具体主张各异。认知语言学的研究目标可以表达为："寻找不能脱离形体的概念知识的经验证据，探索概念系统、身体经验与语言结构之间的关系以及语言、意义和认知之间的关系，即所谓的'关系问题'（the relationship question），发现人类认知或概念知识的实际内容，从而最终揭示人类语言的共性、语言与认知之间的关系以及人类认知的奥秘。"（文旭，2002）

认知语言学主要有三种研究取向：（1）解释性取向：任何语言学的研究无外乎描述、规范和解释三种研究取向。结构主义注重对语言结构的描述，研究语言"是什么"的问题，属于描述性取向；传统语法强调对语法的规范性说明，属于规范性取向；认知语言学则是在描写的基础上研究语言的生发机制，即研究语言发生和应用过程中所涉及的心理结构和心理过程，目的是对语言现象产生的原因作出认知方面的解释，因此它的研究取向是解释性的，即研究"为什么"。（2）共性取向：不同的语言学理论所设定的研究目标各不相同。传统语法和结构主义主要是对不同的语言进行描述和规范，因此总的来说它们的研究取向是个性的而不是共性的。但认知语言学研究的终极目标是试图建立一个能对人类所有语言现象进行解释和说明的语言理论体系，也就是说，它所采取的是一种共性取向。（3）语义取向：生成语言学认为语法是生成性的，语义是解释性的，而认知语言学认为语义是生成性的，因此他们的研究可以视为语义取向的研究。认知语言学认为，语言的词汇和语法结构都是不同层次的语言单位，是形式和意义构成的具有内在结构的象征符号，具有真实的认知地位。句法的不同形式来自并反映不同的语义。语义不是基于客观的真值条件，而是对应于认知结构；表层形式的句法结构又直接对应于语义结构。所以认知语言学认为，语义结构才是语言研究的重点（参见赵艳芳，2000）。

正如上文所说的，认知语言学研究目前的两个主要方面是概念结构的研究和认知能力的研究；其研究的中心任务集中在揭示语言知识是如何习得、储存和表征的，具体来说是借助认知心理学、脑神经科学等学科的研究成果来探讨人类语言形式的内在认知机制，并从语言形式上寻找系统的而不是孤立的证据，研究语言与认知的规律，研究人对世界的感知、经验、观察事物的方式如何影响人们对语言的使用，探索语言知识背后的认知机制，揭示人类语言的共性、语言与认知之间的关系，为语法化过程提供一个统一的理论框架。认知语言学研究的主要内容包括范畴化与原型理论、隐喻、认知语法、语法化、象似性（iconicity）、认知语用推理，等等。

认知语言学是近三四十年来发展起来的一种语言学研究范式，它以人类的认知能力作为一种下向因果力（downward causation），以此形成观察语言、研究语言的因果观和方法论，将语言的语音表征、语义表征、语法表征看成是一个分层级的整体，各种语言现象是主要在以认知能力作为下向因果力的影响下作出选择和控制而发生涌现（emergence）的结果，由涌现而形成语言的序列。这一认识是我们在复杂整体论的思想指导下对认知语言学的精神实质的认识和升华的结果。

认知语言学的相关理论很多，这里我们只讨论同我们要构建的框架相关的部分，作为我们研究的支撑，如：认知语义学理论、语法化理论、构式语法理论、心理空间理论，等等。最终目的是要建立因果构式研究的理论框架。

（二）认知语义学理论

认知语义学建立在对传统语义理论的批判之上，强调基于身体的经验和想象，把注意力真正转向人类的推理。

莱考夫和约翰逊于 1980 年就提出"经验现实主义"（experiential-ism），并于 1999 年基于这一思想正式提出"体验哲学"（embodied philosophy）这一术语，将其主要思想概括成三个基本观点：心智的体验性、认知的无意识性、思维的隐喻性。其中最重要的是心智的体验性。从体验哲学角度来说，范畴、概念主要是人类基于体验之上，经过主客体之间的互动形成的；意义也是这样，主要也是体验的结果。它们深深扎根于人类对物质世界、社会世界、文化世界和心智世界的体验之中。人类语言离不开具体的体验感知，人类对于世界的经验在很大程度上制约着语言的结构和意义，人类语言的形成是基于经验感知和主客互动，因此研究语言结构和意义应该从人类的经验和认知角度入手。根据莱考夫和约翰逊（1999：497）的观点，认知语义学主要研究人类的概念系统、意义和推理，简而言之，研究人类的推理。他们认为语义是一种心理现象，没有独立于认知以外的语义，也没有独立于人类认知以外的客观真理；认为语义与人类的知识密切相关，语义具有动态性、可变性、不确定性等特征。隐喻认知理论、意象图式理论、激活理论等都是认知语义学研究中的新内容。

认知语义学的主要观点大致包括如下九个方面（王寅，2002）：（1）经验观：这是认知语义学的一个核心观点，认为语义是基于经验感知的，概念是通过身体、大脑和对世界的体验而形成的，而且只有通过它们才能被理解（莱考夫和约翰逊，1999：497）。在语言与现实之间存在认知和概念这一中间层次，反映在语言中的现实结构是人类心智的产物。（2）概念观：该观点认为语义等同于概念化、心智结构、象征结构，把语义形成的过程等同于概念化（conceptualization）过程，概念化过程又是基于身体经验的过程。（3）百科观：认知语义学坚持百科式的语义分析方法。语义是根植于语言使用者和接受者的百科知识体系之中，只有在其他认知结构中才能被理解，这就得依赖于人类的知识系统。（4）原型观：该观点认为一个范畴是由一些通常聚集在一起的属性所构成的"完形"概念，范畴划分就本质而言是一个概念形成的过程，范畴是通过范畴成员之间的"家族相似性"（维特根斯坦，1996：47—48；吴世雄、陈维振，1996）建立起来的。（5）意象图式观：根据该观点，认知模型主要是意象图式，最重要的语义结构是意象图式结构。意象图式是初始的认知结构、形成概念范畴的基本途径、组织思维的重要形式和获得意义的主要方式。意象图式的扩展是通过隐喻来实现的，而且当一个概念被影射到另一个概念时，意象图式在其间也发挥着关键的作用。我们通过在现实世界中的身体经验，如感知环境、移动身体、发出动力、感受力量等，形成了基本的意象图式，然后我们就用这些基本意象图式来组织较为抽象的思维，从而逐步形成了我们的语义结构。［特纳（Turner，1996）；约翰逊和莱考夫，1999；伽登福尔斯（Gardenfors，1999）］人类的理解和推理正是凭借着这样的意象图式进行的，各种各样的意象图式交织起来构成了经验网络，从而也就形成了语义网络。（6）隐喻观：隐喻观认为，隐喻可通过人类的认知和推理将一个概念域系统地、对应地映合到另一个概念域，抽象性的语义主要是以空间概念为基础跨域隐喻而成。隐喻不仅仅是个语言现象，人类的思维就是建构在隐喻之上的。（7）寓比观：该观点认为，意义是投射、混合、联结、将多个空间进行融合的复杂运算。特纳（1996）提出的寓比（Parable）理论包括建构输入空间、普通空间、融合空间、影射等。（8）象似观：认知语义学家认为语言符号在语音、词形、句法结构等方面与其所表达的意义存在象似性。（9）认知模型与激活理论：莱考夫提出了理想化的认知模型（简称 ICM），包括命题模型、意向图式模型、隐喻模型、转喻模型，可解释非客观主义的想象性现象（换喻、隐喻）和辐射结构范畴现象。所谓 ICM，就是指特定的文化背景中说话人对某领域中的经验和知识所作出的抽象的、统一的、理想化的理解，是建立在许多认知模型上的一种复杂完形结构。这种理想化认知模型是一种认知模型集，许多认知模型集合在一起就可形成一个认知模型集，它有时比单独的一个认知模型更为基础。人类认知模型中各类概念有层次之分，有基本认知模型（空间、时间、颜色、温度、感知、活动、情感等）和复杂认知模型，它们又可包含若干分支模型，从而组成了人类的认知结构。这种认知结构是形成知识系统的基础。

认知语义学认为，语言的表层结构直接对应于语义结构，而语义结构并非直接等同于客观的外在世界的结构，而是与人在和客观现实的互动过程中形成的概念结构相对应。因此，人类语言的句法结构是体验和认知的结果，人们在各种类型的身体经验的基础上逐步建立起抽象的意象图式，然后基于其上逐步形成了基本句法结构，因此可用人类的基本认知能力（主要是空间理解能力）以及普遍的认知机制（如注意、扩散、隐喻、认知模型、意象图式、激活等）来解释句法系统。莱考夫（1987：354）在动觉意象图式的基础上建立了"形式空间化假设（Spatialization of Form Hypothesis；SFH）"。他认为，概念结构是从物理空间到概念空间的隐喻投射的结果。认识一般经历了从空间到其他、从具体到抽象的过程，人们在此基础上逐步形成了抽象思维、复杂推理的能力，从而逐步形成认知模型和语义结构。因此 SFH 这一主要意象图式，对于研究认知模型、概念系统、语义结构具有关键作用。

认知语义学家提出的一系列观点对许多传统观点具有较大的挑战性，其本身也确实具有强大的解释力和生命力。经验观、意象图式观、隐喻观、认知模型等对我们的研究具有指导意义。因果关系的表达式是人类心智的产物，是基于人们对现实世界中因果关系的体验和认识的；认知语义学理论说明了因果构式涉及的语义内容，把因果关系的建立看成是概念化过程，可以从形式语义学角度刻画因果构式的语义构成；人们基于感知（主要是视觉、触觉）逐步认识了自己所生存的空间，形成了有关空间结构和动觉运动等意象图式，影射入人们的头脑后就形成了范畴和概念结构，因果关系也是这种投射的结果。"投射"具有很强的解释力，不过，如果要用来解释因果句的生成机理，"投射"概念还需要进一步细化。上述不同视角反映了语义研究的不同侧面，不过终归还较零散，具体到解释某一语言现象，特别是构式，还有待进一步系统化。

（三）语法化理论

语法化理论是研究语法成因的认知语言学理论之一。近年来，语言学家对语法化（grammaticalization）现象的研究已不再满足于从历时的角度将语法化现象作为语言变化的一种类型，而是从共时与历时结合的角度出发，用语法化现象来解释一些从共时角度难以理解的语法现象，深入探索语法的来龙去脉。从历时和共时结合的角度看，语法化是语法范畴和编码（即意义）的组织的历时性和共时性的过程，是研究语言和言语、范畴和类范畴、固定成分和非固定成分之间相互依赖性的语言理论，旨在强调自由的词汇表达和受制约的形态句法编码之间的控制关系以及范畴的基本非离散性和语言的非确定性［特拉格特和海因（Traugott & Heine，1991）］。霍普（1987）认为，没有现存的静止不变的语法，只有不断产生和交替的动态语法。语法化的过程是：语言形式的意义从实义向虚义转变。通常认为，语法化的机制是类推和重新分析，演变的方式有隐喻、转喻和主观化等。语法化理论的主要观点如下：

第一，语法化通常指语言中意义实在的词转化为无实在意义、表语法功能的成分这样一种过程或现象，中国传统的语言学称之为"实词虚化"。从认知上看，虚化是从一个认知域转移到另一个认知域，但这种转移往往是由语用原因触发的。任何一种语法化的发生，都是人类认知发生改变的结果。语法化后的单位仍然跟原单位有一定的关系，而这种关系也正是语法化发生时人类认知可能达到的程度。只有当人类认识到了可以发生这种变化及这种变化可以为人们所认知的时候，语法化才能发生。这也可以解释为什么语法化的发生是一个渐变的过程。因为只有这种认知为大多数人所了解、承认并学会运用以后，这种语法化才能实现（刘绍忠、唐建军，2004）。

第二，语法化是一个连续的渐变的过程，因此语言中大量存在一词多义、歧义、兼类和类别不明现象，它们都是历时演变的过渡阶段在共时上的反映。因此，霍普（1987）大胆地指出，根本没有什么语法，有的只是语法化。换句话说，"语法是涌现的，而非现存的"（Grammar is always emergent but never present）。

第三，语法化的两个重要机制是重新分析和类推。霍普等人指出"重新分析和类推是语言变化的主要机制"（霍普和特拉格特，1993：61）。重新分析是改变一个句法结构内在关系的机制，是关于语言的线性组合变化，不发生结构上的改变，从而是隐性的（covert），它是对语言结构进行的新的心理组合。句法格式内在关系的改变涉及以下几个方面：（1）结构成分；（2）结构层次；（3）成分的词性；（4）成分之间的语法关系；（5）结构的整体特性。类推是语言在聚合轴上的变化，它引起结构变化，从而是显性的（overt）（霍普和特拉格特，1993：77）。类推主要有两个作用：一是诱发一个重新分析的过程；二是使得通过重新分析而产生的新语法格式扩展到整个语言中去。关于类推最常见的定义有：类推是语法化结构的优化过程（optimization），它发展的步骤和范围受制于该语言的整体结构特性［基帕尔斯基（Kiparsky，1992：57）］；类推是一个语法格式的表层形式的变化，不会马上带来深层结构的变化，它是对业已形成的句法规则的推广和应用（哈里斯和坎贝尔，1995：97）；类推是句法组织的范式化，会引起表层搭配的变化（霍普和特拉格特，1993：56，61）。

第四，语法化有多种不同原因。语言意义和形式的演变是"有理可据的"。这种变化有的源于语言之间的接触；有的来自交际中说话者和听话者双方的互动；有的形成于创新用法，如人们会创造性地使用语言，从而催生语言的语法化；也有的产生于对语言的误解和误用。海曼（Hyman，1984）把"语法化"限定为语用法凝固为语法的过程，因为语言中一些广泛使用并反复出现的语用现象会逐渐固定下来，约定俗成，变成构词造句的语法规则。沈家煊（1994）认为"语法化"的主要原因有如下几个方面：语篇的组织和交流的意图等语用因素是语法化的重要原因；认知心理角度的原因，如，人的认知规律就是从具体到抽象，"隐喻"是认知的主要方式（莱考夫和约翰逊，1980）；语言间的接触这种社会因素可能有影响；语法化也可能受到语言内部结构的制约；书面语和口语的相互影响也可能是一个因素。所以，语法化的原因和条件是多方面的。语法化具有交际动因，如当人们在交际过程中需要使用同样的形式表达不同的意思而这时又没有恰当的表达方式时，实义词就可能语法化为虚词义。

第五，语法化的主要方式是隐喻、转喻和主观化。由于重新分析是基于部分和整体、部分和部分等邻近关系的重新组合，因而与转喻有关；而类推是基于事物之间的相似关系，因此它与隐喻有关。在语法化过程中起重要作用的是隐喻模式和转喻模式（王建伟、苗兴伟，2001；王寅、严辰松，2005）。海因、克劳迪（Claudi）和亨尼迈厄（Hunnemeyer，1991）等认为，隐喻模式是语法化最主要的动力。隐喻模式的主要特点是认知域之间的相似性以及它们之间抽象度的相异性。转喻模式是指在命题模式、意象图式模式和隐喻模式的基础上，使其中某个成分与另一个成分发生联系，转喻模式之所以会发生主要是因为局部语境下成分之间的毗邻性造成的。主观化是语法化的主要方式之一。在日常话语交际中，说话人不仅要表达命题意义，而且要表达"言者意义"，而后者体现了语言的主观性（subjectivity）。说话人会在话语中留下"自我"的印记，这就是语言的"主观性"（subjectivity）［参见法恩根（Finegan，1995）；沈家煊，2001；王寅和严辰松，2005］。如果这种含有说话人主观信念和态度的形式和结构逐渐衍生出可识别的语法成分，这就是主观化（subjectification）（特拉格特，1995）。在会话过程中，说话人总是不断把说话的目的、动机、态度和感情传递给对方。一些常用的包含主观性的词语经过反复运用，最终凝固下来，形成主观化的表达成分［参见莱昂斯（Lyons，1977）；法恩根，1995；沈家煊，2001；王寅和严辰松，2005］。特拉格特（1989）最早将主观化纳入语法化的研究框架，并从语法化的角度对主观化作出定义：主观化指的是"意义变得越来越植根于说话人对命题内容的主观信念和态度"这样一种语义—语用演变过程。语言不仅能表达主观性，而且还常常表达交互主观性（intersubjectivity）。交互主观性指的是说/写者用明确的语言形式表达对听/读者"自我"的关注，这种关注可以体现在认识意义上，即关注听/读者对命题内容的态度；但更多的是体现在社会意义上，即关注听/读者的"面子"或"形象需要"（特拉格特，1999）。

第六，语用法在语法化过程中具有固化的作用（沈家煊，1998）。语言变化总是在人们使用语言过程中产生的，在这期间必然要涉及人们的语用因素，因此研究语法化也就不可能将语用层面排除在外。如语言中很多惯用表达和固定用语，它们在长期使用中逐渐失去了其字面意义，取而代之形成了某种特定的语用功能，从而形成了某特定交际场合下规约性的惯用法。这就是语用功能语法化。

就因果构式而言，因果连词的演变也经历了语法化过程。一般来说，语法化是对具体的语言形式、语义内容和语用现象的抽象过程。一个实词会经历多个不同的虚化过程，每增加一个过程，就增加一个新义，因而一个形式就可有多重意义。因果连词 because 的语法化过程也说明了这点。because 在中古英语（1150—1349 年）里是作为副词，表 for the reason that；到了近代中古英语（1350—1469 年），它发展成为可用作连词；到15 世纪后期（1470—1499 年）和 17 世纪中期（1630—1669 年），才出现了 in order that、for the purpose that 义。（Little，1980）换句话说，"原因"是逻辑因果构式表示的核心范畴，而嬗变为实据因果构式是后来发生的。

重新分析和类推这两个概念对于我们讨论逻辑因果构式和实据因果构式的分类和生成机理研究具有指导作用。从逻辑因果关系到逻辑因果构式再到实据因果构式有一个类推的过程。这一类推过程可以体现在不同的层面，如逻辑到实据、充要原因到充分原因、充分原因到讲得通的理由，等等，均为类推所得。既然语法化是一个连续的渐变的过程，那么在这一过程中，because/for – 构式所表示的语义也应该是渐变的。从投射到固化有一个从共时到历时再到共时的反复过程。语用法的固化作用说明实据因果构式依靠语用的固化作用而成为了相对固定的用法。这说明实据因果关系的表达实际上也是语法化的结果。主观化说明因果构式在使用过程中出现带有说/作者的实据性因素，并以此达到自己的交际意图，是完全可以接受的。

但是，具体如何类推、如何固化却是值得探讨的问题，也是我们试图解决的问题。语法化过程，即类推、主观化、语用化等过程未能从根本上理清语法化前后的两种结构（如逻辑因果构式和实据因果构式）之间的关系。

（四）构式语法

认知语言学还认为，语法是由象征符号构成的表征结构，而概念是各种意象图式。一个句法的结构不管如何抽象，都可以体现为象征符号的表征结构。将一定的形式结构同一定的概念—事件结构常规化地连接起来的神经认知常规通道所体现的表征结构，必定是形式同意义的结合体，即构式。例如，句子构式就是这样的形式同意义结合的句法表征结构（戈德堡，1995：4）。

克罗夫特和克鲁索（2004）曾明确地陈述和说明了认知语言学的三个理论假说：语言能力不是自主的认知能力；语法就是概念化；语言知识来源于语言运用。第三个假说认为，语义、句法、词法、语音等的范畴和结构，是由在特定情景下运用的特定话语认知建构出来的；这方面研究的一个明显成果是构式语法。"认知语言学对句法的研究是在构式语法（Construction Grammar）的名下进行的"（克罗夫特和克鲁索，2004：225）。[①]认知语言学框架内大致有四种构式语法理论，即凯和菲尔莫尔（Kay & Fillmore）的"构式语法"[Construction Grammar（大写字母）]，莱考夫、戈德堡的构式语法，兰格科的"认知语法"和克罗夫特的"激进构式语法"（Radical Construction Grammar）。这四种构式语法理论对上述的三个基本原则的立场是相同的；但不同的理论对下面的四个问题有不完全相同

---

① Construction Grammar 可译为"构建语法"、"架构语法"、"框架语法"、"构块式语法"、"句式语法"、"构块语法"、"构式语法"等。本书采用"构式语法"的说法。

的看法：（1）句法成分的范畴在构式语法中的地位怎样？（2）句法关系有什么类型？（3）构式与构式之间有什么关系？（4）信息在构式分类中是怎样储存的？而且，不同的理论着重研究的问题也不同：（1）凯和菲尔莫尔的构式语法详细探讨了句法关系及句法的继承性；（2）莱考夫、戈德堡更多的是研究构式间的范畴关系；（3）认知语法集中在语义范畴和语义关系；（4）激进构式语法集中在句法范畴和类型共性。构式语法研究源于对习语表达式（idiomatic expressions）在说话人语法知识中居于什么地位的关切。菲尔莫尔、凯和康纳（1988）对习语如"let alone"的研究，以及莱考夫（1987）、杰肯道夫（1997）等有关的研究，成为构式语法研究的先导。除凯和菲尔莫尔的构式语法外，其余的都赞同基于惯用法的模型。

"基于惯用法的模型"致力于从语言运用的角度研究语言知识的形成和表征的影响。它是同生成语言学以及传统的结构语言学的语法表征模型相对的。后者认为只有语法形式的结构决定它在说话人头脑里的表征，而前者认为交际话语运用的特性也参与决定，尤其是以下两项：语法形式和结构出现的频率与词和构式运用时的意义（克鲁索和克罗夫特，2004：291—292）。这就是说，语法知识的表征是同运用这样的知识的过程联系在一起的。语法知识不仅仅是说话人头脑里的一种表征结构；这里牵涉四个因素：（1）用于表征的"世界"，即心智；（2）被表征的"世界"，即话语；（3）将二者联系起来的机制；（4）运用这种表征的过程。就过程来说，主要的是涉及话语的生成和理解、小孩和成年人对语法知识的习得、说话人头脑里语法知识的历时变异。这表明，构式语法关于语法知识表征的模型，是同语言知识的运用和同表征与被表征的关系联系在一起的。表征与被表征的关系其实是范畴之间的关系：作为交际内容的经验范畴和象征这样的经验的语法范畴。语言知识的运用和表征与被表征的关系对使用的频率是很敏感的（廖巧云，2005）。

构式语法理论的一个基本观点是：语素、词、成语、短语、句子都应看做"形式和意义的结合体"，即构式。而作为一个句式，都具有"一个表面的形式和一个相应的功能（即意义）"。所以，句式有自己独立的意义。因此，一个句子的意义，并不能只根据组成该句子的词语的意义、词语之间的结构关系所赋予的意义推知，因为句式本身也表示一定的意义，并将影响句子的意思（戈德堡，1995：4）。按照构式语法理论，语言研究要重视对一个个具体构式的研究，而且要从具体构式所表示的语法意义来考察分析构式内部词语之间的语法关系与语义关系。

　　所有的句法表达式，不管其图式化程度如何，都有与之相联系的语义解释的规则。"一切语法知识基本上是以相同的方法表征的"，亦即以构式的形式（in a construction-like fashion）表征，无论从语义还是从语法来说，构式概念可以概括说话人全部的语法知识。"有必要将'构式'作为表征句法的单位。"一个构式是一个句法构型（syntactic configuration），一个构式有一个由相关构式组成的家族。构式语法的一个基本假说是：说话人头脑里的一切语法知识都可以以一般的构式形式作出统一的表征；从词库到句法是一个连续体。构式语法认为，语法的构式是意义与形式的匹配，这种匹配至少部分是任意的。即使是最一般的句法构式也会有其语义解释的一般规则与之相对应；因此，一个构式是一个象征性单位。"意义"是指该构式全部的规约化的功能，包括情境的和语用的。一个构式家族中的各构式不是一系列分散的（unstructured）构式；这些构式是组成了说话人头脑里的某种语言的规约的"结构性的清单"（structured inventory），"清单"也称分类网络，一个构式就是网络上的一个节点。构式的分类关系既对一些形式手段所表征的语法知识作了区分，又把它们联系起来。构式语法有三个基本原则：构式作为象征单位是独立存在的；对语法结构可用构式作出统一的表征；一种语法里的构式是按分类组织的（克罗夫特和克鲁索，2004：225—263）。

　　戈德堡（1995）在讨论构式之间的关系时，详细讨论了"传承"（inheritance）概念。戈德堡（1995：72—81）在讨论双及物构式由"高原型"生发出"低原型"时运用了"传承"概念；她指出，give me a book 属于"高原型"的"真正的"双及物构式，是"逻辑的"、"正统的"、"典型的"，而如 bake me a cake 等则是"低原型"的双及物构式，属于"非逻辑的"、"非正统的"、"非典型的"。戈德堡（1995：72）认为，可以这两个相关的构式之间建立语义、句法等方面的传承关联（inheritance links）；在从"高原型"演变出"低原型"的构式中，"传承"是关键环节。只要构式 B 由构式 A 传承而来，那么构式 A 便是构式 B 的理据。传承关联说明：两种构式可能在某些方面完全相同而在其他方面有异。相对于被传承或处于统领地位的抽象构式而言，传承而来的构式更具体。这一点同"依存成分是显性表述"相一致。

　　戈德堡认为，在语义、句法方面相关的两个构式之间可以建立起对称的传承关联（inheritance links）。（戈德堡，1995：72）传承由传承关联实现。戈德堡（1995：75—81）区分了四种主要的传承关联：多义关联 ［Polysemy（I_P）Links］、隐喻扩展关联 ［Metaphorical Extention（I_M）

Links〕、次成分关联〔Subpart（I_S）Links〕和范例关联〔Instance（I_I）Links〕。多义关联涉及一种构式的特定意义同该意义的扩展义之间的关系的实质，核心义的句法构式被其扩展义所传承；隐喻扩展关联是指当两个构式通过隐喻投射，统领构式的语义投射到被统领构式的语义上，这两个构式便构成了隐喻扩展关联；次成分关联是指当一构式为另一构式的次成分而且能独立存在时，便构成了次成分关联；范例关联是指当一构式为另一构式的一个特例时，那么这两个构式就构成了范例关联。

有学者（参见戈德堡，1995：73—74）将传承区分为完全型和标准型两种类型。标准型传承允许出现新的次规则和例外情况，只要传承不与传承级中较低层级的节点相冲突，便可从统领节点传承该信息，标准型传承仅是一种部分地叙述总体的方式；完全型传承是用于获取完全的分类（taxonomic）关系和制约，直接或间接统领特定节点的每一个节点的信息都要传承下来。人们以不同的方式和手段，为了不同的目的，将一构式仿制为另一构式，这就是语言构式的传承过程。传承是由人实现的，传承前后，被传承的构式的成分本体是不变的，所发生的变化已体现为另一个语言单位，所发生的变化是可按人为的目的性加以控制的，是可设计和可预测的，是受价值观影响的，它的传承是通过对其价值的筛选进入现实世界的。也就是说，语言构式的传承，是人的有目的活动，它是以它的"使用者的意向性为指向的"（user's intention-oriented），而且通常是被设定为有利于该使用者的，是该使用者的意向性之所在。

认知语言学关于"构式"的这一见解是有见地的，它在一定程度上体现了整体大于部分之和的整体论思想。构式语法理论对我们将建构的因果构式具有指导性作用。研究一个句法表征结构的形式是如何同其意义结合在一起的，找出其中可能的理据，是进入句法认知研究的一把钥匙；我们要从具体句式所表示的语法意义来考察分析句式内部词语之间的语法关系与语义关系；构式语法理论对于研究和解释逻辑因果构式和实据因果构式的生成机理具有启发意义；其关于构式之间关系的论述，特别是"传承"概念对我们研究逻辑因果构式和实据因果构式之间的关系提供了依据；因果构式是一个句法构型，是一个由相关构式组成的家族。

（五）心理空间理论

认知语言学强调含义的研究。含义是依靠转喻通过显义获得的。心理空间理论认为，这一含义的获取过程包括概念投射、概念整合、类推、虚拟空间等策略（福柯尼尔，1997）。

心理空间理论（Mental Space Theory）系统考察了人类语言结构在认

知结构中的体现。它是一种以虚拟心理空间（mental space）来解释词际、句际语义关系的认知语言理论。心理空间理论（福柯尼尔，1994）主要是研究在线意义构建的理论，即我们在说话、思考时即时构建的，或者是随着话语的展开不断建构的暂时的信息集合。所谓虚拟的心理空间，并不是语言形式结构本身或语义结构本身的一部分，而是语言结构中相关信息的"临时性容器"（temporary container）（库尔森和福柯尼尔，1999）。在语境构建话语意义的过程中，为了正确把握蓄意表达含义，听话人不仅要完成对编码化语法信息的破译，而且必须根据语法指令（grammatical instruction）即时在线（online）建构相应的心理空间——说话人思考或谈论已知、想象、过去、现在或将来情形是部分的、类似于物理空间的现时思维表现结构。由交际双方以相同的语言、语用数据为原材料进行认知加工而产生的类属心理空间的大致匹配是交际顺畅、通达的前提条件（福柯尼尔，1994：2）。心理空间之间相互联系，并且随着话语的展开不断得到修正。在心理空间中，我们可以把命题当做真的，把物体假设成存在的，也可假设物体之间的关系是存在的、动态的、暂时的，而且以框架为形式的背景知识在语用上不断地丰富心理空间。我们在构建心理空间时，常会从框架中提取与话语理解有关的抽象和具体的知识，因此心理空间是部分地包括一些框架中的成分，并通常由框架提供一定的结构。

　　说话人构建心理空间是为了把话语引起的信息分割成一系列简单的认知模式。话语构建首先始于发话人的基础空间（base space），然后随着话语的展开，不同视角和焦点的心理空间将建立起来，空间之间由空间构造词相互连接，不同空间的内部成分相互投射（福柯尼尔，1997：41）。心理空间理论是建立在类比、递归、心理模式化、概念类聚、知识框架等心理活动基础上的一般认知操作过程（福柯尼尔，1994），是认知活动中的一种普遍形式，能够有效地解释动态的、随机的、模糊的思维认知活动。福柯尼尔（1994：1—2）指出，这些空间域实际上就是彼此具有相互联系的心理空间；心理空间并不是语言本身的有机组成部分，也不是语法的有机组成部分，但语言却不能没有心理空间而存在。反过来，语言在构建心理空间中起着至关重要的作用，因为语言能确立各心理空间之间的关系以及各心理空间中各语义要素之间的联系。心理空间理论以心理空间关系为手段，揭示语言结构中的相关信息，说明语言使用者如何分派和处理语言结构的指称关系。和语用学相比，心理空间理论吸取了前者在方法论上的优势（即重视语境的作用），又能从简单的空间结构关系入手，由简驭繁，符合人类认知和认知发展的规律，在研究预设方面更加简单、更加直观，也更具有说服力和解释力，可以用来解释多种语言现象。心理空间理论尽管揭示了自然语义中意义的生成与理解过程，可具体的心理工作程序却依然模糊不清，只是停留于笼统性的理论框架。因此出现了概念整合理论。

鉴于心理空间理论的局限性，福柯尼尔进一步提出了概念整合理论。概念整合就是把心理空间作为输入空间，并对其进行认知操作。输入空间的部分结构和成分投射到一个新的整合空间。建立概念整合网络，需经过以下步骤：建立心理空间、跨空间匹配、有选择性地投射到整合空间、确立共享结构、再投射回各输入空间等。福柯尼尔（1997）认为，整合过程是在两个输入心理空间的基础之上进行运演产生的第三个空间，即整合空间。它从两个输入空间中提取部分结构（partial structure），并形成"层创结构"（emergent structure）。

概念整合是潜意识的普遍的认知活动，但是因为整合是在常规化的或凝固化的概念结构上进行新一轮的认知操作，因此概念整合能够对创新予以解释，且其构建和操作都具有创造性。整合后的结构会随时间的推移变得凝固化，而不为人所注意。但我们在日常的活动和交流中，会进行具有创造力的即时在线整合，理解就是创造，交流就是在别人以及我们自己头脑中激起动态的有创造力的过程。

概念整合理论为探究人们如何阐释意义与建构意义开辟了新视野。概念整合是人们进行思维和活动，特别是进行创造性思维和活动时的一种认知过程。简而言之，整合就是将两个空间中的部分结构整合为第三个空间中带有层创特性的一个结构。这一理论对意义建构过程中的认知机制进行了深入仔细的描写和阐释，无论是对语言学还是对认知科学都具有开创性意义。

概念整合理论提出言语意义的在线构建主要在于心理空间的整合这一设想，认为隐喻是两个或两个以上的心理空间在概念上的整合，并且是诸心理空间中各相关语义要素的整合，由此在业已整合的空间中产生层创结构，这就是隐喻意义的在线构建；以人类的认知能力为对象的理论不但要解释人类创造力的丰富性和多样性，而且还要昭示这种创造力得到引导（guided）的方式。该理论认为引导这种创造力的方式，就是各种引导性制约因素，包括概念整合的建构性原则和管制性原则，还具体描述了实现这些原则的具体途径，如压缩、解缩、优化、关联、结构、递归等。这些均有助于人类正确认识自身的言语心理认知能力。概念整合是人们进行思维活动，尤其是进行创造性思维活动的一种认知过程，该理论的"四空间"模型是以相似性为基础表现新显结构在整合空间中得以产生的过程，为语言学研究提供了一个很好的切入点。

福柯尼尔和特纳（1998a，1998b）的心理空间和复合空间理论的域与域之间的投射是人类独有的产生、转移和处理语义的认知机能的核心，他们将"投射"这个概念看做语义构建过程中的普遍的心理过程。在分析隐含意义和语义的构建过程时，"投射"这一概念就变得十分重要。

概念整合理论关切言语意义的在线构建，是一种动态研究，为我们研究因果构式的生成和识解提供了理论支撑；将两个空间中的部分结构整合为第三个空间中带有层创特性的一个结构的"整合"概念对于因果构式的生成和识解机理的探讨具有指导意义；将"投射"这个概念看做语义构建过程中的普遍的心理过程，为我们探讨意义和句法之间的关系提供了参照；该理论关于含义获取过程涉及的概念投射、概念整合、类推、虚拟空间等策略，为因果构式的识解机理研究提供了参照。但是，该理论对类空间中的背景知识怎样参与投射、怎样参与选择来自输入空间的信息、怎样参与整合空间的理解等问题未作明晰的讨论。此外，对概念整合理论的基本原则未作出明晰的表述，实例分析所涉及的原则有待进一步细化［吉布斯（Gibbs，2000）］。

以上认知语言学的理论，一方面将成为第三章第三节关于本研究理论框架的强有力的理论支撑；另一方面，其中的重要内容，如认知语义学理论的"体验"概念、构式语法理论的"传承"概念、语法化理论的"类推"概念、心理空间理论的"投射"和"整合"概念等将直接服务或者应用于因果构式的生成和识解机理的分析框架或分析过程中。

四　认知语用学的相关理论

根据徐盛桓（2007b），认知语用学是语用学在学科自身发展过程中参照认知科学的目标、理论、方法进行语用学研究的一个学科；它是在"认知"的框架内进行"语用学"研究的语言学科，是以语言的运用作为具体研究内容来研究人们的认知过程、认知特点、认知规律；它把以心智过程来说明语言运用过程作为自己学科的理论取向的语言学研究。

认知语用学的中心任务是要探讨人的心理模型中语用知识是如何习得、储存和表征的，而其中心假设是对语用的认知研究，目前有效的方法是研究大脑里同语用有关的知识、其计算系统及其表征结构的先天后天的基础和条件；认知语用学的研究应关注人类语用知识认识的心理实在性，而认知语用学目前研究的热点是语用推理的认知能力和利用默认知识的认知特征。那么，认知语用学的理论建构的核心部分就是：以对人的心智过程的说明为框架，通过对同语言运用所需的认知能力最为密切相关的抽象原则的集的刻画，建构一个话语理解和话语生成的理论模型。

这里我们主要讨论关联理论和"基于模型的语用推理"理论。

（一）关联理论

关联理论（Relevance Theory）是由斯珀波和威尔逊（Sperber & Wilson，1986/1995）在他们联合出版的专著《关联性：交际与认知》中提出的与交际认知有关的语用理论。该理论把交际活动看做认知活动，认为言语交际是一种有目的、有意图的活动；说话人的意图能被听话人识别，是由于他们对认知语境有共识，交际的成功与否取决于交际双方对彼此的认知语境能否显映（manifest）或者相互显映（斯珀波和威尔逊 1986/1995：24）。共处的认知环境越大，互相显映的可能性就越大。

该理论认为，话语的理解过程是一个明示推理（ostensive inference）过程，因此他们提出了"明示—推理模式"（Ostensive-Inference Model）。在他们看来，语言交际过程就是一个明示推理过程，即按照一定的推理、思维规律进行的认知活动。语言运用能力是人类最重要的认知能力之一，在语言运用这一人类活动中，语言仅仅是一个构成要素；涉及语言运用的人类活动，其实质是为了认知。所谓"推理"是指听话人根据说话人所提供的显映的方式进行解码，并将解码所得到的证据作为前提的一部分，再结合听话人本身的认知语境（旧信息）对话语信息（新信息）按一定的方向进行推理，最终达到对话语信息的正确理解（何兆熊，2000）。听话者总是以最小的认知努力来获得最大的语境效果，并以此来推导说话者的交际意图。也就是说，人们在使用语言进行交际时，只是从认知语境，即许多可以显示的事实或假设中选择他们认为比较相关的内容。如果双方所作的选择相同或相似，便会产生重叠或交叉，而正是这些重叠或交叉形成了交际双方共有的认知语境（朱永生、严世清，2001）。

斯珀波和威尔逊将格赖斯的合作原则及相关准则概括为一条总的原则，即关联原则：给定语境中，所说的都是相关的［梅伊（Mey，2001：85）］。他们认为，人类认知事物时总是遵循着关联的原则，即"任何明示的交际活动都意味着本活动有最佳关联性"（斯珀波和威尔逊，1986/1995：158）。就言语交际而言，交际双方的话语必须同整个话题相关联；人们根据话语之间的关联信息来理解说话人的意图。

"关联"是关联理论的核心概念。关联理论认为心智的认知加工具有关联的特点。关联是认知加工过程中输入信息的一种性质，可以分析为认知效果和加工努力，说话人的话语在受话人的语境假设中可以产生语境效果。如果话语 P 在语境 C 中可以产生足够关联，而根据语境 C 话语 P 又较容易得到一个较合理的理解，那么两者的结合就具有最佳关联性，由此得出的结论很可能就是较合理的解释。关联的程度与所获得的语境效果和处理话语时所付出的努力这两个因素有关：在同等条件下，语境效果越大，关联性越强；在同等条件下，所付出的处理努力越小，关联性越强（威尔逊，2000：46）。无论关联程度大小，受话者都可以通过一定的处理努力来实现话语关联。

斯珀波和威尔逊（2000：260—278）认为，人的认知以最大关联为取向，而语言交际则以最佳关联为取向。所谓最大关联指的是，受话者在理解话语时，付出最小的处理努力就可获得最大的语境效果；而最佳关联指的是，受话者在理解话语时，付出适当的处理努力而获得足够的语境效果。任何一个交际行为都传递着最佳关联性的假定和期待。从关联的交际原则看，任何一个示意交际行为都预先设定这个交际行为本身具有最佳关联性，即听话人在理解话语时付出有效的努力之后能获得足够的语境效果。对于交际者来说，要想取得交际的成功，实现其交际意图，必须寻求一种最佳关联。

斯珀波和威尔逊（1986/1995：48）指出，呈现在听话人面前的有三种信息：第一种是为受话者所熟知的旧信息；第二种是与其头脑中的旧信息毫无关系的新信息；第三种是与其头脑中已有的旧信息有关的新信息。相关性是指在语言交际过程中，与旧信息有关的新信息经过加工可以产生的超出旧信息与新信息之和的更新的信息这一增值语境效果，新信息的增值效果越明显，其相关性就越强。

关联原则包括两方面的内容，一是认知原则：认知倾向于关联最大化；二是交际原则：每一个推导性交际行为都交流了一个最大化关联的假定。关联理论认为，关联原则是话语信息加工的缺省原则。因此，说话者的话语是与其能力、偏好一致的最相关的话语，而且至少其关联程度足以使听话人为之付出加工努力（斯珀波和威尔逊，2000：266—278）。关联理论认为命题意义是不完整的，话语理解始自还原话语命题形式，主要是在省力原则（Principle of Least Effort）的指导下，对话语的显性表述内容予以充实，对隐性表述内容予以补充，以至达到预期的关联程度。

成功的交际应实现交际意图，但意图实现是受话者的一种推断，有时很难判断是否符合说话者的交际意图。因为不同的受话者对同一话语的交际意图和信息意图会有不同的推断，这完全取决于受话者已有的认知语境。在连续的交际进展过程中，交际双方可根据对方的反应来调整自己的对话，以求完成自己的交际意图。对受话者而言，要想取得交际的成功，实现正确识别说话者的交际意图，就必须寻求一种符合最佳关联性的理解，以取得足够的语境效果。最佳关联不是最大关联，而是适当的关联。

由于最佳关联和认知效果成正比，和认知加工努力成反比，我们似乎可以对关联度进行量化，然而在相关著作中，关联理论家们并没有提出令人信服的理论。这一问题正好可以依靠相邻/相似关系（详见下文第三章第二节）得以解决。

（二）"基于模型的语用推理"理论

1. 概述

"基于模型的语用推理"理论，是徐盛桓在总结认知语言学和语用学研究的基础上提出来的认知语用学理论。关于语言运用，他提出了三项基本假设：第一，意向性假设：语言交际的一个基本特征是说话人向受话人表达意向，而受话人则要辨识其意向。第二，两个表述假设：既然语言交际的一个基本特征是说话人向受话人表达意向，意向是不明说的，因此表达总是牵涉两个表述：隐性表述和显性表述；说话人的意向是隐性表述，传递这一意向的是显性表述；意向是自主的，传递意向的表述是从意向推衍（derive）出来的，是依存于它的。第三，常规关系假设：隐性的意向推衍出显性的表述是通过常规关系维系的，以常规关系为中介，常规关系可以通过相邻/相似关系把握（徐盛桓，2007a，2007b，2007c）。

"基于模型的语用推理"理论的主要论点如下：第一，心理模型就是我们大脑中的基本知识结构，包含许多小型的心理模型，体现为小型的知识结构。第二，所谓建构和操作心理模型，就是依靠认知主体心智中建基于长期记忆和工作记忆而由抽象知识或类知识建构起来的小型知识集，进行信息的编码、组织或补偿，以期获得新知识。第三，心理模型依赖常规关系，由常规关系来体现。第四，常规关系在人们大脑里的知识结构中，是作为小型知识集分布的，分布为多层级的支系统和分系统，由相邻、相似关系把它们纵横交错地连通在一起；所有的事物之间的关系都可以用［相邻±］、［相似±］两个维度来表现。相邻的事物和相似的事物分别都倾向于被识解为一个完型整体。第五，相邻/相似性分别是从［相邻＋］/［相似＋］到［相邻-］/［相似-］的连续体，两事物从很相邻和/或很相似到很不相邻和/或很不相似，这两极中间还可能存在许多的不同程度的相邻/相似（徐盛桓，2007a，2007b，2007c）。

2. 心理模型理论

狭义的"心理模型"（mental models，MM）一词源自美国心理学家肯尼思·克雷克（Kenneth Craik，1943）的 *The Nature of Explanation* 一书。克雷克提出这一概念的初衷是试图用心理模型这一机制对人类对世界的认识进行统一的解释。自克雷克之后的近 30 年，对心理模型的描述主要有两种有代表性的观点。一种观点以金特纳和史蒂文斯（Gentner & Stevens）等学者为代表，他们认为心理模型是大脑里以长期记忆为基础的知识结构所形成的内心映像，包含一系列人们所面对的情景，而且提供同这些情景有关的各种系统的活动的信息，是可表征外部世界物理系统因果机制的心智内部的概念系统（Gentner & Gentner，1983）。另一种观点以约翰逊—拉尔德（Johnson - Laird，1983）为代表，认为心理模型是认知主体知识结构的一种表现，包括了需要短期记忆或长期记忆的知识。在心理模型里的知识结构，是人们的知识、经验、信念经由大脑的工作记忆（包括长期、短期记忆）储备起来并整合成的复杂的知识网络系统，是心智中的知识的基本组织形式（约翰逊—拉尔德，1980）。心理模型是一种信息表征和心理表征，是人们以记忆为基础建构起来的知识结构所形成的心理映像（约翰逊—拉尔德，1983：45—51，397）；是"对世界的结构类比"（同上：165），"与所描述的事件的结构有直接对应的结构"（同上：125），人们为表征现实而建构起来的这样的内部模型与外部世界的"关系模型"具有相似性。

　　从一般意义上说，心理模型也可看做是外部世界现实性的内在模型表征的总称；这一意义上的心理模型被不同的学者以不同的方式进行大同小异的描述。因此，广义来看，如框架（frame）、脚本（script）、图式（scheme）、心理图像（mental image）、常规关系（stereotypical relation）、朴素理论（naive theory）等，都是从不同的视角或根据不同的着重点所表征的心理模型。心理模型一经形成，就成为人们描述世界事物的心理经验的模型，反过来作用于视觉经验、想象情景和话语理解等，成为这些活动的心理现实基础，用于预测世界事件的关系（刘辰诞，2007）。心理模型与外部世界的关系模型具有相似性（约翰逊—拉尔德，1980：71—115），是人类对现实世界事物相互关系进行推理达至认识的基本形式，"为理解所面对的外部世界提供预测和解释力"［诺曼（Norman，1983；引自徐盛桓，2006b）］。

　　不同的学者对心理模型理论的构成也有不同的假设。本书所说的"心理模型"均是在以下这一意义上使用的：根据徐盛桓的设想，心理模型作为认知主体抽象的知识结构的表现形式，是由大大小小的类知识或抽象知识的"知识集"构成，是人们的知识、经验、信念经由大脑的长短期记忆储备起来并经抽象和整合，成为复杂的知识网络系统。心理模型实际上是由许多小型的知识结构建构而成。这些小型的知识结构是若干不同范畴的小型知识集，分布为多层级的支系统和分系统，纵横交错连通在一起，共同构成一个"类层级结构"（徐盛桓，2007b）（详见下文第四章第三节）。"类层级结构"是心理模型的核心部分，是心理模型的体现方式。

徐盛桓（2006a，2006b，2006c，2007a，2007b，2007c）的心理模型理论是认知语用学理论，归根结底是为语用研究服务的。语用研究有两个基本的方面：话语的生成和话语的理解。基于心理模型的语用研究框架还包括了两个分析框架：用于说明话语生成过程的"自主—依存分析框架"和用于说明话语理解过程的"显性表述—隐性表述分析框架"。下文将分别对常规关系、类层级结构和自主—依存分析框架、显性表述—隐性表述分析框架作出简单的说明。

3. 常规关系的论述

常规关系的基本含义是"设定话语中所涉及的对象和事件之间所形成的关系是常规关系，除非另有说明"，但是这样的表述仍然没有澄清常规关系的内涵，需要进一步的阐释。从认识的发生看，意义的概念化的过程就是活动的内化。活动是过程性的，有许多细节，但是要想通过符号系统将这一过程用概念表征出来是不可能的，所以有意识的觉察是通过选择和形成表象性格局来进行的［皮亚杰（Piaget，1970：28）］。这样，我们可以理解为什么语言符号背后是一种具体的体验，一个表达式的背后是一个动作事件，概念所呈现的只不过是整个事件的一个部分，或者整个过程的一个环节。而这些环节之间的毗邻关系，无论是在时间上的前后相继还是在空间上的彼此相接，都被固化下来成为一种关于某种对象、某类事件以及某些过程的知识结构。这些对象的类、事件的类和过程的类就被表征为一种常规范型。常规关系同常规范型是抽象化、概念化加深的关系。意识到事物、事态内部或相互间的某一方面的某种联系，于是将其涌现出来，并加以程式化、规范化，这就成为常规关系。

后来，徐盛桓从更为抽象的层次对常规关系作了新的概括，认为常规关系在人们大脑里的知识结构中，是作为小型知识集分布的，分布为类层级的支系统和分系统，由相邻和/或相似关系把它们纵横交错地连通在一起；这就是说，［相邻 ±］、［相似 ±］可以作为审视常规关系的两个维度。徐盛桓（2004b，2005c，2006a，2006b，2006c，2006d，2007a，2007b，2007c）在其系列论文中，将其研究领域从探究常规关系在语言使用中的作用扩展到常规关系作为一种认知手段在人类知识结构中的地位。

他认为客观世界中对象之间的常规关系经过人类的认知加工，形成一个个小型的知识系统，这些系统互相联结，最终形成一个复杂系统。这一设想和认知科学的联结主义假设有异曲同工之妙。徐盛桓进一步指出由于在感知世界中，人倾向于把相邻和/或相似的对象识别为一个关系体，因此对这一客观关系的表征也将体现相邻/相似这一特点。换言之，事物间的常规关系可以进一步简约为事物间的相邻/相似关系。相邻关系和相似关系是我们观察事物的基本认识。或者说，我们通常用这两个阐述描述对象间的关系。例如两个对象可以非常相似、不太相似、不相似甚至截然不同；同样两个对象可以彼此相邻、相距不远甚至相去甚远。两个相似的对象总是表现出许多共同的特征，例如形状、色泽、体积、功能、属性，等等，同样两个相邻的对象也总是在某方面相邻，例如，时间上前后相继，空间上彼此相接，顺序、序列上彼此接续等。需要说明的是，这种相邻、相似关系不局限于物理世界中的对象，同样可以存在于虚拟世界中的对象之间。在信息加工中，格式塔效应，或者说整体性感知效应将具有相邻、相似关系的对象表征为一个整体，使得零碎的、不相关的、缺乏逻辑关系的对象形成一个具有良好形状的整体。相邻/相似原则是格式塔心理学的重要原则：相邻原则指距离很近的个体常常被感知为彼此相关；相似原则指相似的个体往往被感知为共同整体的部分［昂格雷尔和施密德（Ungerer & Schmid，2001：33）］。这些原则对人们感知外界事物的完型倾向作出了完整的说明。完型趋向刻画了人们感知事物时表现出的趋向于"完型"的基本倾向：在条件许可下，总是倾向于以过去的经验为依据，将感知对象识解为一个"好"的完型整体；相邻律、相似律说明影响人们作出完型感知的两个维度，即相邻的事物和相似的事物分别都倾向于被识解为一个完型整体。

　　通过相邻和/或相似关系，把体现了常规关系的小型知识集连通为具有多层级的支系统和分系统的知识结构；或者说，以相邻和/或相似的抽象知识，将有关的类知识组织起来。通常，相邻涉及时间相邻、空间相邻、因果相邻、性状相邻、领属相邻等；相似包括类比相似、模拟相似、象征相似、概括相似等。相邻/相似除要求一定的物理性质的基础外，有些还需要心理性的想象和认同。相邻和/或相似认定的过程就是一种以关系的方式来把握世界的认知方式；所谓以关系的方式把握世界，就是把握住认知语言学所说的世界的"关系性"（relationality）：具有常规关系的两事物互为对方的"关系体"（relational entities），一关系体的存在总是内在地（inherently）蕴涵着另一关系体的存在，从而有可能将事物连成一个可以理解、可以解释、可以预测的网络。

对相邻/相似关系的运用，徐盛桓（2007b）将一些基本的规律总结如下：

（1）相邻/相似律：HY：x ∧ x≌y → ◇HY：（x）y（HY 表"话语"；∧ 表"合取"；"→"表"内在地蕴涵着"或"可推衍出"；"≌"表"曾相邻/相似"；◇ 表"可能"）。以上的公式可读如：在话语 HY 中出现 x，如果在某一可认定的情境中（语言的和非语言的、实际出现过的和只是认识上的，等等）x 曾同 y 相邻/相似，则可能 HY：x 成为 HY：（x）y。在认定了 x 曾同 y 相邻/相似这一前提下（以下各引理同），这可简化为因果式：x → ◇（x）y［读如：如果 x 则可能（x）y］。

相邻/相似律还可以引申出若干引理（corollary），如：

（2）相邻/相似律的逆向作用律：即 HYxyz → ◇HY（x∨y∨z∨xy∨xz∨yz）（∨ 表"析取"），读如：如果 xy 则可能 x 或 y 或 xy 等。

（3）替换律：HY：x →◇HY：x'y（在话语 HY 中出现 x，则可能理解为 HY：x'y），这就是同一词语的替代。替换律也可能发生逆向作用。

（4）传递律：x≌y ∧ y≌z →（HY：x →◇HY：y）→◇HY：z（在话语 HY 中出现 x，如果在过去某一语境中 x 曾同 y 相邻/相似，而在过某一语境中 y 又曾同 z 相邻/相似，则可能理解为 HY：z）。

（5）集约律：HYx∧x？{a，b，c，…} → ◇HY a，b，c，…（读如：在话语 HY 中出现 x 而在过去某一语境中 x 包括了 a，b，c，…，那么则可能理解为 HY：a，b，c，…）。

（6）集成律：在话语 HY 中出现 x，x 是关于 {y} 的，则可能 HY：x→ {y}。

4. 类层级结构

心理模型是由许多小型的知识结构建构而成。这些小型的知识结构是若干不同范畴的小型知识集，分布为多层级的支系统和分系统，纵横交错连通在一起，共同构成一个"类层级结构"（徐盛桓，2007a，2008）。类层级结构是心理模型的体现方式，构成了心理模型的内核。知识的习得、储存和表征所利用的就是人脑中的类层级结构。语言的生产和理解的过程就是一个从类层级提取相关信息的过程。

类层级结构的研究早期是从计算机科学对人工智能的研究发展起来的，其基本观点认为，类层级结构是人类储存知识的重要形式，它将"共同兴趣域"（domain of interest）里的单体（entities）加以分类和罗列，构建起"相似/相邻空间"（space of similarity and/or proximity），在这个空间里的每一个单体都由于具有其上位类（super-class）的共同特征而被认为归属同一类［巴里尔和波波维奇（Barrière & Popowich，2000）］。

徐盛桓（2007d）对类层级结构进行了详细讨论。关于类层级结构（type hierarchy）的形成，他指出：类层级结构是试图对人类对事物的认识作出说明的一种假设。这一假设认为，任何一个事物都处于世界事物系统中的一个类层级（TyH）中的一个范畴内，设事物 E_1 处于类层级 TyHe 的一个范畴内，并有其处于同层级的事物 E_2、E_3、E_4……为邻；E_1、E_2、E_3、E_4……之间既是相邻的，它们又在内在特性和/或功能和/或外表特征等方面有不同程度的相似。在不同的情况下，可能分别强调它们的相邻性或相似性。E_1、E_2、E_3、E_4……组成在 TyHe 层级里的一个范畴 EA。EA 又同这一层级里的范畴 EB、EC、ND 等有相邻/相似性。TyHe 有其上位的类层级（supertype hierarchy）TyHd 和下位的类层级（subtype hierarchy）TyHf。TyHd、TyHf 等可以此类推，从而形成一个超大型的类层级结构。TyHe 的上位类层级 TyHd 是这样形成的：对 EA、EB、EC 等根据其内在特性和/或功能、外表特征等进行抽象，就舍去不相似的地方，留下相似的地方，形成一个上位层级 TyHd；这一上位层级的某（些）属性就是其直接下位层级 TyHe 各成员的某一相似性之集中体现。越处于下位，具体性越大；越往上位，抽象性越强，例如抽象到了某一个层级，钢铁、木材等可能成了相邻成分，并可抽象出例如"物质"这样一个上位层级范畴。"物质"和"思想"又有可能进一步抽象出"存在"这样一个上位层级范畴。

徐盛桓将类层级结构分为主要的两类，即分类结构（taxonomic type hierarchy）和整体—部分结构（mereological type hierarchy）。分类结构是同类的集结，如上位层级为"花"，则其直接下位层级由玫瑰、紫罗兰、郁金香等构成，玫瑰、紫罗兰、郁金香等分别是"花"的一类或一例；而由于玫瑰、紫罗兰、郁金香等都是"花"的一类或一例，因而都能体现出"花"的多方面内外特性，所以我们强调它们的相似性，或者说玫瑰、紫罗兰、郁金香等（在都能体现出"花"的多方面内外特性上）彼此有相似关系。整体—部分结构是类的组成部分的集结，假如上位层级范畴为"树"，则由其直接下位层级的单体树干、树根、树枝、树叶等构成，树干、树根、树枝、树叶等是"树"的组成部分；由于它们作为"树"的组成部分，彼此是连接在一起的，所以人们在认识上强调它们的相邻性：树与树干、树根、树枝、树叶等有领属相邻关系，而树干、树根、树枝、树叶等彼此有同属相邻关系（从另一角度也可以说有空间相邻关系）。不但范畴间和范畴内从横向可以认定一些相邻/相似关系，邻接的上下位层级的相关范畴也可以从纵向认定一定的相邻/相似关系。

徐盛桓（2008）进一步指出，类层级结构，就是根据人们对事物分类的规约性的认识建立起来的一个既按常规关系分类又按类属关系分层级的类层级结构；由于常规关系在较高的层次可以抽象为相邻和/或相似的关系，因此类层级结构可以体现为对事物以相邻和/或相似这两个维度所建立起来的概念类层级系统。上位类和下位类是相对的，某一上位类相对于构成它的各个单体来说是这些单体的上位类，但这样的"类"又可以作为一个单体，同其他一些抽象程度相类似的"类"共同构成它们的上位类；这时，它又是这一上位类的下位类了。

5. 自主—依存分析框架

徐盛桓（2007a，2007b，2007c，2007d）基于国外认知语法理论深入分析了"自主"与"依存"关系，将该理论与他数年前所倡导的常规理论模型紧密结合起来，创建了"自主—依存分析框架"。

自主和依存作为哲学上的一对范畴，指的是有联系的甲、乙两事物间的一种不对称的关系，其中甲事物是相对独立的、自在的，而乙事物是依赖于甲事物、受甲事物的规定和支撑的（徐盛桓，2007a）。相对于"根据"来说，"推断"是依存性的，而"根据"是自主性的。作为自主与依存的一般性质，自主成分是主导的；自主成分应是一个已被观察到的或已然的事实、事理、状态等（如："He is absent today."），才能成为推论或作出某一言语行为的根据；推论或作出什么言语行为，可能以一定的根据为转移。

根据兰格科的观点，区分自主成分和依存成分的基本点就是自主成分同依存成分是不对称的。自主成分是"一个自在的结构，它的呈现不以预设另一个结构的存在为前提"，而依存成分的"呈现则要预设另一个成分的存在"（兰格科，1987/2001：486，488）。他以语音结构为例对此进行说明，认为在一个语音结构中，元音是自主的，辅音是依存的；作为自主成分的元音，其响亮度是稳定的，它的呈现并不要求辅音的衬托，但作为依存成分的辅音，其呈现却要求元音响亮度的衬托。

徐盛桓（2007a）根据依存成分的来源，将依存成分分为两类：分解型依存成分（segmented dependence）和推衍型依存成分（derived dependence）。分解型依存成分指的是：依存成分同与之相关的自主成分都是从同一个母体分解出来的两个成分，只不过分解后的两个成分处于不对称的地位，其中处于依附地位的成分就是分解型依存成分。推衍型依存成分同分解型依存成分不同，它是从与之相对应的自主成分推衍出来的次成分，自主成分是它的母体，它必定是依存于这个母体的，它是作为自主成分的次范畴，因此，此类依存成分总是对应于它的母体而存在的。自主成分同依存成分是集与集内的元素的关系，亦即包含被包含的关系：自主成分 A 包含依存成分 d，或 d 包含在 A 内；自主成分可以推衍出若干个依存于它的成分，理论上自主成分是一个无限集：

$$A = \{d1, d2, d3, \cdots\}, \quad d1 \in A, \quad d2 \in A, \cdots$$

可将自主成分和依存成分建立"自主—依存联结"。徐盛桓在"基于模型的语用推理"理论（2006c，2006d）框架内，以相邻和相似两人概念为核心，构建了一个语言运用的"自主—依存分析框架"（2007a，2007b，2007c）。图示如下：

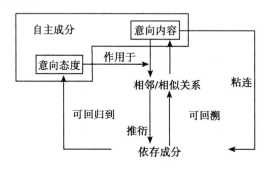

图 3 - 1   话语生成的自主—依存分析框架（徐盛桓，2007a）

该框架被描述为：隐性表述体现为自主成分，自主成分以交际的意向性为导向，以相邻/相似关系的认定为主要手段，推衍出依存成分；自主成分主导着依存成分，并对依存成分发生"粘连"的作用；依存成分的存在和运作是以自主成分的意向性为其导向的，依存成分的运用要回归到自主成分的意向性；依存成分在需要时原则上可以还原为自主成分。在一次具体的话语表达或生成中，从显性表述同隐性表述的关系来说，大脑中想要表述的意思（意向内容）以及这意思如何表述（意向态度）是自主的，据此推衍出来的显性表述是依附于它的，二者构成了自主成分—依存成分的联结（autonomy-dependency alignment）。就意向内容和意向态度来说，前者体现了自主成分的主要方面，后者则制约意向内容的表达，形成"表达度"。意向内容在意向态度的制约下以相邻/相似关系为中介，依据"表达度"推衍出依存成分，即实际运用的话语。依存成分应可体现意向态度，并在原则上可反溯自主成分的基本内容（徐盛桓，2007a，2007b，2007c）。

6. 显性表述—隐性表述推导框架

含义本体论认为，话语的含义性是话语的一种本性（徐盛桓，1996a，1996b）。话语的含义性指的是话语有含义是话语的基本特征：含义的运用已经成为人类话语方式的一部分，人类的话语离不开它赖以生存的含义（徐盛桓，1996a）。话语有含义是话语的基本特征这一命题，意味着话语的字面表达通常是不完备的，即有含义寓于其中。话语有隐性表述、有含义，"表达必定精简，而解读则要尽可能推知更多的信息"（戴浩一，2002）。隐性表述是同人的优化思维联系在一起的，是语言优化运用的一种表现形式。优化主要是指用最少语言手段表现尽可能多的内容。也就是说，字面表达通常都存在着语义空缺，即蕴涵着隐性表述，这就是不完备表述。只有使不完备的话语字面表达的语义空缺得到补足或阐释，才有可能达至相对完备的表达，带来相对完备的理解（徐盛桓，2003a，2007a）。

徐盛桓的研究话语理解的"显性表述—隐性表述分析框架"流程如下图：

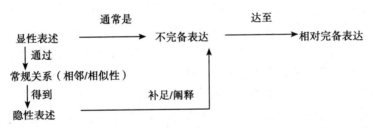

图 3 - 2　话语识解的显性—隐性表述分析框架（徐盛桓，2003a，2007a）

话语理解的具体过程是：话语作为不完备表达，通过它所体现的常规关系，获得相关的隐性表述，用于补足和/或阐释显性表述中的不完备表达，达至相对完备的表达，即获得理解。如上所述，语言的表达总是不完备的，即话语通常都有含义，所以言语交际要进行语用推理。含义可以看成是话语的隐性表述（implicit expression），话语的字面表达是话语显性表述（explicit expression）；显性表述通常都是不完备的，有待它所蕴涵的隐性表述即含义加以补足或阐释，成为相对完备的表达，亦即达成对话语相对完备的理解（徐盛桓，2003a，2007a）。

该理论提出了分析话语生成和识解的两个框架，这是迄今为止，研究话语生成和识解的最为全面、解释力和可操作性最强的理论框架。我们将提出的 HCPM 主要是对其进行修补而成：HCPM 将两个框架合为一体，而且将基于其他认知语言学和认知语用学理论对其中的"推衍"和"推导"过程进行更详细具体的描述。

第三节　本研究的理论框架：HCPM

一　提出 HCPM 的必要性

我们构建的 HCPM 实际上是认知语言学和认知语用学相关理论的综合与发展，该模型汇集了认知语言学理论和认知语用学理论的最核心内容。之所以需要对这些理论进行修补或整合，是因为这些理论均无法直接用于构式的认知语用研究，需要进一步提炼，形成完整统一的框架。

所有上述认知语言学和认知语用学的理论从不同角度支持了我们的研究，均说明因果构式的生成和识解是同认知相关的某种机制作用的结果。关于句法成因问题，认知语言学家不同程度地对此进行了探讨。莱考夫主要从空间角度论述了句法成因，人类在对空间各种关系认识的基础上逐步形成了一些意象图式化的概念结构，并在此基础上形成了句法结构。兰格科（2000：24）认为句法结构是来自概念化了的典型事件模型，而典型事件模型又是来自对现实世界的体验。而特纳则认为句法结构不是直接来自概念结构，因此他运用了"故事结构"（story strucutre）这一术语，并认为该术语可能比概念结构所含的内容更多。特纳的"故事结构"不等于现实生活中的具体事件，而是经过抽象加工形成的，这里就包含了人类的认知作用。但是莱考夫的形式空间化假设和兰格科的概念化了的模型则更强调了人类的心智处理能力和认知加工过程，似乎比特纳的"故事结构"具有更高的概括性，解释力也就更强。王寅（2003a，2003b，2004）依据认知语言学理论对句法成因进行了探讨。他认为，对同一基本事件，在不同语言中能投射出相同的或不同的语言表达结构，这就形成了相同的或不同的构式。即使在同一语言社团中，不同成员也会有不同的感知方式和认识能力，甚至同一个人在不同时间、不同场合也可能会有不同的感知方式和认识能力，其结果也会直接影响到语言运用，就可能使用不同的构式。它们的共通之处就是：人类在对现实世界体验的基础上通过认知加工而逐步形成了构式，它是主客观互动的结果（王寅，2003a，2003b，2004）。绝大多数认知语言学家都一致认为构式是来源于人类对现实世界的体验。

第三章第二节中所呈现的多元化、多维度的研究为我们从生成整体论出发对因果构式的研究提供了坚实的理论基础。与此同时，国内外许多学者已经开始意识到，认知语言学的众多理论都存在着一个共通的问题，即这些理论都能从某个角度解释一些语言现象，却很难作出一个全面的解释，而且有些理论过于抽象，难以把握和操作，很难用于解释具体的语言现象，因此，很难对构式形成和识解机理作出合理的解释。关联理论主要涉及具体话语含义的推导，而对于构式的识解则很难完全驾驭。正如上文所说，"基于模型的语用推理"理论提出了迄今为止研究话语生成和识解的最为全面、解释力和可操作性最强的理论框架，不过未能形成统一的框架，而且对于构式研究而言，其"推衍"和"推导"过程需要进一步具体化。

　　具体到因果构式的研究问题，上述相关理论对因果构式的研究均有启示意义，从句法、语义、构式等方面对因果构式进行了阐释。认知语义学理论说明因果关系的表达式是人类心智的产物，是基于人对现实世界中因果关系的体验和认识的，说明了因果构式涉及的语义内容是因果关系的概念化。构式语法告诉我们，因果构式构成一个构式家族，在这个家族中，不同的因果关系和因果关系的表达都扮演着各自的角色。语法化理论告诉我们语法化是对具体的语言形式、语义内容和语用现象的抽象过程，因果关系的表达实际上也是语法化的结果，从逻辑因果关系到逻辑因果构式再到实据因果构式实际上是一个类推的过程。心理空间理论则说明心理空间和复合空间理论的域与域之间的投射是语义构建过程中的普遍的心理过程。有一点是肯定的，那就是他们均赞成两种构式之间是两个认知域的转换。认知语义学理论、构式语法理论和语法化理论均强调域或者心理空间的投射问题。关联理论的"关联"概念为我们提供了构式运作的机制。但是，所有这些理论均未明确回答逻辑因果关系与逻辑因果构式、逻辑因果构式与实据因果构式之间的关系问题。如两个域（domain）和两个输入空间（input space）为什么能够投射，其机制是什么，究竟如何转换、如何投射，或者说投射的中介是什么这一问题没有得到明确的回答。

　　从认知状态来说，自主成分—依存成分的推衍是两个认知域的转换。而自主—依存框架依靠相邻/相似性来实现这样的转换，则从一定程度上克服了上述理论的不足，即相邻/相似性解决了中介问题。当前，认知语言学研究的路子和方法虽然有不同的主张，但都要通过对人们大脑中的知识结构的认识深化其研究，并将揭示知识的习得、储存和表征的认知机理作为一个重要的理论目标。认知语言学不同的理论对人们大脑中的知识结构有多种刻画，"基于模型的语用推理"理论便是其中的一种。总之，无论从复杂系统的因果观和方法论以及生成整体论的角度，还是从认知语言学要解决话语的生成机理和识解机理的角度看，"基于模型的语用推理"

理论均具有较大的优势，具有很强的可操作性。因此，该理论框架将成为我们构建 HCPM 的主要依据，而我们构建的 HCPM 将生成和识解过程融于一个整体模型之中。

二　HCPM 的提出

模型概念已经被证实对语言学研究具有指导作用，而"基于模型的语用推理"理论使之具体化。心理模型理论融话语的含义和句法表征的研究于一体，特别是徐盛桓的研究框架具有可操作性。所以，"基于模型的语用推理"理论成为我们研究因果构式形成和识解机理的理论基础。

鉴于现存理论在解释构式运作机理方面存在的优劣，我们将现存理论采取"优势互补"的方法，在生成整体论的指导下，运用认知语言学和认知语用学相关理论对"基于模型的语用推理理论"修补而成为 HCPM。该模型可以图示如下：

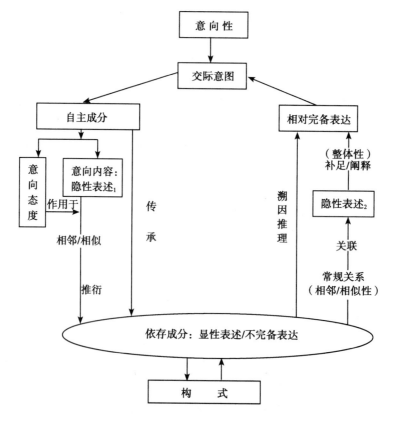

图 3 - 3　整体性认知语用模型（HCPM）

三　HCPM 的描述

HCPM 集上述认知语言学理论和认知语用学理论的相关优势于一体，并发展成一个统一完整的研究框架，即 HCPM 将构式的生成和识解机理分析框架融为一体。HCPM 用于分析构式的生成和识解的过程从意向性开始并再回归到意向性，即整个过程受到意向性的制约。在具体的表达中，受意向性的制约，首先有需要表达的具体交际意图，该交际意图制约着构式的生成和识解过程。HCPM 可以概括地描述为：

HCPM 模型：

在意向性操控下，构式的生成和识解过程从交际意图开始并最终回归到交际意图。构式生成：自主成分在交际意向性制约下和相邻/相似关系作用下推衍出依存成分的传承过程；构式识解：构式的识解是在整体性框架内，依靠相邻/相似性寻求最佳关联，推导出隐性表述，再通过整体性补足/阐释，以获得其相对完备表达，并根据具体语境推断讲话人的交际意图的过程。

表达某一意义的语句是显性表述，它是从大脑中要表达的相对完备的意思推衍出来的；相对完备的意思就是隐性表述。在一次具体的表达中，从显性表述同隐性表述的关系来说，大脑中要表述的相对完备的意思（隐性表述）是自主的，据此推衍出来的显性表述是依附于它的，二者构成了自主成分—依存成分的联结。

自主成分在交际意向性制约下和相邻/相似关系作用下推衍出依存成分。推衍的机制是传承。如有需要，自主成分向依存成分推衍的过程理论上可反复多次，即自主成分 A 推衍出依存成分 A'，依存成分 A' 又作为自主成分 B 推衍出依存成分 B'，如此等等。

客观外界的各事物及各事物之间的多重复杂关系（因果关系仅是其中一种）是客观存在的，是不以人的意志为转移的，也就是自主的。人类在与客观外界的互动体验过程中，根据自己的观察视角与需求，通过运用相邻/相似关系推衍出客观世界中事物与事物之间各种关系的构式，该构式传承了客观世界事物与事物之间的关系特征。

任何两个事物均可以相邻/相似这两个维度来观察。正如上文所述，人们的概念系统中储存有格式塔，一个格式塔被激活，其中的其他临近概念也有可能被启动。人们具有以部分认识整体或以整体的一部分认识整体中的另一部分的思维能力，这也是依据相邻/相似关系发生作用的结果。相关的事体（relational entities）倾向于被看成一个整体（互为关系体）。听话人以部分推知整体或以整体中的一部分推知整体的另一部分，抽象出来就是相邻/相似关系，故成为我们观察研究因果关系从逻辑到实据的推衍的依据，相邻/相似成为整合、推衍、投射的中介。

　　构式的识解过程是一个溯因推理过程。构式体现为例示性表达，即显性表述。该显性表述的内容（命题意义）对于交际目的而言是不充分、不完备的，但是讲话人已经通过常规关系（相邻/相似关系）将交际所需要的信息隐含在显性表述之中，这是话语生成的对话性特征。听话人可以通过实施相应的原则还原潜藏在显性表述中的含义，补充、阐释显性表述，以期得到交际所需要的相对完备的表述，并进一步达至话语的交际意图。这一识解过程至少说明以下几点：（1）含义总是话语不可分割的意义部分，听话人必须从话语中还原含义并用其补充、说明话语的显性表述。只有这样，才能得到相对完备的交际信息并达至成功的交际。（2）话语的含义众多，只有其中之一是交际需要的。以相邻/相似关系为特征的常规关系生成的含义在交际中受语境因素和交际目的的制约，只有那个与当前语境、交际目的最相关的含义被选择。（3）从字面表述向相对完备表达的过程意味着从字面表述推衍出含义。心理模型的建构并不是分析性的（即语义分解），而是以话语中的组成要素为触发机制，通过相邻/相似关系构建适合当前交际语境的情景。徐盛桓（2007b）认为这一过程的逻辑结构是条件蕴涵式"如果 x 则 y"的反复应用。（4）通过建模达至一个适当的解释（即正常情况下是这样的解释），以此说明当前语境中说话人的话语是有意义的。

四　HCPM 的可行性论证

　　通过上述讨论，我们得出结论：HCPM 可以成为构式生成和识解的研究框架。下面，我们将从生成整体论、认知语言学理论目标、模型方法等方面的要求对本研究框架的可行性进行论证。

　　（一）复杂系统基本学说要求的具体化

　　常规关系（具体体现为相邻/相似关系）实际上是复杂系统的基本学说的具体化。人们的概念系统中储存有格式塔，这在 HCPM 中得到了凸显。格式塔心理学家［考夫卡（Koffka, 1935）；科勒（Kohler, 1970）；威泰墨（Wertheimer, 1983）］的实验显示人脑具有奇妙的整合图形的能力，他们把它称为知觉的组织原则。格式塔的特质在于它能使人们知觉到的东西比感觉到的元素多。格式塔心理学家认为知觉带有整体性质，它是按照刺激信号的结构和大脑感知活动的互动来整合信息的。他们认为知觉组织的性质支持他们关于人们的知觉的整体性特点和整体大于部分之和的观点，知觉具有格式塔特性的观点后来被用来研究概念系统的组织特性。认知心理学家认为人的知识组织也具有格式塔性质。其次，心理学家［柯林斯和洛夫特斯（Collins & Loftus，1975）；迈耶和施凡尼维尔德（Meyer & Schvaneveldt，1971）；拉特克利夫和麦库恩（Ratcliff & Mckoon，1978）］通过试验提出和证实了扩散激活模型。该模型认为当人脑接收的信息激活了某些对应的概念，这些概念会在概念网络系统中传递能量，启动记忆中的相关概念，所以当格式塔中的部分概念被激活时，格式塔中其他邻近的概念也有可能被启动。在这两个因素的共同作用下，人们具有以部分认识整体或以整体的一部分认识整体中的另一部分的思维能力，这也是依据相邻/相似关系发生作用的结果。相关的事体（relational entities）倾向于被看成一个整体（互为关系体）。如，一栋房子有门、墙、窗、地板，等等，可以看做一个整体，提及一个可以想到另一个。听话人以部分推知整体或以整体中的一部分推知整体的另一部分。抽象出来就是相邻/相似关系。任何两个事物均可以相邻/相似这两个维度来观察。故成为我们观察研究因果关系从逻辑到实据的推衍的依据，整合、推衍、投射的中介均为相邻/相似。

　　如前所述，认知语言学强调整体大于部分之和，即言语的意义不仅仅是各组成部分之和，话语的释义需要进行认知推理和补充背景知识。如果放在生成整体性的框架内，更准确地说应该是"整体不等于部分之和"。斯珀波和威尔逊（1986/1995：182—183）指出，在言语交际中听话人必须使用语境假设来重构显性含义和隐性含义。福柯尼尔（1997）也指出听话人必须在显性的言语信息和含义之间建立起空间投射的关系。参照复杂系统的基本学说，常规关系是这样发生作用的：语言运用总是设定话语中所涉及的对象和事件之间所形成的关系是常规关系，常规关系可以通过相邻/相似关系把握；隐性的意向推衍出显性表述是通过常规关系维系的，并受说话人意向性的制约。人们的概念是以心理模型的形式储存的，心理模型是人们心智中知识结构的组织形式，心智中的知识是人们对事物间的常规关系的认识，体现为以相邻/相似关系的抽象知识为维度组织起来的类知识，并分解为小型知识集。复杂系统是强调"秩序"的涌现性，主体的知识结构总是在动与静、变与不变之间的矛盾中建构的；常规关系是个相对稳定的概念。所以，我们可以说常规关系是主体将无序的世界加以

"秩序化"的手段，即从"混沌"到"有序"的知识建构。常规关系的作用方式实际上正好切合复杂系统的基本学说的要求。

正如本节上文所述，认知语用学的理论建构的核心部分就是：以对人的心智过程的说明为框架，通过对同语言运用所需的认知能力最为密切相关的抽象原则的集的刻画，建构一个话语理解和话语生成的理论模型。

"构式生成机理分析框架"作为研究话语生成的理论工具，一方面继承当代认知语言学关于语言运用的基本立场，强调人的经验和认知能力在语言使用中的作用。另一方面又有别于过去对含意推导研究以"原则"为取向的范式，采取心理实在论的立场，主张语言运用要以体现为相邻/相似关系的常规关系知识为中介的思想；认为话语生成是以话语表达者的意向内容和意向态度为自主成分推衍出依存成分的过程；心理模型是一切推理活动的认知基础。其研究目标和原则同我们在上文所谈到的认知语言学要以人类的认知能力作为一种下向因果力，以此形成观察语言、研究语言的因果观和方法论的认识是一致的。该分析框架认为，语用推理的实质，是根据有关的显性表述，利用心理结构的知识集，通过一连串的"如果 x 则 y"的推导进行显性表述和隐性表述的交替编码、组织和补偿，不断获得新认识，最后得到对有关话语用在这里的恰当的理解。这个过程，是在下向因果关系作用下局域话语之间的相互影响进展为话语的整体性解释的过程。下向因果关系指这样的一种情况：较低层级的所有过程受较高层级的规律制约，并且按这些规律行事。高层次对低层次组分（组成成分）的选择力和控制力是下向因果力的主要形式，下向因果关系的作用使得处于局域的较低层级的某种相互作用得以激活或抑制：较低层级的某种相互作用若顺应高一层级的环境时，它就被选择而被接受下来并向更高的层级发展，否则就被排斥。我们将话语运用的显性表述看成是话语表达的较低的层级，而该话语实际想要达到的交际目标看成居于较高的层级，从而具有下向因果力。

这些均充分体现了 HCPM 同复杂系统的因果观及方法论的要求高度一致。

（二）生成整体论研究范式的要求

心理模型理论反映了复杂系统因果观以及生成整体论研究范式的语言学研究要求。

生成整体论的研究范式事实上就是复杂系统的因果观及方法论的具体体现。认知语言学首先是整体性的知识框架，其基本思想也是对语言的整体性解释。从生成性的角度看，心理模型的建构过程受到两种因果关系的调控或者制约：一是下向因果关系：低层次成分（词、语句、意向等）是高层次成分的基础和载体，处于低层次成分相互作用产生高层次成分，并从一个方面说明高层次成分的属性或功能；二是上向因果关系：高层次成分包含了低层次成分，又出现低层次成分所没有的功能，并对低层次成分起选择和制约作用，即是说高层次成分的结构和功能有助于认识低层次成分的属性和结构。语言的整体性解释综合了语言学研究总的认知（微观、个体）和社会（宏观、群体/共同体）两方面的因素。具体说来，生成话语的语言符号选择受制于语言规约，这是上向因果关系的效力，其含义是心理模型在不同个体的知识结构中具有相似性——这是话语具有可理解性的前提条件；在语境中理解话语则是主体设定的常规关系原则下对这些模型进行操作、加工的过程，此过程受制于下向因果关系，其含义是对话语进行说得通的解释——这是设定常规关系后的必然结论。

　　HCPM 体现了生成整体论的特征，特别是其中的心理模型集中体现了复杂系统的整体性特征，下向因果力是其中的核心内容，具有十分重要的作用。生成整体论认为，"世界是层级结构和突现进化的"，世界的层级是按照事物的组织的复杂性不断提高而划分的，每个层级既有自己的特性，又可以再划分为若干小的层级（范冬萍，2008），从而使世界的事物形成一个庞大的纵横交织的类层级结构（徐盛桓，2008）。在这样的类层级结构里，"高层次系统存在的整体性和突现性……对于低层级的组分具有一种下向因果作用"，而"高层次对低层次的组分的选择力和控制力是下向因果力的主要形式"（范冬萍，2008）。

　　根据克罗夫特和克鲁索（2004：92），在动态识解（dynamic construal approch）过程中，词汇的意义并非在词库中分化定型的，而是在使用中在线识解时生成的。也就是说，词汇在进入使用状态时，词汇意义是一个尚待分化的整体，有待"动态识解"。这正是一种生成整体论的观点。

　　用生成整体观来观察，我们就会发现，因果构式所表示的因果构式义是小整体之间相互作用，通过信息选择、匹配、组织、创生从而生成相对完整的大整体即构式的过程中获得的。根据这样的认识，正如一个构式应看做是一个整体，其各"组成成分"分别也应看成是一个整体：当因与果作为"组成成分"进入到一个因果构式时，它其实是以一个未分化的整体在起作用的，这正如生成整体论所认为的，"生成过程是从整体到整体，而不是从部分到整体"。构式表征的大环境可以促使构式成分表征的小环境在相邻关系制约下决定小整体的语义识解。

　　HCPM 体现了生成整体论的要求，所以我们认为该框架能够对因果构式的生成和识解机理作出合理的解释。

（三）模型方法的要求

根据孙小礼（2001）的观点，模型方法乃是现代科学的核心方法，科学模型是人们按照科学研究的特定目的，在一定的假设条件下，用物质形式或思维形式的手段再现原型客体的某种本质特征，诸如关于客体的某种结构（整体的或部分的）、功能、属性、关系、过程，等等。这是我们主张采用"心理模型理论"的原因之一。在"主体—方法—客体"系统中，模型是一种特殊的中介。一方面，模型是主体创建的、用来研究客体的工具；另一方面，模型又是客体的代表和替身，是主体进行研究的直接对象。所以，模型既是工具，又是对象。

心理模型理论是目前关于推理的最重要的心理学理论之一。该理论认为人类的思维是非理性的，推理是通过心理模型的表征和操作来进行的。推理者理解了前提的意义，并整合个人的知识背景，构建表示各种可能性的心理模型。心理模型理论的核心是"正面表征原则"，为了减轻工作记忆的负荷，推理者对前提构建的心理模型仅仅表征正面的情况，即表示正面的信息。人们对推理的加工是以心理模型为基础的，而不是以命题表征为基础，但心理模型理论并不反对命题表征，它把命题表征看成是某种加工的输入，人们根据这种加工而建立起与言语所描述的情境相符合的心理模型。

语言心理学表明，人们对语篇的理解并不仅仅将语篇信息表征为命题，而且还会将语篇信息表征为心理模型［卡罗尔（Carroll，2000：170）］。模型可以非常具体（例如军事作战中的沙盘），也可以相对抽象（例如一幅世界地图），甚至非常抽象（例如在大脑里的想象性的画面）。心理模型作为一种知识表征形式，最直观的范例就是空间模型。例如：

（1）水面上漂浮着一片树叶，树叶上面有一只蜻蜓，树叶下面是游来游去的小鱼。

听者不但将其解析为命题信息，而且构造了一幅图画。在图画中"树叶"、"蜻蜓"和"小鱼"处于特定的空间关系。图画中的次要情节（例如，此处的水指的是河水、湖水还是海水？一片什么树叶？什么颜色的蜻蜓？）则是个"度"的范畴，主体可根据经验掌控。人们可以理解话语的意思和设想相应的情景，是因为能够根据话语提供的信息构造相应的模型，然后在模型中验证结论是否成立。这样看来，基于模型构造的推理过程不同于单纯的命题演算，主体根据话语构造模型，并对这些模型进行操作（例如比较、模拟、重构等），这样也就理解了话语。虽然心理模型不是命题，但是模型操作在本质上也是语义构建过程，毕竟根据话语构造的模型依赖于意义和知识。心理模型表达了一个可能事态，模型的内容和结构把握了这个可能事态发生的各种不同方式的共同因素（约翰逊—拉尔德，2004）。心理模型理论的一个基本假定是真值原则：

　　（2）为了最大限度地减轻工作记忆的负荷，人们倾向于构造只要能将事物表现为真（只要不为假）的心理模型就够了。

　　这一原则在两个层面上得以应用。首先，个体只表达为真的可能事态。也就是说，主体的经验、知识在模型的构造中起着重要的作用，一个命题的真值条件已经被深深地打上了主观性的烙印。其次，对于每个真的可能情形，个体只表达真前提中的文字命题，而不管该命题是肯定的还是否定的。换言之，命题的表达形式在模型建构中的作用是次要的，主体在乎的是是否存在和命题的内容相对应的情形。通过以上描述可以看出，心理模型对信息的认知加工是通过信息的真实性偏好实现的，也就是说，心理模型优先加工真命题。需要说明的是，心理模型的信息加工不是单纯的演绎性推理，而是一种基于经验的背景知识结构的推理。心理模型的构建来源于人类已有的经验知识，来源于有关图式知识的积累以及过去解决问题所积累的经验；心理模型不是一成不变的，它们在不停的变化之中。心理模型的运用是认知活动的重要组成部分。

　　从认知的维度来说，心理模型有如下重要特征：心理模型是认知主体知识结构的表现形式，或称心智中的知识的基本组织形式，这一抽象的知识结构由大大小小的类知识或抽象知识的"知识集"构成，是人们的知识、经验、信念经由大脑的长短期记忆储备起来并经抽象和整合，成为复杂的知识网络系统，体现为由历时、共时的各种规则、规律汇集成的集合体，这些规则、规律组成默认的层级和结合为各种范畴。心理模型将复杂的现象抽象为一个个简单的表征形式，通常是以"如果 x 则 y"的形式呈现出来。从宽泛的意义来说，心理模型作为一种广义的心智上的模型，外延上包含了在推理过程中起作用的各种内部知识结构，同认知科学家所关心的心理意象、语义特征、语义网、原型、框架、脚本、图式、理想认知模型、知觉符号系统、素朴理论等形式的内部心理结构的研究成果是相通的。人们所建构和操作的心理模型，其实包含许多小型的心理模型，这些小型的心理模型实质上体现为小型的知识结构。这些小型的知识结构是若干不同范畴的小型知识集，分布为多层级的支系统和分系统，纵横交错连通在一起。所谓建构和操作心理模型，就是依靠认知主体心智中由抽象知识组织起来的类知识所建构的小型知识集进行信息的编码、组织或补偿，以期获得新知识。小型知识结构里图式的内容，我们倾向于用常规关系知识来体现（详见本书第三章第二节）。

模型概念已经被证实对语言学研究具有指导作用，而 HCPM 使之具体化。HCPM 集整体性特征、体验性特征、相邻/相似性特征于一体，涵盖了认知语言学相关理论的主要特征。

（四）认知语言学理论目标的要求

从第三章第二节中关于认知语言学的研究目标来看，认知语言学以身体经验为基础研究人类的心智和认知，强调人的经验和认知能力在语言使用中的作用；语言与认知是不可分的，自然语言是人的智能活动的结果；语言并不是直接反映客观世界的，它只能通过人的认知来间接反映客观现实，即认知是存在于语言和现实之间的一个中间层次。研究语言必须要探讨语言与认知的关系，观察语言结构的认知特点和认知结构，从而揭示语言的本质（赵艳芳，2001：8）。认知语言学将语言视为组织、处理和传达信息的工具，注重分析、描述和解释人类语言构造的认知功能基础，认为句法结构在很大程度上不是任意的、自足的，而常常是为认知上的因素所促动的，与人的身体经验、认知策略乃至文化规约等密切相关。认知语言学家认为，语言结构的形成是由语言的功能以及环境、生物、心理、发展、历史、社会文化等相关因素决定的，并受其制约（兰格科，1999：13—14）。

认知语言学认为自然语言是概念化的现实的符号表达，可以归总为构式。构式在相当程度上不是任意的、自主的，而是有自然的动因，其外形通常是由认知、功能、语用等句法之外的因素促成，表层句法结构直接对应于语义结构，等等。由于认知语言学中的语义结构并非直接等同于客观的外在世界结构，而是与人在与客观现实互动的过程中形成的身体经验、认知策略乃至文化规约等密切相关的概念结构相对应，因而就涉及范畴化、隐喻系统、意象图式、句法象似性等方面。语义不对应于客观外在世界，而是对应于非客观的投射世界（projected world），并与其中约定俗成的概念结构（conceptual structure）直接发生关系，而概念结构的形成又与人的物质经验、认知策略等密切相关。

从上文中对认知语言学相关理论的讨论看出，认知者的推理模式主要有莱考夫（1987）等提到的依据典型范例进行转喻推理的认知方式，并指出人们在会话中有时使用部分转指整体的现象，福柯尼尔（1994）在心理空间理论中分析的间接指代和预设的漂浮的案例，戈德堡（1995）在构式语法中发现的语句的语义结构使词义和句义增生的现象，等等。另外，上文未能涉及泰勒（1995）发现的词语的语义对概念结构的侧面进行凸显的现象，兰格科在认知语法中发现的概念激活区和言语的参照点结构现象和格莱斯（1967/1975）发现的反映会话合作原则中的经济原则的言语现象。这些是依据典型范例或一般范例的推理方式、类比推理法、不完全归纳法等，都体现了认知者依据相邻/相似关系的思维方式。

戈德堡（1995：5）认为，一个构式是"直接同反映人类经验图景的语义结构相联系的"。不过构式并不同外部世界直接对应。外部世界作为人们的认识对象，认识主体会按照自己的认知模式加以观照，在自己的经验世界里重组心理图像，这就是通过人们认知的投射。因此，构式所体现的意义，不但涉及有关外部世界的实际情景，还涉及对情景识解（construal）的方式。"识解"是社会心理学关于认知主体根据自己的经验对外部事物获得感知和作出解释的一个概念［施瓦兹和博纳（Schwarz & Bohner，2001）］。

根据徐盛桓（2005b），句法认知研究主要是指：从共时的句法现象出发，反溯这些句法现象形成的认知理据，试图以此对语言的运用作出解释，从而为对人的自身的认识提供一个视角。语言受到人的认知能力的塑造，而人类世世代代发展起来的认知能力也在一定程度上得到了语言的塑造，这是一个互动的过程。人的认知能力塑造出的语言，是在一定程度上帮助塑造出人的认知能力的语言。

根据认知语言学的概念语义原则、百科语义原则、典型范畴原则和语言与其他认知机制相关原则、心理实在性等原则，语言运用离不开人们对世界复杂信息的认识、储存、记忆、提取等，因而类层级结构也同时可以用于说明在语言运用时是如何储存、记忆、提取概念语义和百科语义的。在这个意义上说，语言的生成和识解的过程，首先有一个从类层级结构提取相关信息的过程。对这个过程的说明，可以成为认知语言学对语言表达式的生成和识解过程中是如何运用默认知识的说明的基础。由于心理模型与外部物理世界的经验性知识具有对应关系，因此它可以用来解释语言生成和识解的过程。正是基于这样的认识，徐盛桓所建构的认知语用学以心理模型为认知工具，试图对语言运作机制进行合理的解释（徐盛桓，2006a，2006b，2006c，2007a，2007b，2007c）。

上述讨论充分说明，HCPM 体现了构式研究的需求，能够揭示构式的整体性、体认性和动态性。在构式的运作过程中，意向性是一个核心因素，表达什么意思、以什么方式表达等受制于人的体验和认知能力的操控，不过无论如何变化，其运作总是在某一构式整体中进行的。

第四节　小结

本章主要探讨了研究因果构式的生成和识解机理的理论框架。在"复杂系统的因果观和方法论"和生成整体论的研究范式的指导下，基于认知语言学和认知语用学相关理论，我们构建了分析因果构式的生成和识解机理的 HCPM，并进一步从复杂系统基本学说的要求、生成整体论研究范式的要求、模型方法的要求、认知语言学理论目标的要求等方面论证了HCPM 的可行性。HCPM 能够充分揭示构式的整体性、体认性和动态性特征。一个人的认识状态在很大程度上影响其使用语言的方式，语言结构将随着其概念系统的发展而发生变化。我们对发生在讲话人头脑中的认知事件和其他诱发因素的研究能够对一个语言单位的语法、语义和语用功能之间的联系作出比较合理的、全面的阐释。

我们在本章构建的框架仅仅是一个综合性框架，关于逻辑因果构式和实据因果构式如何生成和识解等，将分别在第五章和第六章中探讨。我们将针对因果构式的自身特点对框架作出相应的调整。

第四章　基于 HCPM 的英语因果构式分类

第一节　引言

如第二章所述，关于因果构式的分类存在不同看法，为方便下文的讨论，本章将探讨本书关于因果构式的分类。我们将在简要回顾其他学者在因果构式的分类方面所作过的一些探讨之基础上，提出我们的分类，讨论不同因果构式的特征等，为下一步关于因果构式生成机理和识解机理的研究打下基础。

第二节　英语因果构式的分类回顾[①]

较早期，人们主要是在对因果构式进行语法和语义功能分析的基础上涉猎了因果构式的分类问题，代表人物有耶斯佩森（1933）、夸克等（1985）、邢福义（2002）。例如，夸克等将因果构式分为直接因果构式和间接因果构式：直接因果构式涉及的因果关系有原因与效果、前因与后果、动机与效果、状况与后果等四类；间接因果构式的分句与主句不一定有直接的因果关系，通常是表示主句之所以这样说的"含蓄的动机"（夸克等，1985：15，45）。邢福义（2002：59—60）讨论了三类因果构式：已然原因引出未然结果、未然原因引出已然结果、未然原因引出未然结果，主要对因果状况作出了说明。

学者们从认知语言学角度对因果构式的研究也涉及了其分类问题。斯威策（1990/2002：76—86）区分了实质内容因果关系和知、言因果关系，把不同"域"的因果关系诠释为隐喻映射关系，即把物理域的意义扩展到

---

① 详见本书第二章的"文献回顾"。

心理域和社会域。沈家煊（2003）从小句的不同性质来说明因果关系三个域的区别：行域指小句是句法语义单位；知域指小句是逻辑推理单位（前提和结论）；言域指小句是言语行为单位（请求、提问等）。徐盛桓、李淑静（2005）认为因果关系可表现为两个不同的层次，即客观层次和主观层次，并据此将原因句分为客观原因句和主观原因句。牛保义（2006）在认知语法理论框架下，根据运用者的识解维度把英语因果构式分为客观因果构式和主观因果构式。

有关因果构式的认知语用研究表明：英语因果构式的复杂情况得到了比较清楚的梳理，将因果复合构式区分为物理域（或行域）因果构式和心理域（或知域、言域）因果构式起到了提纲挈领的作用。斯威策和沈家煊所说的物理域或行域的因果构式大体相当于其他人所说的逻辑因果构式、直接因果构式、客观因果构式，他们所说的心理域或知域、言域的因果构式大体相当于其他人所说的实据因果构式、间接因果构式、主观因果构式；将因果构式的表达内容区分为"物理"的和"心理"的，将两类因果构式的主要属性作了明确的揭示，这是因果构式研究的重要成果。

第三节 本研究的分类

一 概述

在 HCPM 的观照下，因果构式被看做一个复杂的系统、一个复杂的整体。因果关系以涌现（emergent）和层级的方式存在，表现出整体性。因果关系可以体现为从逻辑到实据因果关系的连续体从而构成一个整体；逻辑因果构式和实据因果构式具有同构性，即虽属于不同的小系统，但运作方式一致，遵守共同规律。根据莫兰所说，世界的基本性质是有序性和无序性的交混，因而构成了世界复杂性的基础（陈一壮，2004）。逻辑因果构式和实据因果构式正好是世界因果关系的有序性和无序性的反映。非线性复杂系统表现出不同层次的自相似性，它们可以同时具有形态、功能或信息的自相似性，也可以是其中之一，既可以是严格的自相似性，也可以是统计意义上的自相似性，此所谓"理一分殊"。

从 HCPM 角度审视因果构式的分类问题，我们将因果构式分为逻辑因果构式和实据因果构式。为了更清楚地论述因果构式的"连续体"的问题，我们在将因果构式分为"逻辑"和"实据"两大类之基础上，进一步将其分为不同小类：线性、规约、可能、推断、认识、言语行为等六类因果构式除表示线性因果关系的基本义以外，还可能表示泛因果关系，也就是从规约上、认识上、言语行为的运用上提供一个"说得通"的理由。事实上，除了线性因果关系可以是纯粹的逻辑因果关系外，其他的或多或少都具有实据的特性，所以它们构成了一个连续体。

二　本研究的分类探源

目前，我们还没有办法查阅到最早的因果构式的使用情况，但我们可以借助人类的认知过程和认知特点来分析英语最初时候的情况，作出推测，因为人们语言运用的特点同人们的认知特点常会互为因果。同样，我们也不能返回到古英语时期去了解那时英国人的因果观念，幸亏人类个体心理发展过程常常可以反映人类认知发展的过程。发展心理学最近的研究成果指出：婴儿在一两个月大的时候就已经有因果的反应。幼儿对因果关系的认识表现出如下特点：对心理上形成的因果关系的认识和对事实上的"物理因果关系"的认识的发生具有同时性，但经常会较多地表现出基于现象对事物的因果关系作出自己判断的倾向，表现出一种"现实偏向"（reality bias）［米切尔和菊野（Mitchell & Kikuno，2000：281—300）；海马纳（Heymana）、菲利普斯和格尔曼（Philips & Gelman，2003：43—61）］。三四岁的幼儿开始能辨别直接原因和推断出直接原因的理由［阿斯顿（Astington）、佩尔蒂埃和霍勒（Pelletier & Horner，2002：131—144）］。从人的个体对物理因果关系和心理因果关系认识的发生具有同时性但又常常较多地表现出基于现象对事物的因果关系作出自己判断的倾向来看，因果构式的运用一开始也不会作出严格的区分，同时常常还会用现象来推测因果关系。这就造成最初并没有严格的区分逻辑因果构式和实据因果构式的意识。这一点是符合英语运用的历史的。

据我们的推测，从本族语使用者对英语因果构式的使用来说，一开始对实据因果构式和逻辑因果构式并不作明确的区分。我们将此假设作为本研究的出发点，即认为语言运用者最初并没有严格地区分实据因果构式和逻辑因果构式的意识；随着科学精神的发展和逻辑思维的精密，要求语言表达对此作出反应，于是逐渐形成了 for 和 because 的基本分工，以及我们称之为实据因果构式和逻辑因果构式的运用，这可能就是因果构式的生成过程。许多研究均把物理域（行域）的因果构式（或逻辑因果构式、直接因果构式、客观因果构式）放在相对应的心理域（或知域、言域）的因果构式（或实据因果构式、间接因果构式、主观因果构式）前面进行研究或叙述。也就是说，人们一般认为，英语因果构式的出现，前者在先。因为顾名思义，既然叫"因果构式"，就会首先考虑容易作出严格定义、严格规范的因果关系，这就是我们根据（p→q）∧p）→q 这一形式逻辑三段式推理的基本公式而具有的 p→q 的关系；据此再来定义实据因果构式就比较清楚了。这同复杂性科学所持的对世界的认识是由混沌到有序的过程这样的观点相符。

在复杂系统中，每个主体只有在自己与其他主体相互作用而共同创建的环境中方能找到自己的位置，并表现出与其他主体相协调、与环境相适应的行为。正因为如此，环境内的任何东西在本质上说都不是固定不变的。主体自身的复杂性指主体复杂的应变能力以及与之相应的复杂的结构；主体的适应性体现为能与其他主体和环境进行信息和资源的交流，为实现自身目标而调整和改变行为模式，从而适应环境变化的要求。根据 CAS 理论（复杂适应系统理论）（荷兰，1995），宏观的变化和个体分化都可以从个体的行为规则中找到根源。因果关系可能随着环境的改变和主体的目标或行为模式的改变而发生变化，由此带来了因果关系这一复杂系统的多样性。正如我们对任何东西的认识一样，我们对因果关系的认识也是一个从混沌到有序再到混沌的过程。

三　本研究的分类：逻辑因果构式和实据因果构式

从上述因果构式的分类回顾看，认知语言学的主要观点有二分法和三分法（"三域"理论）两种。这里，我们坚持根据因与果之间的关系是否符合事理逻辑，将因果构式划分为逻辑因果构式和实据因果构式的二分法（廖巧云，2004）。

首先，就因果构式而言，把实据因果构式的言域和知域合并在一起就称为言域，可以将"逻辑因果构式"同"行域"对应起来，把"实据因果构式"同"言域"对应起来，使因果构式的分类和解释比较简明。逻辑因果构式表示的是顺应事理的推理；实据因果构式表示的不是顺应一般事理的推理过程，而是以说话人自身持有的实据推知或说明主句事态的过程。例如：

> （1）张刚还爱小丽，因为他回来了。→
> 　　　a. 因为知道张刚回来了，故我推断出张刚还爱小丽。
> 　　　b. 因为张刚回来了，故我声称张刚还爱小丽。
> （2）天又要下雨了，因为他的关节炎又犯了。→

        a. 因为知道他的关节炎又犯了，故我推断出天要下雨了。

        b. 因为他的关节炎又犯了，故我声称天要下雨了。

    根据沈家煊（2003）提出的复句三域，即"行域：如果 p 那么 q；知域：如果知道 p，那么我推断 q；言域：如果 p，我声称 q"，我们将关于知域和言域的说明用在实据因果构式，并作如下调整：知域是"因为知道 p，故此我推断 q"；言域是"因为 p，故我声称 q"。也就是说，就实据因果构式而言，知域和言域可以合并起来。主要有以下两点理由：首先，言域中的 p 已经能为说话人作为一种实据说出来，表明他必定是已知道的；因此"因为 p"同"因为知道 p"在实据因果构式的运用中是等价的。其次，知域中的"推断"是一种思维活动，思维活动可以被看成是一种内心运用语言的过程，即"内部语言"过程（鲁利亚，1983）。在进行推理的思维活动时，认识到结论 q 就是推断出 q，把 q 用言语的形式说出来就是断言（声称）q。以例（1）和例（2）来检验，即分别用 a、b 来解释例（1）和例（2）的实据因果句，并没有根本差别。再如：

    （3）Vanessa is your favourate aunt, *because your parents told me so.* → （I can say that）Vanessa is your favourate aunt, *because your parents told me so.* （言域）（实据因果句）

    （4）John loved her, because he came back. （实据因果句）→

        a. Because （I know that）he came back, （I guess that）John loved her. （知域）

        b. Because he came back, （I can say that）John loved her. （言域）

    这里的例（3）和例（4）可以合并起来，称作言域，均属于实据因果构式的例示性表达，称为实据因果句。

    如果说，因果构式是表示以一定的依据来推理的过程，那么，逻辑因果构式表示的是顺应事理的推理，因而表示的是从句和主句事态自身的顺应事理的因果关系；实据因果构式表示的不是顺应一般事理的推理过程，而是以说话人自身持有的实据推知主句事态的过程。因而实据因果构式是：分句表示的是达到某种认识的原委和因由，主句表示的是由此而达到的认识结果。

    其次，本书第三章中关于系统复杂性的主要特征的讨论可以说明因果构式分为逻辑因果构式和实据因果构式的合理性。在复杂理论的背景之下，我们把因果构式看做一个复杂的系统，是一个复杂的整体。因果关系以涌现和层级的方式存在，表现出整体性。因果关系可以体现为从逻辑因果关系到实据因果关系的连续体从而构成一个整体；逻辑因果构式和实据因果构式具有同构性，即虽属于不同的小系统，但运作方式一致，遵守共同规律。根据莫兰（参见陈一壮，2004）所说，世界的基本性质是有序性和无序性的交混，因而构成了世界复杂性的基础。逻辑因果构式和实据因果构式正好是世界因果关系的有序性和无序性的反映。非线性复杂系统表现出不同层次的自相似性，它们可以同时具有形态、功能或信息的自相似性，也可以是其中之一；既可以是严格的自相似性，也可以是统计意义上的自相似性，此所谓"理一分殊"。

　　复杂系统具有非线性/非平衡性、动态性、整体性、自组织性/涌现性、分形性/自相似性、开放性等重要特征（详见本书第三章第二节）。具体到因果关系这一复杂系统，也同样具有这些特征。事物之间的因果关系具有线性和非线性特征：如果因与果之间具有对应的逻辑关联，即有这个"因"而就有那个"果"，这就是所谓的线性；相反，如果因果之间不平衡对称，即有这个"因"而没有那个"果"，这就是非线性。而且现实世界中的非线性问题比起线性问题多得多，现实世界从本质上看不是线性的，而是非线性的。同样的，我们的观察也证实，非线性因果关系比线性因果关系多得多。从客观实际看，分句和主句之间可以只有一种关系，也可能存在多种关系；但从主观视点看，对主从句关系的观察，可以有时视点在虚，有时视点在实；有时视点在顺，有时视点在逆。然而，不管怎样，格式一旦形成，它就明确地限定了它所标明的关系。从这点上说，任何形式的转换都会对因果构式的意义产生影响。同时应该看到，格式一旦形成，就会对因果构式的语义关系进行反制约，就会直接反映格式选用者的主观视点。因果关系这一复杂系统可能因为因与果之间以某种或多种方式发生复杂的非线性和非平衡性的相互作用，从而导致出现众多非线性的因果关系表达式。

　　综上所述，依据复杂系统的主要特征和生成整体论的观点，在综合前人从认知语言学视角进行的研究之基础上，我们将因果构式粗线条地划分为逻辑因果构式和实据因果构式，并认为从逻辑因果构式到实据因果构式是一个连续体，其间还可以分出不同程度的因果关系。根据逻辑和实据之间构成了一个多种因果关系的连续体的论述，我们将因果关系主要分为以事理逻辑、认识、言语行为等为参照的因果关系，作出因果构式的分类如下：线性因果构式、规约因果构式、可能因果构式、推断因果构式、认识因果构式、言语行为因果构式六类。从严格的逻辑定义来讲，只有"线性因果构式"才是真正意义上的逻辑因果构式；但从是否符合事理逻辑来讲，前三类可以划分为逻辑因果构式，后三类可以划分为实据因果构式。现将六类构式分别示例如下：

（5）Because it is raining, the ground is wet. （线性因果句）

（6）He watered the flowers because his parents told him to do so. /He cheated his firm, so he has been arrested. （规约因果句）

（7）Deirdre must type quickly, for she has been known as a capable secretary. （可能因果句）

（8）Jack must meet with a computer failure, for his girlfriend Jannett got no e-mails from him recently. （推断因果句）

（9）He must be a heavy smoker, for he has developed lung cancer. / John loved her, because he came back. （认识因果句）

（10）What are you doing tonight, because there's a good movie on. （言语行为因果句）

因果句除表示线性因果关系的基本义以外，还可能表示泛因果关系，也就是从规约上、认识上、言语行为的运用上提供一个"说得通"的理由。这些关系是由两个命题内容相互调节体现出来的。

因为只有线性因果关系可以是纯粹的逻辑因果关系外，其他的或多或少都具有实据的特性，所以从逻辑因果构式到实据因果构式的演变是一个连续的过程，并没有严格的分界。只有本质上的必然因果关系才能被称为真正意义上的逻辑因果构式。如例（5），"天下雨"，地就必然会湿，这是符合因果必然性的，这是一种必然的符合逻辑事理的结果。

第四节　因果构式的特征[①]

一　因果构式的句法特征

句法特征也可指结构特征。在逻辑因果构式中，整个因果构式，包括

---

① 本节根据廖巧云（2004）改写而成。

主句和从句，是一个纪因述果的述说整体。主句与从句之间一般不用逗号隔开，两个分句的语义可以贯通下来。在实据因果构式中，原因分句要放在主句之后；主句和从句有相对的独立性；由于这一相对独立性，主句和从句之间通常用逗号作为标记。在这方面进行检验的一个例子是，在一个否定因果句中，如果主句在前而且否定词在主句，否定范围（the scope of negation）可以扩展至"把（because）分句包括进来"（夸克等，1985：10.65）。例如：

(11) I did [n't leave home] because I was afraid of my father. = Because I was afraid of my father, I didn't leave home.

(11') I did [n't (leave home) because I was afraid of my father]. = I left home, but it was not because I was afraid of my father.

在实据因果构式中，主句和从句有相对的独立性。这是因为，如前所述，二者不但承担话语表述的任务，而且还要分别充当根据与推断、前提与结论。"根据/前提"的语义内容当然不能贯通到"推断/结论"的语义内容中去。试以例（12）改写为否定句后作"否定范围"扩展的检验：

(12) Percy is [not in Washington], because/for he phoned me from New York. = Because Percy phoned me from New York, he is not in Washington.

(12') * Percy is [not (in Washington) for he phoned me from New York]. = * Percy is in Washington, but it is not because/for the fact that he phoned me from New York.

二　因果构式的语义表征

(一) 因果构式的语义表征

从语义来说，实据原因构式里的非真正原因不是主句事态得以出现、存在、变化的原因，而是别的方面的原因；在两分句的事件之间无法显现出原因与效果、前因与后果、动机与效果、情况与后果等的关系，所以我们说这些原因是非真正原因。一种检验的方法是将原因分句改变为"理由"的表述。逻辑因果构式的真正原因可以很自然地作这样的转换：

(13) I watered the flowers because my parents told me to do so. → The reason that I watered the flowers was that my parents had told me to do so.

(14) He's thin because he doesn't eat much. → The reason that he is thin is that he doesn't eat much.

(15) He is absent today because he is ill. → The reason that he is absent today is that he is ill.

但例（16）—例（18）这样的实据因果句的非真正原因却不能作这样的转换：

(16) Percy is in Washington, for he phoned me from there. → * The reason that Percy is in Washington is that he phoned me from there.

(17) Vanessa is your favourite aunt, because your parents told me so. → * The reason that Vanessa is your favourite aunt is that your parents told me so.

(18) He must be ill, for he is absent today. → * The reason that he must be ill is that he is absent today.

那么，这些句子到底表示什么原因和结果呢？我们发现，虽然原因分句表示的不是主句事态本身得以发生的原委或因由，但它为主句事态的述说提供了支持或佐证；或者说，有了这些实据，就能成为说话人可以说出主句的原因。如例（16）表示的是：为什么"我"能说 Percy 现在在华盛顿？那是因为"我"有如下的实据作为佐证——他从华盛顿给"我"打来了电话，这就是"我"说 Percy 在华盛顿的原因；例（17）表示的是："我"之所以说 Vanessa 是你最喜欢的姊姊，那是因为"我"有如下的实据作为佐证——是你父母这样对"我"说过的；例（18）表示的是：我之所以说他病了，那是因为我有如下的实据作佐证——他今天没来上班。这就是说，原因分句表示的，是能对主句事态作出如此述说的原委或因由，为这种原委或因由提出具有个人认识特点的佐证。获取一定的佐证，就是获得了实据。从这一意义来说，实据因果句里的非真正原因实际上是说话人能作出主句那样的说法的个人所依据的实据：

(16') The reason that I can say that Percy is in Washington is that he phoned me from there.

（17'）The reason that I can say that Vanessa is your favourite aunt is that your parents told me so.

（18'）The reason that I can say that he must be ill is that he is absent today.

如果说，因果构式是表示以一定的依据来推理的过程，那么，例（13）—例（15）表示的是顺应事理的推理，因而表示的是从句和主句事态自身的顺应事理的因果关系；例（16）—例（18）表示的不是顺应一般事理的推理过程，而是以说话人自身持有的实据推知主句事态的过程。因而实据原因构式是：分句表示的是达到某种认识的原委和因由，主句表示的是由此而达到的认识结果。实据原因构式将这种认识结果作为说话人的"说法"表述出来，因此，实据原因构式的语义构成是：

主句［表述一种结果］＋原因分句［能作出这一表述的原因］

这里的因果关系不是建立在事件自身的关系上，而是建立在表述和为什么能作出如此表述的关系上。这也就是夸克等所说的表示的是"话语的言语行为"。

但是，如果从事件本身的关系来说，情况却刚好相反。如例（19），是因为 John 的确患了"非典"，他的父母才能在电话中这样说。在这个意义上说，绝大多数实据因果构式的语义构成的底层是：

主句［主句涉及的事件是原因］＋原因分句［从句涉及的事件是结果］

（19）John is suffering from SARS, because I got a call from his mother a minute ago.

（二）逻辑因果构式的逻辑性①

这里说的"逻辑"，不是形式逻辑，而是同事物一般法则相吻合的事理逻辑。

"原因"过去还被区分为内因、外因等。美国逻辑学家芭比（Babbie,

_____

① 本小节根据廖巧云（2004）改写而成。

2：63—69）参考逻辑对条件的区分，把原因也区分为必要原因、充分原因、充要原因。同事物一般法则相吻合的事理逻辑大体相当于芭比的"充分原因"。从字面上说，"原因"就是原委和因由。事物之间的相互联系和相互作用的表现形式之一，就是一事物的出现和变化，会依赖于另一事物作为其原委或因由，这就形成了因果关系，"产生另一现象的现象是原因，由原因引起的另一现象是结果"（《辞海》1980 年版）。事物是复杂的，因果联系的紧密程度会有不同；而且，同一种情况（作为结果）可能产生于多种原因，同一种情况（作为原因）也会产生不同的结果；因此，因果关系具有多样性。把因果关系区分为必要原因、充分原因、充要原因，就是对复杂多样的因果关系作出的一种逻辑概括。简单地说，若以 c 表原因，以 r 表结果，有 c 才能导致 r，c 是 r 的必要原因；有 c 必能导致 r，c 是 r 的充分原因；有 c 必导致 r 且 r 又必导致 c，c 与 r 互为充要原因。在语言运用中，涉及的大多数是充分原因。

（20）I watered the flowers because my parents told me to do so.

（21）He's thin because he doesn't eat much.

（22）He is absent today because he is ill.

（23）ΔABC is an equilateral triangle because all of its three interior angles are 60°.

如果脱离语境来分析，以上除例（23）是充要原因外，其余的都是充分原因。例（20）说，因为父母吩咐"我"浇花，"我"就浇了。"父母吩咐我浇花"是"我"浇花的原因。但是，从一般的事理来说，促使一个人浇花的，还可能会有其他原因；这就是上文中说的，同一种结果可能来自多种原因。因此例（20）以及例（21）和例（22）的分句表示的都是充分原因。例（23）说 ΔABC 是一个等边三角形是因为这个三角形的三个内角都为 60°，"等边"和"三个内角都为 60°"互为充要原因。但是，如果把语句放到一定的语境中，从一般事理来说是充分原因，有时可能要看成是充要原因，例如，对于某个人，如果不是父母的吩咐，根本不会有任何的因由与动机促使他想到要去浇花，这时"父母之命"就是"浇花"的唯一原因，二者互为唯一对应，这时例（20）表示的就应看成是充要原因。

上面例（20）—例（23）的因果关系都有一个特点：其关系的建立，都是顺应人们所认同的常理的。这就是沈家煊（2003）所说的，有关的表述"是顺应事理的","纯粹是顺应事理的述说"。例如，长辈吩咐要做的事情就要去做，人吃不饱就会变瘦，人病了就不能来上课（上班、开会等），其三个内角均为60°的三角形称为等边三角形等，这些"顺应事理的述说"，都是合乎逻辑的。对于这些因果关系的表述，夸克等（1985：15.45）称之为"直接原因（Direct Reason）关系"，他们将直接原因关系分为四种情况：（a）原因与效果，即客观世界存在的事物之间的固有联系，如例（21）；（b）前因与后果，即已经存在的情况是后果的原因，如例（24）；（c）动机与效果，这表示以人的意愿作为某一结果的原因，如例（20）；（d）情况与后果，表示当前的情况是后果得以实现的原因，如例（25）。

(24) They watered the flowers because they were dry.

(25) Seeing that it is only three, we should be able to finish this before we leave today.

凡符合充分原因关系的因果构式，本研究称为逻辑因果构式。

正如上文中所说，从句主句所表述的因果关系是顺应事理的述说，都是合乎逻辑的逻辑因果构式。如果说，凡符合充分原因关系的因果构式简称真因果构式，那么，凡不符合充分原因但用了 because/for 的可以接受的主从复合构式就是假因果构式（pseudo - causals）。真因果构式和假因果构式并存于因果构式带来了因果构式表达的因果关系的多样性。

"因果联系的特点之一，是原因在前，结果在后"（《辞海》），但是，人们对因果关系的认识却不一定按照因果关系自身的这个顺序。许多事情已经发生了，人们已经知道了这些现象，但在很长一段时间内，甚至直到现在，人们还不知道或不甚知道这些现象发生的原因。例如，地球的出现是某种现象的结果，但对这一结果出现的原因的解释，目前也只是处于提出几种"假说"的阶段；"非典"曾经大规模地肆虐，但它的发生、致病、传播等方面的原因是什么，不但是老百姓，就是科学家，也不能说已经都清楚了。还有另外一种情况：一个事态发生了，但它可能的后果是什么，目前人们还估计不出来。因为这些都要顺应这一事态自身的事理，都要研究。所以，在涉及真正原因时，有时候说出某一情况却还不知道它会带来什么后果；有时候说出某一情况也不知道它是怎样产生的。例如，目前要从病原学和病理学上说"John is suffering from SARS because …" 就可能语焉不详。但非真正原因的情况与此有所不同，先看夸克等给出的间接因果构式的例（26）—例（30）：

（26）Percy is in Washington, for he phoned me from there.

（27）As you're in charge, where are the files on the new project?

（28）Vanessa is your favourite aunt, because your parents told me so.

（29）He must be ill, for he is absent today.

（30）Deirdre can type quickly, for she has been known as a capable secretary.

从逻辑事理上来说，Percy 从华盛顿打电话并不是他在华盛顿的原因；"缺席"不是"病"的原因；Deirdre 被认为是一个能干的秘书不是她打字打得快的原因。实情刚好相反，因为 Percy 在华盛顿（主句），他才能从那儿打电话（原因分句）；Deirdre 打字打得快（主句）是她被认为是一个能干的秘书（原因分句）的原因（之一）。因而这里不是按逻辑因果构式的"（表结果的）主句 +（表原因的）从句"的格局表达结果与原因的关系。夸克等（1985：15.45）认为，这里表达的是一种"间接原因关系"，是因果关系"较为扩展的用法"。据我们的观察，这里可能有两种情况：（1）主句说出一个事实，分句为这样的说法提供个人知识作为支持；（2）主句表示一个推断，分句为这一推断提供个人知识的某一实据作为支持。这些只是同个人特定的知识和推断有关，因此，只要说话人有了这种特定的实据，有关的"原因"是可以清楚地表述的，例如，"John is suffering from SARS, because I got a call from his mother a minute ago."所以我们称由非真正原因构成的因果构式为"假因果构式"。

（三）实据因果构式的实据性

1. 实据性

语言的基本功能是传递信息。从这个意义上说，说话人和听话人之间的言语交往实际上就是信息交流的过程。一句话所包含的信息（尤其是新信息）是会话双方的共同关心所在。信息来源可靠性的程度受到会话双方的关注。实据性[①]理论（theory of evidentiality）研究语言中与表达信息来源可靠性程度相关的意义。语言中的实据性理论的探讨能够反映语言运用者获取命题信息的来源和对命题信息的相信程度与语言编码系统之间的对

---

① 张伯江（1997）把 evidentiality 译为"传信范畴"，我们将其译为"实据"。

应关系；能够揭示普通人是如何不受传统哲学思想的影响自然地看待他们的知识的来源和信度的；能够让人们更多地了解语言自身的重要组成部分，并了解人们的认知规律和语言规则之间的对应关系［切夫和尼克尔斯（Chafe & Nichols，1986：vii）］。

实据性可分为广义的和狭义的。狭义实据性主要是指获取知识的"证据"。广义的实据性除了证据外，还包括"对知识的判断"，具体是指知识的来源、获取知识的方式、知识的信度、与语言资源（verbal resources）和讲话人期待相匹配的知识状态四个部分（切夫，1986）。威利特（Willett，1988）把狭义的实据性又细分为直接证据和间接证据。直接证据是指可以通过视觉、听觉或其他感官予以验证（attested）的证据，包括通过第二手、第三手资料或者是从传说中得知的证据；间接证据是指被告知或经过推理得到的证据，是指根据因果关系或推理（inference）得到的证据。切夫（1986）和米森（Mithun，1986：86—90）认为知识可以来源于证据以及人们使用的语言和假设，知识可以通过信念、听说（hearsay）、归纳和演绎推理获取。知识有可信和不可信程度的不同。米森还认为，广义的实据性包括对信息来源的说明、对一个范畴的适切性或真实性或精确度的说明、对一个真理的或然性的说明以及对一个陈述的或然性的期待的说明。

实据性是个语义学术语，指一类认识情态，断言的命题可能遭到听者的质疑，因此需要加以证明。实据性表达说话人根据可供利用的证据（而不是根据可能性或必要性）对一个命题深信不疑。

实据性包括五个方面的内容：（1）知识，即说话时表达的主要信息，是传信语修饰的对象；（2）可靠程度，说话人和写作者根据知识的可靠程度用话语加以表达，可靠程度从高到低各不相同；（3）知识获取方式，包括信念、归纳推理、传闻和演绎；（4）知识来源，这与知识获取方式密切相关；（5）知识与期望的差异，语言有形式表示与期望不符的诧异、不解等（切夫，1986）。

2. 英语实据标记语

人们在陈述事实和交代信息时，对其真实性和准确性自行估计，并通过各种语言形式和形态加以表达。由于真理总是相对的，所以人们对人或事物的认识也就有"确信"和"不太确信"之别。前者是因为我们对其有可信的证据或是因为我们对其真实性确信无疑；后者是基于我们对其或然性和可能性的考虑。我们对待人或事物的这些不同的态度都可以通过各种各样的语言形式来表达（切夫和尼克尔斯，1986）。

实据性在语言中通过实据性标记语来体现，一般是一定的词法形式（morphology）。安德森（1986）的研究显示，实据性成分具有以下主要特征：（1）表示说话人对某一事实作出判断所依据的正当理由，或是直接证据加观察（不需推理），或是证据加推理，或只是推理（证据不明示），或是根据逻辑和其他事实所作出的合理的期待，也可能是一个可以听得见或看得见的证据；（2）实据性成分本身并非句子所陈述的主要内容，而是附加在一个事实判断之上的对其他内容所作的具体说明；（3）实据性成分显示的证据不仅仅是一种语用推理，而且是其所表达的主要意旨；（4）从词法上讲，实据性成分都是曲折变化形式或其他的自由句法成分（不是复合词、也不是派生词）（参见牛保义，2005）。人们在交代主要信息的同时，常常要加上一些修饰语，以表明信息从何而来、怎样获得、有无证据、可信程度如何、自己是否有把握等。一个陈述所依靠的证据是自己亲身经历的、亲眼看见的，还是听别人说的，一般传闻的，或是推断出来的，或是转述别人的说法，从而造成细微的意义差别。如汉语中的"我亲眼所见"，"我亲耳所闻"，"（虽然我不在场）我有相关证据"，"我从某人处获知如此"等。不同形式传递了说话人对句子所述事实或命题意义的不同的认知态度。

张伯江（1997）列举了英语传信表达的常见形式，我们将其列表如下（见表 4 - 1）：

表 4 - 1　　　　　　　　英语中传信表达的常见形式

语义范畴	例词
表示相信的	I think…，I guess…，I suppose…等
表示归纳推断的	It must…，It's obvious，…seems to…等
有感知作证的	…look like…，…sounds…，…feel…等
听说的	…be said…，…supposed to…，apparently…等
演绎推断的	should…，presumably…等
闪烁其词的	…sort of…，about…，kind of…等
表示意料的	of course…，oddly enough…，in fact…，actually…等

语言中的实据性成分就是对所述命题信息的来源和说话人对所述命题信息的认知状态的编码。当讲话人/作者对自己断言的有些事并非百分之

百有把握时，常会使用 basically、by definition、essentially、generally、normally、particularly、primarily、specifically 等副词及其他类型的表达方式。如表 4 – 1 中，用 I think、I guess、I suppose 等来表达 "相信"；用 must 和 must have 表示非常高的可靠程度；英语中用表示感官官能的动词如 see、hear、feel 等表示这类意义；用一些词组，如 people say、they say、I've been told、It is said 等表示传闻。例如：

（31） a. It's raining.

　　　 b. It's probably raining.

　　　 c. Maybe it's raining.

　　　 d. It must be raining.

　　　 e. It sounds like it's raining.

　　　 f. It's sort of raining.

　　　 g. Actually，it's raining.

例（31）陈述一个事实；例（31b）和例（31c）表示一种或然性；例（31d）表示一种肯定的推测；例（31e）和例（31f）表示不太肯定的推测；例（31g）表示出乎预料的或与期望不相同的信息。人们发现这些不同的认识态度都是通过一定的语言形式传递的。换句话说，这些不同的语言表征结构或者称实据标记语，如例（31a）中的进行体以及下面例句中的 probably、maybe、must、sort of 和 actually 等，传达了说话人对句子所述事实或命题的认知状态。另外，凡是带有以上实据标记语的例子均可被看做实据因果句，如上文的例（7）、例（8）、例（9）、例（16'）、例（17'）、例（18'）等。

三　因果构式的语用特征

（一）从分句的功能上看

逻辑因果构式的原因分句主要充当主句的附加状语（adjunct），而实据因果构式的原因分句充当主句的语体外加状语（style disjunct）。

语体外加状语表示说话人对自己所说的话进行说明或评论，"以某种方式说明他是在什么条件下以'权威'的身份来这样说的"（夸克等，1985：8.123）。这里，充当"权威"的身份的"条件"，就是我们在上文中所说的在原因分句里表述的说话人掌握的实据。这说明，实据因果构式的原因分句所表示的，只是"说明或评论"性的内容，而不是实质性的内容。因此，实据因果构式的原因分句的内容不能充当各种结构的"焦点"；作为比较，逻辑因果构式的原因分句的内容原则上可以充当。具体表现为实据因果构式的原因分句的内容：（1）不能充当断裂句的焦点，如例（16'）和例（18'）；（2）不能充当否定的焦点，如例（16'a）和例（18'a）；（3）不能充当指焦下加状语（focusing subjunct）的焦点，如例（16'b）和例（18'b）；（4）不能用作同主句的语义内容相关的 wh - 问句的回答，如例（16'c）。与此相反，例（32）、例（32a）、例（32b）和例（33）却是可接受的。

（32）Because they are always helpful, he likes them. → It's because they are always helpful that he likes them. （夸克等，1985：8.123）（逻辑因果句）

（16'）Percy is in Washington, for he phoned me from there. → *It's for Percy phoned me from Washington that he is there. （实据因果句）

（18'）He must be ill, for he is absent today. → *It's for he is absent today that he must be ill. （实据因果句）

（32a）They like them, not because they are always helpful, but because they never complain. （夸克等，1985：8.123）（逻辑因果句）

（16'a）*Percy is in Washington, not for he phoned me from there, but for he sent me mails from there. （实据因果句）

（18'a）*He must be ill, not for he is absent today, but for John told me so. （实据因果句）

（32b）Because they are always helpful, he likes them. → He likes them only because they are always helpful. （夸克等，1985：8.123）（逻辑因果句）

（16'b）*Percy is in Washington, only for he phoned me from there. （实据因果句）

（18'b）*He must be ill, only for he is absent today. （实据因果句）

（33）—— Why does he like them?
　　　—— Because they are always helpful. （夸克等，1985：8.123）（逻辑因果句）

（16'c）—— Why is Percy in Washington?
　　　—— *For he phoned me from there. （实据因果句）

最后，请看下例：

（34） * Vanessa is your favourite aunt，because she is always helpful and because your parents told me so. （本句的正误判断参见夸克等的例子： * He likes them because they are helpful and because his wife told me so. ）

这个例子表明，逻辑因果构式同实据因果构式的确具有不同的句法功能，所以二者在同一个因果构式中不能并列。

（二） 从分句承载的任务来看

无论逻辑因果构式还是实据因果构式都是用表原因的连词（for、be-cause 等） 连接起两个分句，但在这两种原因句中分句的任务是不同的。逻辑因果构式的作用是纪因述果。由于表示的是顺应事理逻辑的因果关系，这就要求把因果的内容说明白，把因果关系交代清楚，两个分句都是为纪因述果服务的，都是纯粹作为语言表达单位。在表述过程中，因和果孰为要输传的焦点信息并无先设的限定，可以由因（已知）导果（焦点），也可以由果（已知）找因（焦点），两个分句的安排通常遵循语句信息顺序的 "末尾焦点" 原则。在实据因果构式中，两个分句不但首先要作为语言表达单位，用于 "纪因述果"；而且，由于这里表述的是以个人所知来推断结果，因而还要把推断过程加以阐明，使得两个分句还兼负了承载推理内容的任务，亦即两个分句有根据与推断、前提与结论的关系。这是一种以果溯因的表述，因而因和果孰为要传输的焦点信息一般是作了先设的限定的，即通常以 "果" 为已知信息用作一种铺垫，而将以此溯出的 "因" 作为信息焦点。因此，原因分句要放在主句之后。试比较：

（35） a. I have nothing in my bank account，because I checked this morning.

b. * Because I checked this morning，I have nothing in my bank account.

（36） Roger must be hunting for roots that would help him climb to the top，for he ran his hand over the wall of the pit. （W. Price：*Fafari Adventure*）

（37） It must have been the work of hyenas，since there were footprints of this creature. （Price，1996）

（38）Ruth must have finished her term paper, for she is soon leaving for home today.

在这几个例子中，because 或 for 引导的分句的内容都是作为说话人推论出主句内容的根据。例（35）中说"我"在银行户头上已没有存款，那是因为去查问过了；例（37）中说话人认为这（指把豹吃剩的东西吃光）一定是鬣狗所为，是因为他在现场看到了这种动物的脚印。这就是根据与推断、前提与结论。但是，"查问过"不是银行里没有了存款的原因，而是说话人能说出银行里没有了存款的原因；"有脚印"并不是鬣狗要这样做（把豹吃剩的东西吃光）的原因，而只是说话人能据此推断出鬣狗来过现场因而可以说出是它们所为的原因。在这里，说话人不但要说明他推断是鬣狗所为，而且尤其需要说明为什么他能作出这样的推断而不是如听话人曾经说的是狮子所为，因而关于他的根据的述说应该成为信息焦点。

第五节　小结

因果关系普遍存在，多种多样，从而使得因果关系的表达式（因果构式）也多种多样。因果构式的形成涉及逻辑、语义和语法。学者们从不同视角对因果构式作出过多种分类。这些分类反映了不同学者对因果构式的不同认识，而且在很多情况下是可行的。也就是说，从不同的视角看，这些分类都有其合理性。

我们从 HCPM 视角审视因果构式的分类问题，将因果构式分为逻辑因果构式和实据因果构式。为了更清楚地论述因果构式的"连续体"的问题，我们在将因果构式分为"逻辑"和"实据"两大类之基础上，进一步将其分为不同小类：线性、规约、可能、推断、认识、言语行为因果构式六类，除表示线性因果关系的基本义以外，还可能表示泛因果关系，也就是从规约上、认识上、言语行为的运用上提供一个"说得通"的理由。事实上，除了线性因果关系可以是纯粹的逻辑因果关系外，其他的或多或少都具有实据的特性。从逻辑因果构式到实据因果构式的演变是一个连续的过程，并没有严格的分界。有一点需要说明，我们在本研究中作出的新分类，并不都意味着对已有分类的批评或否定；之所以作出新分类，是为了适应本研究的理论分析。

我们还详细讨论了逻辑因果构式和实据因果构式的特征。尽管表示多种因果关系的因果构式的构成是单一的，具有同型性，但表示逻辑因果关系和实据因果关系的因果构式在语法、语义、语用等方面都分别表现出不同的特征。也就是说，因果构式可以表示多种因果关系。那么这些多种因果关系之间究竟是何种联系呢？这就是我们下文要探讨的因果构式的生成和识解机理问题。

第五章　英语因果构式的生成机理

第一节　引言

为了讨论的方便，我们将构式研究的生成框架从 HCPM 中分化出来，用于研究因果构式的生成机理。

正如上文第四章第三节中所述，目前我们还没有办法查阅到英语最初时候最早的因果构式的使用情况，但我们可以借助人类的认知过程、认知特点进行分析并作出推测，而且可以借助人类个体心理发展过程常常可以反映人类认知发展过程这一事实了解英语国家人士的因果观念。

如前所述，在 HCPM 的框架下，英语表因果关系的构式通常可分为两大类：逻辑因果构式和实据因果构式。根据 $[(p{\rightarrow}q) \land p] {\rightarrow} q$ 这一形式逻辑三段式推理的基本公式，$p{\rightarrow}q$ 的关系是符合人们大脑中一般常识所形成的因果构式的，我们称为逻辑因果构式，如其例示性表达逻辑因果句"Because it is raining, the ground is wet."，也就是形式逻辑中的前件与后件所构成的充分因果关系；$p{\rightarrow}q$ 的关系不能从一般的事理因果链得到说明，而只是根据某一实际情况作为根据得出来的认识，称为实据因果构式，如其例示性表达实据因果句"Mr. Zhang is ill, because his wife told me so."，"He must be in trouble, for he looks upset."。两种因果构式除有因果构式的共性以外，各自还应有自己的特性。简单说来，逻辑因果构式表示的是原因和结果的事实表述，实据因果构式表示的是前提和结论的认识推理。许多研究一般把逻辑因果构式放在实据因果构式前面进行研究或叙述，首先考虑容易作出严格定义、严格规范的因果关系，即根据 $[(p{\rightarrow}q) \land p] {\rightarrow} q$ 这一形式逻辑三段式推理的基本公式而具有的 $p{\rightarrow}q$ 的关系；据此再来定义实据因果构式。

逻辑因果构式比较好理解，因为它符合三段论的推理：天下雨地就湿；因为现在天下雨，所以地就湿了。实据因果构式并不符合这种关系：从事实本身来说，是因为张三病了作为存在的事实，他太太才能这样说，而不能是因为他太太说他病他就病；是因为他有麻烦，他才难过，而不是因为他难过他才有麻烦。这显示了因果构式因的复杂性和特殊性。

因果构式的使用相当广泛。那么，因果构式是怎样生成的？其背后的机理是什么？说明了语言运用的一些什么普遍规律？这些也是本章想要探讨的问题。我们将探讨以 because/as/for 等连词连接的因果构式（逻辑因果构式与实据因果构式）的生成机理。我们的基本设定是：

1. 逻辑因果构式是从客观外界事物与事物之间的因果关系推衍出来的，这一过程是在意向性制约下通过相邻/相似关系的推衍而发生的传承过程。

2. 实据因果构式是从逻辑因果构式推衍出来的，这一过程是在意向性制约下通过相邻/相似关系的推衍而发生的传承过程。

第二节　因果构式的生成机理分析框架[①]

因果关系是客观外界事物及事物之间的多重复杂关系中的一种，是客观存在的，是不以人的意志为转移的，也就是自主的。通过运用相邻/相似关系推衍出客观世界中事物与事物之间因果关系的语言表达式，该表达式传承了客观世界事物与事物之间的关系特征。

因果构式的推衍，从客观世界的自主成分开始，这个自主成分中的意向内容包括了客观世界中各事物及各事物之间复杂的关系，而人类在意向态度的制约下，根据自己的观察视角和需求，运用意向内容中各事物之间复杂关系的相邻/相似性，推衍出因果构式，被推衍出的因果构式传承了客观世界自主成分中各事物之间的因果关系。多种多样的因果构式便形成一个因果构式整体。

从认知心理学上说，人们对世界的认识往往基于一定的具有整体性特征的认知模式。说话人的主观态度用句子结构的形式来表达，正是利用了这种心理上的差异效应。任何一种语言的语法，在某一时期内，都有一些典型的结构模式，形成语言使用者在语法上的心理认知模式。用发展的、

---

① 本节根据廖巧云（2008b）改写而成。

动态的语言学眼光来看，典型的结构模式也是不断发展的。为了满足人们利用结构手段表达某些情感的需要，就不断会有新的变异形式产生，从而推动语法形式的发展。为了准确分析这种具有不同语用价值的语法变异形式，我们首先要确立当代语言中的典型结构模式，找出这些典型句式与变体句式之间的差异在说话人的主观态度上的表现价值，或者反过来说，找出主观态度的表达要求在语法手段上有哪些具体的表现形式。据观察，凡是在语法上不太容易回归到原来的位置上的变异成分，往往是由于语法结构本身的因素而引起的（金立鑫，2000：200）。"语法关系是一种语义关系的抽象"，"语义关系是语法关系的坚实基础，我们自然可以从语义关系上来印证语法关系"（金立鑫，2000：202）。

从生成整体论出发，我们将因果构式看做一个复杂的系统。因果构式的形成也依赖于世界逻辑结构，也就是说，世界逻辑结构中要存在某一因果关系，那么才能形成逻辑因果构式。同时，事件间的因果关系，不是我们所生活于其中的自然界预先唯一地设定的；人们对这一关系的认识，不是一个纯粹的被动接受的过程，而是包含了人们认识的主动建构，包含了人们以自己已有的经验对事物作出主观化的理解，是主客观互动的结果。因此，从一个角度看，有关关系也许不一定显出因果关系，但换一个角度，也许因果关系就会浮现出来。

从逻辑因果构式到实据因果构式有一个类推的过程。类推，就是假设有一个自主的成分，而从类推获得的表达是依存于它的。表线性因果关系同表一种说得通的理由二者以其相邻/相似性而使前者可以类推到后者，后者可以模仿前者。从上面的理论框架来说，这个过程就是对"实据"进行审视并在此基础上建构因果关系的过程。但在该过程中，逻辑因果构式处于自主地位，一方面，因为如果没有逻辑因果构式作为参照，我们就无法创造出实据因果构式的表达；另一方面，因为如果没有逻辑因果构式作为参照，实据因果句构式的因果关系也很难为人所理解。也就是说，必须有了逻辑因果构式作为参照，无限的因果构式的例示性表达才能表达因果关系的多样性。这样，逻辑因果构式是自主的，实据因果构式则是依存的。以此类推，逻辑因果构式反映的是符合逻辑事理的因果关系，其表述的因果关系同所涉及的对象事物自身之间的因果关系有同构性。这种同构性为表"非同构的"实据因果构式表达提供了依据或参照。

从"构式生成机理分析框架"来观察，因果构式的显性表述是一个因果关系的表达式，是由意向内容即某一具体的因果关系的内容推衍而成。

意向态度影响到提炼什么更恰当、更具交际价值的表达式，例如是否要突出事件中的因果关系因而用不用表因果关系的连词或选用表强/弱因果关系的连词等。认知语言学认为，语言结构是象征结构。如果说，作为自主成分的意向内容本质上是说话人对现实世界的描述，那么根据不同意向态度推衍出来的不同的因果构式就是以不同的象征方式反映着不同的现实结构；如果说，言语活动同时是认知活动，那么不同的因果关系的表达式的运用就反映了不同的认知方式和认知策略。语言运用离不开对常规关系的把握，而将对常规关系的把握用于认知活动是认知能力的一种反映；常规关系可以抽象为相邻/相似关系，因而可以说，正是对相邻/相似关系的把握成为运用语言的基本认知能力。我们以"构式生成机理分析框架"进行的本研究首先设定：逻辑因果构式最早是以人们对顺应事理逻辑的因果关系的认识作为自主内容推衍出来的，即存在着顺应事理逻辑的因果关系的两个事件 α 和 β，为了表示二者的关系，用表因果关系的连词⊙（如 be-cause、as、for 等）将它们连接成因果构式："⊙α，β"或"β⊙α"；当顺应事理逻辑的因果关系的因果构式"⊙α，β"或"β⊙α"成为象征因果关系的象征结构，继而就可以以此为自主成分，据意向态度（如要表述一项主观推知的内容等），仿（即相似于）这一象征结构推衍出表以说话人自身持有的实据为因推知另一事态为果的实据因果构式。换句话说，逻辑因果构式可看做一个"统领构式"①，是实据因果构式赖以生成的先决模式；在推衍过程中，是这一统领构式将作为因果构式的最主要的特征如结构形式、所象征的关系等"传"给了实据因果构式，而实据因果构式"承"受了前者的最主要的特征。因此我们说，作为推衍机制的粘连在这里体现为传承。

　　根据 HCPM 分析框架，我们将因果构式的生成机理分析框架表示如下（见图 5 - 1），即是说逻辑因果构式和实据因果构式均可以用"因果构式生成机理分析框架"来分析其生成过程；不过由于二者依赖的自主成分有所不同，所以可将因果构式生成机理分析框架分为两个子框架（见图 5 - 1a 和图 5 - 1b）。

　　从"逻辑的"因果构式推衍出"非逻辑的（即实据的）"因果构式，是自主成分向依存成分多次推衍的结果，其中的机制就是"传承"。就逻辑因果构式—实据因果构式的传承来说，依赖的是其中的多义关联（详见本书第三章第二节），即表示某一构式意义的构式 A 在运用过程中发展为

---

① "统领构式"（dominating construction）概念参见戈德堡（1995：72—81）。

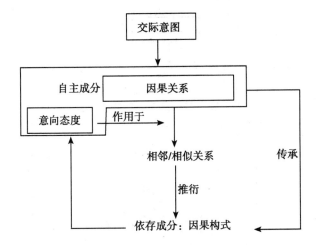

图 5-1　因果构式生成机理分析框架

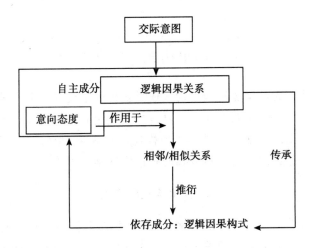

图 5-1a　逻辑因果构式生成机理分析框架

还可用这一构式的形式表示该特定构式意义的扩展义，成为构式 A'，这时构式 A 同构式 A' 就是通过多义关联实现了传承关系。就因果构式来说，逻辑因果构式的构式意义是表示符合一般常识的原因和结果的逻辑因果关系；实据因果构式所表示的是从某一实据得出一个认识的泛因果关系，这是前者的扩展义。构式 A 同构式 A' 就是通过原义与扩展义的关联实现传承的。

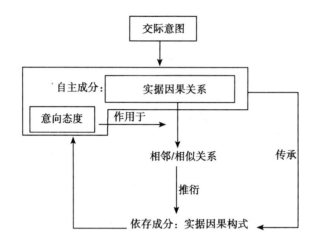

图 5 - 1b 实据因果构式生成机理分析框架

第三节 因果构式生成框架论述

因果构式，无论是逻辑因果构式还是实据因果构式，在"构式生成机理分析框架"下的生成过程中，所涉及的各环节是如何运作的呢？具体地说，是如何推衍的？如何传承的？怎样运用"相邻/相似律"的呢？以及意向性到底是怎么运作的？本节我们将作出详细的讨论。

一 因果构式的推衍

认知语言学认为，构式的形成主要有两方面的动因：①通过象似性，即句式结构各成分的关系同被表达对象事物之间的关系有同构性；②通过类推（Hopper & Traugott，1993：32），即从语言系统中的句式结构 A 类推出句式结构 A'。

这一推衍过程的实质，是在某一语言的规则系统之内，生成一个最小化的、最经济的句法表达系统（即表达式），使能体现上述意向内容的要素在这个句法表达系统内得以进行信息的分化、选择、匹配、创生，实施最合理的功能耦合，将该意向内容表述出来。

逻辑因果构式是通过"同构性"形成的，即因果构式的形成依赖于世界逻辑结构中存在的一种以事理逻辑为依据的因果关系，人们对这种关系的认识投射到语言的运用中来，固化为表达事物的基本逻辑关系的语言表达式，因而逻辑因果构式的结构与这种因果关系的结构同构，即有其因一般会有其果，例如，事物的事理逻辑结构中存在"缺席的原因是生病"或"因为生病所以缺席"的因果关系；于是就有对应的语言表达式："因为他生病（α），所以他缺席（β）"，这就是逻辑因果构式的例示性表达，即逻辑因果句。如例（1）：

（1）A：Why is John absent today?

　　　B：（He is absent today）because he is ill.　（逻辑因果句）

同时，人们还存在以说话人自身持有的实据作为推知或认定是某一事态的原因的思维过程。这样认定的因果关系不是客观存在的，却是可以想象的、可以思议的；这是主观认定的因果关系，这也需要一定的句式来表达。由于这也是表达因果关系，就可以通过类推的方式，将逻辑因果构式自身的特点"传递"下去，作为表达这样的因果关系的构式，这就是实据因果构式。实据因果构式其实是"承接"了逻辑因果构式的基本特征，即逻辑因果构式所表达的基本因果关系和该因果关系的基本结构即因果构式。

（2）A. How about John?

　　　B. He must be ill.

　　　A. Why do you think so（ = that John must be ill）?

　　　B. （He must be ill, for）he is absent today.　（实据因果句）

实据因果构式的形成过程可以概括为以下主要步骤，以例（2）这一实据因果句为例说明。

1. 当被问及为什么会认为"John must be ill（John 必定是病了）"，说话人要说他之所以这样认为的原因是发现 John 缺席了，即在"缺席"和"生病"之间寻找因与果的关系。但是现实的事理逻辑结构中，"因为缺席所以生病"这样的因果关系难以理解。

2. 但由于事理逻辑结构中存在"生病引发缺席"的因果关系，即"生病"可能是造成"缺席"的原因（之一），这就可以以"缺席"为由，反过来推测其中可能的原因是"生病"；所以虽然表面上看"因为他缺席所以他生病"费解，但说成"Because of his absence, I guess/say/believe that he is ill."是可以形成一定的因果关系的。

3. 按照言语行为理论，一个陈述句其实也是一个施为句，例如某人在重庆说"北京正在下雨",就可能分别是陈述性、判断性、推测性的施为句:"我告诉你/我推测/我认为北京正在下雨。"因此上述"因为他缺席,所以我推测/说/认为其原因是他生病了",也就可以说成"因为他缺席,所以他必定是生病了"。这就是仿逻辑因果构式"⊙α,β"来表示主观认定的因果关系。

4. 这就完成了从"因为他生病,所以他缺席"到"因为他缺席,所以他必定是生病了"的推衍,前者是逻辑因果句,后者是实据因果句。

从具体的推衍过程来说可能是这样的。首先有一个自主的要表达的意向内容:看到 John 缺席,推想他生病了[(A (utonomy)$_1$],推衍出表达这一自主内容的依存成分:"John is absent; he must be ill [d (ependence)$_1$]";但从意向态度来说,说话人想要将这一意向内容中的两个事件的因果关系明显地表达出来,于是套用已经存在的逻辑因果构式的形式"⊙α,β",即将 d$_1$ 套在逻辑因果构式的形式[d$_1$ + (⊙α,β)]中作为又一个自主成分 A$_2$,进行第二次推衍,推衍出依存成分 d$_2$:"He must be ill,for he is absent today."在推衍过程中涉及四个基本环节:① 存在与事物的因果关系同构的逻辑因果构式;②以常规关系为中介,即逻辑因果关系和实据因果关系都有着"因为……所以……"的逻辑思维形式,这种相似关系使推衍成为可能;③这当中应受交际的意向性制约;④以传承为手段。通过象似性形成逻辑因果构式的问题,上文中已经说过了,下面对第二、三、四点分别作些说明。

二　推衍的中介:相邻/相似关系

人们根据自己的观察视角以及需求,从客观世界各事物复杂的关系中,抽出因果关系,从而推衍出逻辑因果构式。这个推衍过程所依据的就是客观事物之间的相邻关系,以及自主成分与依存成分之间的相似关系。徐盛桓根据格式塔心理学的四大基本法则中的相邻和相似法则提出了语言运用的"相邻/相似律",主要是解释由一话语 A 内在地推导出另一话语 B 的认知心理过程。但是,我们认为这里的"相邻/相似律"同样具有格式塔心理学提出的"格式塔原则"(gestalt principles)中的"相邻准则"(principle of proximity)与"相似准则"(principle of similarity)的认知作用。也就是说,人类在与客观世界互动体验的过程中,如果长期体验到一事物 A 发生之后总是"相邻"发生另一事物 B,那么我们可以认定 A 是导致 B 发生的原因,自然而然地将 A 与 B 的关系认定为因果关系。这就是人类运用"相邻"关系从纷扰复杂的事态关系中抽取因果关系的过程。

人类在获得了事体间的因果关系之后，将之表达为语言中的因果构式时将会用到"相似"关系。

　　在自主成分中意向内容为"事体间的因果关系"和意向态度。要从意向内容"事体间的因果关系"推衍出依存成分的"逻辑因果构式"，必须使用"相似"关系。也就是说，事体 A 与事体 B 之间的逻辑因果关系，表达为语言中的逻辑因果构式时，可以相似地使用一个表因果的算子（⊙）将 A 与 B 连接起来。这样 B⊙A 就表示了 A 与 B 之间是因果关系。客观世界中的 A 与 B 的因果关系在语言中由一个因果算子（⊙）表达出来了。

　　逻辑因果构式推衍出实据因果构式，依靠的是自主成分同依存成分的相邻/相似性；二者的亲代相似性其实是二者在某一方面不同程度的相似关系。徐盛桓根据格式塔心理学的基本法则提出了语言运用的"相邻/相似律"，大意是：语言单位 y 同 x 在过去某语境中曾是相邻/相似的，那么提到 x 就可能联想起 y（徐盛桓，2007c）（详见上文第三章第二节）。格式塔理论表明，选择并认定相邻/相似关系是人们感知外界事物的重要心理基础，因此这也成为传承的重要心理基础。传承过程就是选择和认定逻辑因果构式中"含有特定'遗传'信息"的那个因子，通过相邻/相似关系，将有关的因子传承为实据因果构式的过程。如上所述，一类句法表征，我们之所以能把它们称为因果构式，就是因为它们具有相邻/相似点，具有表示因果关系的连接词。无论是逻辑因果构式还是实据因果构式，都具有因果构式的特征。这证明了沈家煊的论断：话语的行域义是基本的，知域义和言域义都是从这个基本义引申出来的，引申途径之一是"隐喻"（沈家煊，2003）。隐喻是人认识事物的一般手段，也就是通过与具体的、熟悉的事物的比况来认识抽象的、生疏的事物。就因果构式而言，逻辑因果关系是基本的，实据因果关系是由逻辑因果关系引申出来的，这一引申所依赖的正好是二者之间的相邻/相似关系。逻辑因果构式推衍出实据因果构式，依靠的是逻辑因果构式同实据因果构式的相邻/相似关系；换句话说，实据因果构式同逻辑因果构式一定在某一方面有不同程度的相邻/相似关系。

　　简言之，逻辑因果构式推衍出实据因果构式，依靠的是以相邻/相似关系作为中介。逻辑因果构式同实据因果构式二者的亲代相似性在于都是表示因果关系。下面的例子可以说明这点：科学常识告诉我们，雷电主要是由于带不同电极的积雨云之间放电形成的，所以可以说"因为不同电极的积雨云放电，所以产生雷与电（A）"，这就是逻辑因果构式。但是，有些小孩在对自然现象知之不多的情况下，看见闪电不久就打雷，就会以为"因为闪电所以打雷（B）"；而事实上，这一说法在一定的语境下也可能是会有交际价值的：有人预言不久会打雷，别人问他为什么这样推测，他说"因为闪电了（B）"。这些都是实据因果构式。无论是逻辑因果构式还是实据因果构式，它们表示的都是因果关系；正因为有这点相邻/相似关系，所以后者就可能以此为中介借用前者的形式，或者说从前者推衍出后者。

实据因果构式的句式结构同逻辑因果构式是相邻/相似的，如上面的例（1）和例（2）的"He is absent today because he is ill/ He must be ill, for he is absent today."，尽管后者听起来是倒果为因了，但其与逻辑因果句的相似的构式"β⊙α"使人们联想起这里的因果关系。也就是说，逻辑因果句"He is absent today because he is ill."是基本的，实据因果句"He must be ill, for he is absent today."是从逻辑因果句引申出来的。这里的所谓"引申"，依靠的就是实据因果句同逻辑因果句的相似关系所带来的联想。

三 推衍与意向性

人们是怎样交际的呢？首先，人们的语言具有交际功能，但是语言运用的主要目的是认知，即认知以自己为核心的与自己相关的世界。为了达到自己的认知目的，人们要开发和利用同属于自己"圈子"的他人的认知资源。人们以生物人、思维人和社会人的三重身份生存于世上。生物人的一面决定了他们以自我为中心认知世界。这个认知由周围的生活圈子扩大到邻里、社区乃至异国他乡。而认知的工具是语言。思维人的一面要求人们思考对自身以及与自己有关的一切，从具体到抽象，从微观到宏观，都要进行不同程度的思考。思考的工具也是语言。作为社会人，人们隶属于一个组织、一个社团、一个国家，人人都有不同程度的隶属感。既然是社会人，人们就要交往。交往要以认知为基础，以语言和思维为工具。认知语言学认为，语言是为构建和传递意义从而为认知世界服务的。世界是多维的、复杂的、虚虚实实的，语言必须以多维的、复杂的、虚虚实实的方式表达。

交际的意向性实际上就是指交际意图，亦即交际者通过社会交际要达到的目的，或要获得的结果。在人际交流的不同阶段可以有其想要获得的不同结果，因此，交际意图可以分为不同的层次。张德禄（1998）将交际意图分为三个层次：第一层次交际意图指的是交际话语要取得的直接结果或者话语的言语功能，也可以称为显性交际意图，如许诺、警告、宣誓等；第二层次交际意图，即第一层次隐性交际意图，指的是为适应和满足社会文化中的习俗、常规、价值观、人生观和道德观的要求而按惯例行事，该层次的交际意图是直接受文化语境制约的，在大多数情况下，它是无意识的或下意识的；第三层次交际意图，即第二层次隐性交际意图，是与当时的情景语境相联系、与言语功能有较直接的因果关系的交际意图。例如，体现个体的价值，实现自己的人生观和价值观，与对方建立良好的关系等。该分类不一定全面或十分合理，但所有这些不同层次的交际意图均可概括为意向性。

　　推衍要受意向性制约。在一般情况下，说话人是具有理性的，他的话语必定是为一定的交际目的服务的，话语的输出是交际意图或目标的产物，说话人经常根据自己的交际意图或目标对言语行为进行规划［维尔施尔伦（Verschueren，1999/2000：181—182）］。"说话人的话语可以说是意图或思想的表征"［塞尔（Searle，1990）］，这就是言语表达的意向性。这就是说，语言运用是有意向性的，因此，这里说的话语生成是自主成分推衍出依存成分，是以其使用者的意向性为指引的。就因果关系的内容而言，可以有多种表达形式，如要明显表示其因果关系、只暗示出其因果关系等，这就是不同的意向态度，这就可能推衍出不同的依存成分。从更为广泛的层面看，意向态度包括交际目的中追求实用、适时、得体、情趣、审美等多元的取向；当然，这些取向不一定在每一次的推衍中都能全部体现。设用 IC（intentional content）表示意向内容，IA（intentional attitude）表示意向态度，在不同的意向态度制约下从意向内容可推衍出不同的依存成分（d），即表达式，图示如下：

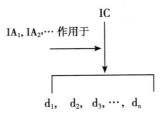

图 5 - 2　意向性决定的因果构式的选择

　　逻辑因果句和实据因果句的选择以及不同实据因果句的选择都不是随意的，而是讲话人带有主观意图的选择，而且要使因果关系的表达尽量符合语言运用的"实情需要"。为什么在众多的选择项中选择此实据因果句而非别的？这主要取决于讲话人想要实现的意图。例如：

(3) a. Because it rains （β）, the ground gets wet （α）.

　　b. It must be raining （α）, for the ground is wet （β）.

　　c. It must have rained （α）, for the ground is wet （β）.

　　d. It rained last night （α）, for the ground is wet （β）.

例（3a）表述的是顺应事理的因果关系，"下雨，地就会湿"；例（3b）、例（3c）和例（3d）则是表述讲话人的主观推测，从地湿推测下（过）雨。但是，"下雨"却不是"地湿"的唯一可能的原因。如果有人往地上洒水，那地湿的原因就不是下雨了。例（3b）、例（3c）和例（3d）这三个差异很小的实据因果句，在同一语境中选择不同的因果句可以体现讲话人的不同意图取向。如果讲话人不想出门而要取消约会（IC），而且想要通过实据因果句的间接方式（IA）来表述，一般会选择例（3b）；如果讲话人想约（一个怕灰尘的）人在马路边散步（IC），而且想要通过实据因果句的间接方式（IA）来表述，一般会选择例（3c）；如果是为了确认"我"昨晚所作的猜测"天要下雨"（IC），而且想要通过实据因果句的间接方式（IA）来表述，那么一般会选择例（3d）。

四　推衍与传承

从上面的分析中可以看到，从客观世界中事体间的因果关系推衍出语言中的逻辑因果构式，以及逻辑因果构式同实据因果构式之间，传承是前者推衍出后者的基本手段。传承后得来的新句式形式上没有大的变化[①]，始终保留着自主成分的本质特征或者继承着自主成分的基本定型和性质。从语言形式上看，它是对自主成分的复制；从内容上看，可能表达一种新内容，让人们在熟悉的言语经验中悟出新意。那么逻辑因果构式同实据因果构式之间的传承是怎样发生的？它的实质是什么？上文曾经说过，逻辑因果构式同实据因果构式的传承，其传承纽带是多义关联；"多义"之所以在传承后还能保留着因果构式的基本特征，那是因为传承的结果体现了世界语义学可能的逻辑特征，即这些结果"互为仿体对应"（counterpart correspondence）。

语言使用者的意向性是对逻辑因果构式（自主成分）进行不同形式、不同手段和不同程度的传承的动因，体现相邻/相似性的传承操作是实现

---

① 实据因果句在形式上同逻辑因果句有所不同。如，从句法上讲，逻辑因果句的从句可前可后；而实据因果句的有些从句必须放在句尾，而且要用逗号隔开。详见本书第二章。

逻辑因果构式传承的机制，从一般是隐性的逻辑因果构式推衍出显性的实据因果构式这一依存成分是逻辑因果构式传承的可能的路径，逻辑因果构式传承的结果是形成与逻辑因果构式有不同程度的相邻/相似性或称亲代相似性的依存成分（实据因果构式）。语言使用者有意要将逻辑因果构式传承为实据因果构式（依存成分）用于交际表达时，他会意识到逻辑因果构式的存在。因此，逻辑因果构式在话语里一般是隐性的，是隐性表述；实据因果构式在话语里是显性的，是显性表述。

　　传承是由人实现的，传承前后，逻辑因果构式这一本体是不变的，所发生的变化已体现为实据因果构式，所发生的变化是可按人为的目的性加以控制的，是可设计和可预测的，是受价值观影响的，它的传承是通过对其价值的筛选进入现实世界的。也就是说，逻辑因果构式这一语言构式的传承，是人的有目的活动，它是以它的使用者的意向性为指向（user's-intention-oriented）的。

　　简单地说来，可能世界逻辑认为，"世界"除有现实世界（W_0）之外，还有不同的"可能世界"（W_x/ W_y/ W_z…）。可能世界是指不一定现实但是可想象、可思议的世界；或者说有不同程度可能性的世界，而现实世界是各种可能世界中的一个特例（《辞海》1999 年版）。不同的可能世界就是事件发生的不同的逻辑空间。事件发生的可能性会因不同的逻辑空间而定；有些事件在逻辑空间（Logical Space$_0$，LS_0）中看起来是不可能出现或发生的，但换一个时空或换一个角度看，即换一个逻辑空间（如LS_x/LS_y/LS_z…）它又是有可能的了，例如在现实世界的逻辑空间，月球上不可能存在广寒宫、桂树、玉兔，但在另一个可能世界如神话世界的逻辑空间，这又是可能的了。各可能世界中的各对应事件或关系互为仿体对应（物），例如在神话世界里的广寒宫、桂树就是现实世界里的月球上的环形山、月海的仿体对应（物）。在其纽带是多义关联的传承中得到的构式就有可能构成不同的逻辑空间，其不同的构式义就是互为仿体对应。因此，因果构式的例示性表达，即实据因果句和逻辑因果句体现的因果关系可能分属不同的可能世界。例如：

（4）a. 因为下雨，地就湿。（W_0）

　　　b. 因为地湿，所以下过雨了。（W_v）

　　　c. 因为地湿，所以可能正在下雨。（W_x）

　　　d. 因为地湿，所以可能下过雨了。（W_y）

　　　e. 因为地湿，所以必定是下过雨了。（W_z）

例（4a），即（W₀）是逻辑因果句；逻辑因果句通过传承而生成实据因果句，它们体现了不同的可能世界，提供了不同的逻辑空间。例（4b）即（W$_v$）、例（4c）即（W$_x$）、例（4d）即（W$_y$）、例（4e）即（W$_z$）等，这些都是实据因果句，而且它们是实据因果句下更小的范畴，分别反映了在不同的可能世界的逻辑空间里"下雨—地湿"两个事件之间关系的不同可能性。在（W₀）里，"下雨—地湿"两个事件之间是百分之百关联的；而在其他一些可能世界里，"下雨—地湿"两个事件之间关联的可能性有被认定了的，有被推测的，等等，例如，说"因为地湿，所以下过雨了"表明，在说话人所描写的"世界"里，"下雨—地湿"两个事件之间的关联是现实的；说"因为地湿，所以必定是下过雨了"表明，在说话人所描写的"世界"里，"下雨—地湿"两个事件之间的关联虽不是现实，但是可以想象、可以思议的。这些都可以看成是不同可能世界的仿体对应。换句话说，通过多义关联的传承而得到的有大小范畴关系的构式，其实质就是不同可能世界逻辑空间的传承，而这些可能世界的逻辑空间应能使有关的对应事件或关系互为仿体对应。

实据因果构式传承逻辑因果构式，是以实据因果构式原来的意向性为依归的。意向性限制使传承逻辑因果构式而来的实据因果构式内在地受到逻辑因果构式的支撑和规定。这里的意向性指的是实据因果构式试图表述的仍然是符合事理的因果关系，至少是以符合事理的因果关系为意向性的。同一种逻辑因果关系可以传承生成无数满足不同交际意图的因果关系变体，表现为不同的实据因果关系。从语义方面看，逻辑因果关系是已然的，不以人们的认识为转移的；该逻辑因果关系可因人们对世界的不同识解或者为达成不同的交际意图而生成不同的因果表达方式，从而形成多种实据因果关系。

实据因果构式和逻辑因果构式属于同一个语义域。如"天下雨，地就会湿"这样一个语义域可以通过传承生成多个因果关系的表达："地湿，天可能下了雨"；"地湿，可能昨晚下了雨"；"他没开车，因为下了雨"；等等。见例（5）：

（5）a. Because it is raining, the ground is wet. （逻辑因果句）

　　　b. It must be raining, because the ground is wet. （实据因果句）

　　　c. The ground must be wet, because it rained last night. （实据因果句）

例（5a）、例（5b）和例（5c）均为因果关系的表达。但例（5b）和例（5c）是传承例（5a）而来的。如果没有"下雨地就会湿"这样的充分原因的因果关系存在，那么人们也就无法作出"地湿就有可能在下雨"或"地肯定是湿的，因为昨晚下了雨"这样的根据实据而作出的推测。故例（5a）是自主成分，例（5b）和例（5c）是依存成分；我们只能传承例（5a）而生成例（5b）和例（5c），但却不能倒过来。

第四节　因果构式生成过程阐释

一　逻辑因果构式生成过程阐释

本小节将使用具体语例进一步说明逻辑因果构式的生成机理研究框架。请看例（6）这一逻辑因果构式的例示性表达：

(6) Because it is raining, the ground is wet.（逻辑因果句）

逻辑因果构式的具体生成过程是这样的。人类在与客观外界长期互动体验过程中，认识到各事物之间具有各种各样复杂的关系，其中最主要的有因果关系。逻辑因果构式作为依存成分被推衍出来，就是以客观世界中事物之间的因果关系为基础（自主成分）的。客观世界中各事物之间的因果关系作为自主成分中的意向内容，推衍出表达这一自主内容的依存成分，即逻辑因果构式。在例（6）中，"下雨"与"地湿"具有客观的逻辑因果关系，作为自主成分的意向内容，推衍出表达这一客观逻辑因果关系的依存成分"Because it is raining, the ground is wet."。但从意向态度来说，说话人在条件关系、因果关系、时间关系等关系中决定选用因果关系表达，于是运用一个表因果关系的算子（⊙）将"下雨"与"地湿"连接起来，也就是使用了逻辑因果构式的形式 $[\odot\ (\alpha, \beta)]$。依存成分的逻辑因果构式之所以能被推衍出来，主要依赖于自主成分与依存成分之间的相邻/相似关系。世界的逻辑结构中存在"地湿的原因是下雨"或"因为下雨所以地湿"的因果关系；讲话人根据自己的意向态度决定使用因果关系的表达式；运用相似关系将世界逻辑结构中的因果关系"传"给因果关系的语言表达式，语言表达式"承"接了世界逻辑结构中的因果关系，于是就有了对应的语言表达式："Because it is raining (α), the ground is wet（β）.",即逻辑因果句;最后提炼为逻辑因果构式。

我们可以将这个推衍过程归纳为四个环节:①客观世界中各事物间存在的因果关系;②意向态度决定使用逻辑因果构式将客观世界已经存在的因果关系用语言表达式表述出来;③在推衍过程中主要使用相似关系;④依存成分的逻辑因果构式传承客观世界中业已存在的因果关系。

二　实据因果构式生成过程阐释①

本小节将进一步以具体语例说明我们所建立的关于实据因果构式的生成机理分析框架的可行性。先看例(7):

(7) John loved Mary, because he came back. （实据因果句）

从具体的推衍过程来说是这样的。首先有一个自主的要表达的意向内容:看到约翰回来了,认为约翰爱玛丽 [A (utonomy)$_1$],推衍出表达这一自主内容的依存成分:约翰回来了;约翰爱玛丽 [d (ependence)$_1$];但从意向态度来说,说话人想要将这一意向内容中的两个事件的因果关系明显地表达出来,于是套用已经存在的逻辑因果构式的形式 (⊙α, β),即将 d_1 套在逻辑因果构式的形式 [d_1 + (⊙α, β)] 中作为又一个自主成分 A_2,进行第二次推衍,推衍出依存成分 d_2:约翰爱玛丽,因为他回来了。在推衍过程中涉及四个基本环节:①存在与事物的因果关系同构的逻辑因果句,即"因为约翰爱玛丽,所以他回来了";②以常规关系为中介,即逻辑因果关系和实据因果关系都有着"因为……所以……"的逻辑思维形式,这种相似关系使推衍成为可能;③这当中应受交际的意向性制约;④以传承为手段。

如上所述,逻辑因果构式是通过"同构性"形成的。事物的事理逻辑结构中存在"回来的原因是爱"或"因为爱所以回来"的因果关系;于是就有对应的语言表达式: "因为约翰爱玛丽 (α),所以他回来了 (β)",这就是逻辑因果句。如例(8):

(8) A. Why did John come back? （约翰为什么回来了?）

　　　B. John came back because he loved Mary. （因为约翰爱玛丽,所以他回来了。）（逻辑因果句）

---

① 本节根据廖巧云 (2008b) 改写而成。

　　同时，人们还存在以说话人自身持有的实据作为推知或认定是某一事态的原因的思维过程。这样认定的因果关系不是客观存在的，却是可以想象的、可以思议的；这是主观认定的因果关系，这也需要一定的句式来表达。

　　如上所述，就逻辑因果构式—实据因果构式的传承来说，依赖的是其中的多义关联；逻辑因果构式同实据因果构式就是通过原义与扩展义的关联实现传承的。由于实据因果构式也是表达因果关系，就可以通过类推的方式，将逻辑因果构式自身的特点"传递"下去，作为表达这样的因果关系的构式，这就是实据因果构式。实据因果构式其实是"承接"了逻辑因果构式的基本特征。如例（9）：

　　　（9）A. How about John？（约翰怎么样？）

　　　　　B. He loved Mary. （他爱玛丽。）

　　　　　A. Why do you think so （= that he loved Mary）？（你为什么认为他爱玛丽？）

　　　　　B. （John loved Mary,）because he came back. （约翰爱玛丽,）因为他回来了。（实据因果句）

　　该例中的实据因果句的形成过程可以概括为以下主要步骤：

　　1. 当被问及为什么会认为"约翰爱玛丽"时，说话人要说其之所以这样认为是因为发现"他回来了"，即在"回来"和"爱"之间寻找因与果的关系。但是现实的事理逻辑结构中，"因为回来所以爱"这样的因果关系难以理解。

　　2. 但由于事理逻辑结构中存在"爱一个人就会回到其身边"的因果关系，即"爱"可能是造成"回来"的原因（之一），这就可以以"回来"为由，反过来推测其中可能的原因是"爱"；所以虽然表面上看"因为约翰回来了，所以他爱玛丽"费解，但说成"因为约翰回来了，所以我推测/说/认为其原因是他爱玛丽"是可以形成一定的因果关系的。

　　3. 按照言语行为理论，一个陈述句其实也是一个施为句，因此上述"因为约翰回来了，所以我推测/说/认为其原因是他爱玛丽"，也就可以说成"因为约翰回来了，所以他爱玛丽"。这就是仿逻辑因果句构式"⊙α，β"来表示主观认定的因果关系。

　　4. 这就完成了从"因为约翰爱玛丽，所以他回来了"到"因为约翰回来了，所以他爱玛丽"的推衍，前者是逻辑因果句，后者是实据因果句。

再看例（10）：

(10) What are you doing tonight, because there's a good movie on. (Sweetser, 1990/2002: 77)

从具体的推衍过程来说是这样的。首先有一个自主的要表达的意向内容：知道有电影要放映，因此邀请你同我一起看电影（你晚上做什么→你晚上有空吗→能陪我看电影吗→我们一起去看电影吧）[A (utonomy)$_1$]，推衍出表达这一自主内容的依存成分：你晚上干什么；有一部好电影上映[d (ependence)$_1$]；但从意向态度来说，说话人想要将这一意向内容中的两个事件的因果关系明显地表达出来，于是套用已经存在的逻辑因果构式的形式"⊙α，β"，即将 d_1 套在逻辑因果构式的形式[d_1 + (⊙α，β)]中作为又一个自主成分 A_2，进行第二次推衍，推衍出依存成分 d_2：你晚上干什么，因为有一部好电影上映。在推衍过程中涉及四个基本环节：①存在与事物的因果关系同构的逻辑因果构式，如"因为今晚有部好电影上映，所以我想和你一起去看电影"、"因为我不知道你是否能够和我一起去看电影，所以我在提出建议之前先问清楚你晚上有无安排"、"问你晚上做什么是因为想知道你晚上是否有空"、"想知道你晚上是否有空是因为我邀请你陪我一起看电影"；②以常规关系为中介，即逻辑因果关系和实据因果关系都有着"因为……所以……"的逻辑思维形式，这种相似关系使推衍成为可能；③这当中应受交际的意向性制约，即讲话人想要实施一种言语行为；④以传承为手段。

再看例（11）：

(11) A. Why do you ask what I am going to do tonight?

B. There's a good movie on tonight.

A. So what?

B. I want to go to the movie with you. If you are not busy, could you go to the movie with me?　(What are you doing tonight, because there's a good movie on.)

该例中的实据因果句的形成过程可以概括为以下主要步骤：

1. 当被问及为什么想知道"你晚上干什么"时，说话人要说其之所以这样问的原因是"晚上有部好电影上映",即在"你晚上干什么"和"晚上有部好电影上映"之间寻找因与果的关系。但是在现实的事理逻辑结构中,"因为晚上有部好电影上映,所以你晚上干什么"这样的因果关系并不符合事理。

2. 但由于事理逻辑结构中存在"因为今晚有部好电影上映,所以我想和你一起去看电影"、"因为我不知道你是否能够和我一起去看电影,所以我在提出建议之前先问清楚你晚上有无安排"的因果关系,即通过推导过程,可以说"因为我想建议我们一起去看电影,所以我问你晚上干什么"[知道有电影要放映,因此提出邀请(你晚上做什么→你晚上有空吗→能陪我看电影吗→我们一起去看电影吧)]。所以,虽然表面上看"因为晚上有部好电影上映,所以你晚上干什么"费解,但通过推导而建立的"晚上有部好电影上映"和"你晚上干什么"之间的因果关系是可以接受的。主句表示的是说话人的一种言语行为,原因从句表示说话人所认定的作出这样的言语行为的原因。

3. 按照言语行为理论,一个陈述句其实也是一个施为句,因此为问"你晚上干什么"找一个理由"晚上有部好电影上映"(提出一起去看电影的建议),也就可以说成"你晚上干什么,因为有一部好电影上映"。这就是仿逻辑因果构式"⊙α,β"来表示主观认定的因果关系。

4. 这就完成了从符合事理的因果句"因为今晚有部好电影上映,所以我想和你一起去看电影"、"因为我不知道你是否能够和我一起去看电影,所以我在提出建议之前先问清楚你晚上有无安排"到"你晚上干什么,因为有一部好电影上映",即到实据因果句的推衍;最后提炼为实据因果构式。

第五节　体现因果关系多样性的因果构式①

以上讨论说明,"⊙α,β"是基本的因果关系构式,该构式体现了因果关系的多样性。本节将主要讨论该构式能够表达多种因果关系的原因。

从逻辑原因构式到实据原因构式有一个类推的过程。表线性因果关系同表一种说得通的理由二者以其相似性而使前者可以类推到后者,后者可以模仿前者。"从解释的需要上来说,动态的解释需要静态的解释作为基

_____

① 本节内容根据廖巧云(2007a)改写而成。

本前提。"如果我们说某一结构受某一交际因素影响发生某一变化,那么"一个必要的前提必须是,这一结构变化之前的结构已经得到了解释"(金立鑫,2000:160)。也就是说,我们如果要指出某一结构的变化,必须知道这一结构变化之前的解释。"在向动态解释推进的过程中,我们必须首先对语言结构作出静态的描写和解释。"首先是对基本单元的语义结构的解释;然后是事件结构在静态语言结构中的反映,也就是事件结构和短语结构之间的对应关系(金立鑫,2000:160)。句子与语境的关系如同鱼与水的关系。句子只有在语境中才能充分显示出它的价值,一旦离开语境,句子就黯然失色。句子只有在语境中才能选择恰当的结构形式。同样,句子也只有在具体的语境中才能得到恰当准确的分析。当我们研究了静态的语法结构的组织规则、建立了一套相对静止的参照系之后,接下来要做的就是将言语中的句子放到具体的言语环境中考察,看这些"活的"句子在具体的语境中内部结构会发生哪些变异,从这些变异中寻求变异规则,以此完成语法学的最终任务:能够在具体的上下文语境中生成合乎语境的、合乎语篇规则的句子。

句子作为词语组合的言语单位,必须在言语过程中,结合它出现的具体语境进行充分的描写和研究。同一个意义在不同的语境里会有不同的说法。这种情况,大致上可以分为两种类型。一类是用不同的词语说,另一类是用不同的语法结构说。"特定的话语语用信息采用了语法上的一些变异形式使这些句子得到了表现。"(金立鑫,2000:183)一组词汇形式基本相同而结构形式相异的句子 A、B、C、D,各自都有其特定的话语语用价值,需要出现在不同的语境中。也就是说,各个不同的非自由变体句与一定的因果构式的形成也依赖于世界逻辑结构;世界逻辑结构中只有存在因果关系,才能形成因果构式;也只有有了因果构式作为参照,因果构式所孕育的无限例示性表达才能表达因果关系的多样性。

句子结构本身是有意义的。语言的规则是客观外界事物之间的关系通过人们的认知在语言中的投射(mapping)。句子结构是通过认识客观世界的关系而建构起来的;从心理建模来说,就是最初的语言运用者对相关事件的认知状态抽象为相邻/相似关系,加以概括和简化,最终形成一个结构式。

关于语言的各种语法结构是怎样形成的问题,石毓智等提出两项基本假说:语言同现实的同构性和语言系统的相对独立性,即一方面,"句法规则是现实对象的规律在语言中的投影"(石毓智,2000:2);另一方面,一种语言的语法一旦形成,就是一个相对独立的系统,"是一个有机体"（石毓智、李讷，2001：3）。"系统里不同的具体结构相互联系、相互制约，形成一个相对稳定的形式系统，并影响着原有结构的变异和新结构的形成。"（石毓智，2000：9）没有对客观对象的认识作为基础，句法规则的形成就是无源之水、无本之木；但句法规则形成后，又获得了系统的属性，获得相对独立的地位。世界上各种事件的因与果之间的关系的抽象，构成了因果构式的认知基础：从严格的线性逻辑因果关系（有其因必有其果）到各种泛因果关系（可以说得通的因果关系），从而形成了从逻辑因果构式到实据因果构式的因果构式整体，图示如下：

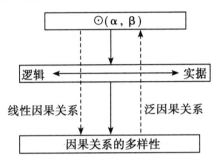

图 5 - 3 英语因果构式

下向实线箭头表示因果构式可以具体体现为从逻辑因果关系到实据因果关系的连续体，该连续体构成了因果关系多样性；下向虚线箭头表示从原因到结果的线性因果关系；上向虚线箭头表示从结果到原因的实据因果关系。从生成整体论出发，因果关系的多样性的表达式是下向因果力和上向因果力共同作用的结果。我们可以从下面四点来讨论这一因果构式。

第一，两个命题（α 表原因，β 表结果）和一个操作词（operator）BECAUSE（用符号"⊙"表示）等构成了 ⊙（α，β）这样的因果构式，α 和 β 的次序在构式中是可以变动的。

从逻辑因果构式来说，从因到果是自然的顺序，有其因 α 必有其果 β；从实据因果构式来说，尽管不是有其因必有其果，但有关的事件 β 可以用事件 α 作为原因作出合乎情理的解释。这样的语义内容投射为因果构式，就形成了用表"原因"的连词引导表原因的语义内容的原因从句，并用另一句子表示其果作为主句，形成了构式 $\boxed{^{\circ}(α，β)}$。因果构式所表达的因果关系包含了许多小型知识结构，体现为多种不同的因果关系。

当一个已被观察到的或已然的事实用作推论的根据或作出言语行为的根据时，它也像一个泛化了的"原因"，得出有关的推论或因此作出有关

的言语行为，于是也就模仿 $\boxed{°(\alpha，\beta)}$ 构式，或者说通过类推形成了外形
完全相同的构式，最后发展为同一个构式家族的成员。

第二，从以上第一点可以看出，表有其因 α 必有其果 β 的逻辑因果构
式是典型的因果构式，是因果构式的原型。用动态的眼光来看，典型的结
构模式是不断发展的。为了满足人们利用结构手段表达某些情感的需要，
就不断会有新的变异形式产生，例如实据因果构式，从而推动语法形式的
发展。因此，一个构式可由多个子构式组成，一个构式以原型构式为基
础，通过相邻或/和相似机制，形成从逻辑因果构式到实据因果构式的网
络，即最初形成了典型的因果构式后，人们自觉不自觉地会将这一构式放
到各种相似的具体语境中去运用，于是因果构式就在不同的语境里用于不
同的说法，表现为多种形态，能够生成多种与之相关的句子。实据因果构
式的运用就是将典型的"原因"泛化了。

第三，心理模型所包含的小型知识集提供了相似于线性的逻辑因果关
系的泛因果关系的知识，形成了从逻辑因果关系到实据因果关系的连续
体，这是因果关系表现出多样性的基础。如上所述，心理模型由常规关系
来体现；所有的事物之间的关系都可以用［相邻±］、［相似±］两个维
度来表现。试观察下例：

(12) a. 地湿，因为天下了雨。

（天下了雨，结果地湿了。）

b. 你可能生病，因为你淋了雨。

（你淋了雨，结果你可能生病。）

c. 你晚上有空去吗？因为晚上有舞会。

（晚上有舞会，结果我问你晚上是否有空去参加晚会。）

d. 校长是你的好朋友，因为你妈妈告诉了我。

（你妈妈告诉我校长是你的好朋友，结果我知道了校长是
你的好朋友。）

例（12a）是典型的逻辑因果句；例（12b）—例（12d）是不同情况
的实据因果句。可以看出，从例（12b）到例（12d），斜体表示的两事件
之间所具有的关系，同例（12a）表示的两个事件之间所具有的因果关系，
具有一定的相似性。正因为有相邻/相似性，所以就为可以"套用"例
（12a）的表达方式来表示相邻/相似的关系提供了基础。从这里可以看出，
逻辑因果关系到实据因果关系的演变过程中，相邻/相似关系起到了十分

重要的作用。

这样，我们以事理逻辑、认识、言语行为等为参照，将因果关系表达式粗略地分为逻辑因果构式和实据因果构式，并进一步将逻辑因果构式分为线性因果构式、规约因果构式和可能因果构式，将实据因果构式分为推断因果构式、认识因果构式和言语行为因果构式。[1] 这些构式或次构式的例示性表达如下：

（13）He is absent today because he is ill. （线性因果句）

（14）Because he cheated his firm, he has been arrested. （规约因果句）

（15）Deirdre must type quickly, for she has been known as a capable secretary. （可能因果句）

（16）He must be ill, for he is absent today. （推断因果句）

（17）John loved her, because he came back. （认识因果句）

（18）What are you doing tonight, because there's a good movie on. （言语行为因果句）

虽然因果构式具体体现为逻辑因果构式和实据因果构式，但它们之间并没有严格意义上的分界，如可能因果构式和推断因果构式所表示的两种因果关系之间是十分相似的，是构成一个从逻辑因果构式到实据因果构式的连续体的中间成分。

第四，对因与果之间关系的把握主要依靠我们的世界经验，依赖我们对常规关系的把握，也就是创建和操作"心理模型"。任何推理都以我们对事物的主观认定为基础。对于一个新事物的认识必然依赖新事物同旧事物之间的关系。对事物的认定依赖的主要手段就是事物之间的相邻/相似关系。莱考夫和约翰逊（1980）认为，思维都是隐喻性的。如果这样的话，那么我们可以说思维都是以相邻/相似关系为基础的，离开了这一关系，我们的思维将失去应有的连续性。

不论发生何种嬗变，都是在一定的整体性认知框架下的变化，受制于同一个心理模型。实际上，每一种因与果之间的关系均是以相似于逻辑事理的因果关系为导向的。"原因"是一个模糊概念，它是一个从充分原因为一端到"说得通"的原因为另一端的连续体。推衍为这一连续体的建立

---

[1]　详见本书第二章。

提供了机制。其实，任何推衍都以我们对事物的主观认定为基础。对于实据原因的认识必然依赖实据原因同逻辑原因之间的关系。对实据原因的认定依赖的主要手段就是逻辑原因和实据原因之间的相似关系；也就是说，思维都是以相邻/相似关系为基础的，离开了这一关系，我们的思维将失去应有的连续性。认知者都具有"由此及彼"、"以此代彼"的思维方式和思维能力。人们思维过程中的显性信息和隐性信息之间的空缺需要依靠常规关系来补足，即依靠相邻/相似性来补足。实据因果构式实质上是一种由逻辑因果构式推导而来的因果关系表达式（廖巧云，2004）。我们之所以能接受这样的语言表达式仍然属于因果构式，是因为相邻/相似关系作用的结果。这一作用过程就是：通过常规关系将逻辑因果构式所隐含的因果关系用来阐释和/或补足实据因果构式的表述，使看来表达并不完备的实据因果构式理解起来变得相对完备，从而能同当时的交际意图建立起一定的（泛）因果关系。如上文的例（7），隐性信息是"我知道只要约翰回来就意味着他还爱她，而且没有其他任何理由让他回来"，这样，"John loved her, because he came back." 才能被看做可接受的表达，是一种说得通的理由。

这一因果构式说明了从逻辑因果构式到实据因果构式构成的连续体受整体性特征影响下所表示的因果关系的多样性问题。反映世界上存在着不同情况的因与果的关系需要有一个约定俗成的表述因果关系的表达式。根据心理模型建立的表达因果关系的基本构式为 $\boxed{^{\circ}(\alpha, \beta)}$，即由两个命题（$\alpha$ 和 β）和一个操作词（operator）BECAUSE 构成，其中 α、β 的次序在构式中（不是在具体的句子中）是可以变动的。从逻辑因果构式来说，从因到果是自然的顺序；这一语义内容投射到因果构式中，自然就形成了用表"原因"的连词引导表原因的语义内容，这自然也就成了原因从句，形成了 $^{\text{BECAUSE}}(\alpha, \beta)$ 构式；因果关系体现为线性因果关系和泛因果关系，或称逻辑因果关系和实据因果关系；从逻辑因果关系到实据因果关系是一个连续体，构成了因果关系表现出多样性的基础；对因与果之间关系的把握主要依靠我们的世界经验，依赖我们对常规关系的把握，也就是创建和操作"心理模型"。

第六节　小结

本章先讨论了因果构式的生成机理：逻辑因果构式是根据世界逻辑结

构中存在的逻辑因果关系推衍而来；实据因果构式则是由逻辑因果构式推衍而来的。以交际意图为指引，首先有"意向内容"和"意向态度"，在此基础上，依靠相邻/相似关系，通过传承，生成相似于因果关系的显性表达，即因果构式（包括逻辑因果构式和实据因果构式）。逻辑因果构式与客观世界中的逻辑因果关系是自主与依存的关系，而逻辑因果构式与实据因果构式之间也同样是自主与依存的关系，前者是自主的，后者是依存的，逻辑因果构式由客观世界的因果关系推衍而来，而实据因果构式是由逻辑因果构式推衍而来。其推衍过程受制于意向性（意向内容和意向态度），依赖相邻/相似关系和传承。因果关系以交际的意向性为导向，以相邻/相似关系的认定为主要手段，推衍出逻辑/实据因果构式；因果关系主导着逻辑因果构式，同时，逻辑因果构式又主导着实据因果构式，并且前者对后者发生"传承"的作用；实据因果构式的存在和运作是以逻辑因果构式的意向性为其导向的，实据因果构式的运用要回归到逻辑因果构式的意向性；实据因果构式在需要时原则上可以还原为逻辑因果构式。这一实据因果构式的生成过程反映了语言表达形式生成机理的普遍规律。同样，逻辑因果构式的生成与运用是以客观世界的因果关系为基础的，逻辑因果构式的运用同样可以回溯到客观世界的因果关系中去。这种逻辑因果构式的生成过程反映了人类语言的最初来源的一个途径，这个途径是具有普遍意义与规律的。首先，人类在与客观世界长期的互动体验中，认知了一些客观存在的关系与事体，这些客观存在的事体及各复杂关系是自主的，人类在自己的意向态度制约下运用相邻/相似律，推衍出与客观世界自主存在的客观关系相邻/相似的语言表达式。这些表达式成为人类的初始语言表达。但是随着人类的进步，这些初始的语言表达不能满足人类生活的需要，于是有了以这些初始的语言表达为基础，又一次运用相邻/相似律的手段，在意向态度的制约下推衍出以该初始表达式为自主成分的依存成分。逻辑因果构式和实据因果构式的生成正体现了这一人类的认知规律。

　　总体来说，逻辑因果构式最早是以人们对顺应事理逻辑的因果关系的认识作为自主内容推衍出来的，即存在着顺应事理逻辑的因果关系的两事件 α 和 β，为了表示二者的关系，用表因果关系的连词 ⊙（如 because、as、for 等）将它们连接成因果构式："⊙α，β"或"β⊙α"；当顺应事理逻辑的因果关系的因果构式"⊙α，β"或"β⊙α"成为象征因果关系的象征结构，继而就可以此为自主成分，据意向态度（如要表述一项主观推知的内容等），仿（即相似于）这一象征结构推衍出表以说话人自身持有的实据为因推知另一事态为果的实据因果构式。换句话说，逻辑因果构式可看做一个"统领构式",是实据因果构式赖以生成的先决模式;在推衍过程中,是这一统领构式将作为因果构式的最主要的特征如结构形式、所象征的关系等"传"给了实据因果构式,而实据因果构式"承"受了前者的最主要的特征。

接着,基于这样的生成过程的研究,在生成整体论范式里,在下向因果力和上向因果力共同作用下,我们构建了表因果关系的多样性的构式 $\boxed{{}^{\odot}(\alpha,\ \beta)}$。该因果构式可以具体体现为从逻辑因果关系到实据因果关系的连续体,该连续体构成了因果关系的多样性;即是说,该构式既可表示从原因到结果的线性因果关系,也可表示从逻辑因果关系推导而来的实据因果关系。表有其因 α 必有其果 β 的逻辑因果构式是典型的因果构式,是因果构式的原型;以原型构式为基础,通过相邻或/和相似机制,形成从逻辑因果构式到实据因果构式的网络。

这也说明了我们的研究假设:因果关系具有同型性。逻辑因果构式是通过"同构性"形成的,即因果构式的形成依赖于世界逻辑结构中存在的一种以事理逻辑为依据的因果关系,人们对这种关系的认识投射到语言的运用中来,固化为表达事物的基本逻辑关系的语言表达式,因而逻辑因果构式的结构与这种因果关系的结构同构,即有其因一般会有其果。同时,人们还存在以说话人自身持有的实据作为推知或认定是某一事态的原因的思维过程。这样认定的因果关系不是客观存在的,却是可以想象的、可以思议的;这是主观认定的因果关系,这也需要一定的句式来表达。由于这也是表达因果关系,就可以通过类推的方式,将逻辑因果构式自身的特点"传递"下去,作为表达这样的因果关系的构式,即实据因果构式。实据因果构式其实是"承接"了逻辑因果构式的基本特征。我们可以将因果关系的表达式理解为选择与自组织的联姻,人们的知觉不是通过感觉的总和产生,而是整体涌现。

第六章　英语因果构式的识解机理

第一节　引言

我们在第五章讨论了因果构式的生成机理，分别探讨了逻辑因果构式和实据因果构式的生成机理，二者既有相同之处也有相异之点。同样的，两种因果构式的识解机理也应该有异同。我们将在本章运用从 HCPM 分化出来的识解框架对因果构式的识解机理进行详细探讨。

对因果构式的识解，是一个推理的过程；逻辑因果构式和实据因果构式识解的推理过程基本相同，但具有细微差别。逻辑因果关系是顺应事理的，也就是通常所说是合乎"逻辑"的；它的识解，是从因到果；其识解的推理过程大体与形式逻辑的充分条件三段论的推理相仿；根据（（p→q）∧p）→q 这一形式逻辑三段式推理的基本公式，p→q 的关系是符合人们大脑中一般常识所造出的因果构式的。例如：

（1）（If John is suffering from SARS, he runs a fever. ）John is suffering from SARS, therefore he runs a fever.

　　　　大前提：If John is suffering from SARS, he runs a fever

　　　　小前提：John is suffering from SARS

　　　　结　论：（therefore）He runs a fever

（2）（If it rains, the gound will be wet. ）The ground is wet because it it raining.

　　　　大前提：If it rains, the gound will be wet

　　　　小前提：It is raining

　　　　结　论：（so）the ground is wet

而实据因果构式的推理过程则有所不同。p→q 的关系不能从一般的事理因果链得到说明，而只是根据某一实际情况作为根据得出来的认识。如"明天要下雨，因为我看天气预报了"。"明天要下雨"是"我"以看了天气预报这一实际情况作为根据得出来的结论。也就是说，"我"看了天气预报并不是明天要下雨的真正原因，而是"我"能证明天要下雨的论据。

不过，两种因果构式的识解并没有到此结束，我们还将沿着逻辑因果关系继续推理，直至得到话语的交际意图。

我们认为，因果构式（逻辑因果构式和实据因果构式）的识解，是以认知科学的动力系统理论中的生成整体论为导向，在相邻/相似关系视角下对因果构式的识解机理进行科学合理的解释。我们试图基于整体大于部分之和的整体论思想，依据 HCPM 框架内的"显性表述—隐性表述分析框架"，探讨因果构式的识解过程，拟说明因果构式的识解是在生成整体论指导下依靠相邻/相似关系寻求关联的溯因推理过程。最后，我们将基于本研究构建因果构式的整体性识解模型。

关于因果构式的识解机理，我们的基本设定是：

1. 逻辑因果构式的识解是在整体性框架内，依靠相邻/相似性寻求最佳关联，推导出现实世界中的逻辑因果关系，以获得其相对完备的表达，并根据具体语境推断讲话人的交际意图的过程。

2. 实据因果构式的识解是在整体性框架内，依靠相邻/相似性寻求最佳关联，通过溯因，推导出符合事理的逻辑因果构式，并进一步推导出逻辑因果关系，以获得其相对完备的表达，并根据具体语境推断讲话人的交际意图的过程。

第二节　因果构式的识解机理分析框架[①]

语言的语义系统是不自足的，而一个构式也不能把它所要求的所有语义因素都投射进去，而是要同语境相互作用以获取相关信息。

因果构式（逻辑因果构式和实据因果构式）就是这样一个不自足的语义系统，所以对其进行识解，必将同语境联系起来。我们的识解是从结合语境与该显性表述开始，然后通过常规关系推理（逻辑因果构式和实据因果构式有细微的不同，下面将详细论述）得到该显性表述的隐性表述，再

---

① 根据廖巧云（2010）改写而成。

用隐性表述对不完备的显性表述进行补足，从而最后达到对该表述的相对完备识解。

那么从显性表述通过溯因推导出其隐性表述的过程中，我们认为逻辑因果构式是在相邻/相似律的基础上进行"逻辑因果关系的溯因推理"，而实据因果构式则是在相邻/相似律的基础上进行"实据因果关系的溯因论证"。虽然它们都是"溯因过程"，但是有较细小的差别。简单地说，"逻辑因果关系的溯因推理"是指这个溯因过程是基于相邻/相似关系进行的逻辑因果关系推理；而"实据因果关系的溯因论证"则是指这个溯因过程是基于相邻/相似关系进行的一种因果关系论证。总之，它们都是一个溯因过程，所以可将因果构式的识解过程示为图 6 - 1。

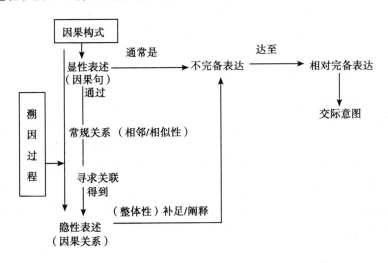

图 6 - 1　因果构式识解机理分析框架

因果构式（无论是逻辑因果构式还是实据因果构式）的推理过程，是根据该因果构式的例示性表达，即具体的因果句这一显性表述，利用心理结构的知识集，通过一连串的"如果 x 则 y"的推导进行编码、组织和补偿，不断获得新认识，最后得到对因果句用在这里的恰当的理解。其中逻辑因果构式是在已有的逻辑因果关系的基础上进行"如果 x 则 y"的推导进行编码、组织和补偿；而实据因果构式则是在实据因果关系的基础上，首先通过"如果 x 则 y"的推导，反复编码、组织和补偿从而得出其相关的逻辑因果构式，然后在逻辑因果构式的基础上继续进行溯因推理，最后达到相对完备的识解。我们认为这个推理过程，是在下向因果关系（downward causation）作用下局域话语之间的相互影响进展为话语的整体性解释的过程。我们将因果构式看成是话语表达的较低的层级，而将该话语实际想要达到的交际意图看成是较高的层级从而具有下向因果力。所谓谋求因果构式的理解或解释，就是通过对不同层级的因果构式相互作用的考察，追溯其中的下向因果力对这些层级的因果构式的影响，接受合理的，拒绝不合理的，直至最高层级（交际意图）；说明其中的推理过程就是揭示其中的下向因果关系的形成。因果构式的识解实际上是一个整体性识解过程。

更具体地讲，逻辑因果构式的具体识解过程可以描述为：有一个表逻辑因果关系的显性表述，即逻辑因果构式。这样的逻辑因果关系在人们的心理结构知识集中是符合逻辑因果关系的。在具体的语境中，我们可以根据相邻/相似关系将与此因果关系相关的知识识解为一个整体。这样在这个整体的因果关系网络中，多次使用条件蕴涵式"如果 x 则 y"，寻求到一种与语境中讲话人隐性表述存在最佳关联的因果关系。也就是对讲话人之所以使用该显性表述作出合理的解释。这个推理过程与实据因果构式的推理过程大致一样，也就是说，逻辑因果构式的推理同样是从显性表述开始，通过相邻/相似关系寻求相对完备的隐性表述，最后根据语境限制得到讲话人使用该逻辑因果构式的交际意图。我们可以将该推理过程表述为以下几个环节：①存在符合客观逻辑因果关系的逻辑因果构式；②通过相邻/相似关系，将与该逻辑因果关系相关的因果关系识解为一个整体；③在这个与显性表述的逻辑因果构式相关的因果关系整体中，进行溯因推理，找出符合语境限制的因果关系；④将溯因推理的结果整体性补足给显性表述和语境，以获得讲话人的最终交际意图。

同样的，实据因果构式的识解过程可描述为：有一个显性表述，即因果关系的实据因果构式。在人们的心理结构的知识集中，这样的因果关系并不符合事理逻辑，却存在符合事理逻辑的逻辑因果关系。因此，需要追溯能够运用这一不符合事理逻辑的因果关系的表达式的原因，即找到能够这样说的理由，这就是溯因过程。假定因分句与果分句构成一个整体，在具体语境中，我们可以在相邻/相似原则的支配下把所有句法相邻/相似又语义相关的结构识解为一个整体，在实据因果构式和逻辑因果构式之间寻求相邻/相似性，因为二者都有着"因为……所以……"的逻辑思维形式，这为我们的推理提供了可能。反复应用条件蕴涵式"如果 x 则 y"，可以发现相关的因果关系，据此，可以在逻辑因果构式和实据因果构式之间建立一种联系。通过整体性补足/阐释，即运用当前语境所提供的限定，找到实据因果构式这一显性表述之所以可在这一语境中恰当运用的合理性，获得较为完备的表述，也就是对话语之所以这样运用的"因"作出揭示和解释。也就是说，从显性表述（实据因果构式）通过相邻/相似关系寻求该整体中的关联项从而推导出隐性表述（逻辑因果构式），并通过补足/阐释获得相对完备的表达，最后根据现时语境得出实据因果构式的交际意图。这一推理过程涉及四个基本环节：①存在不符合事理逻辑的实据因果构式；②通过溯因推理过程，在相邻/相似原则的支配下把所有句法相邻/相似又语义相关的结构识解为一个整体，即逻辑因果关系和实据因果关系都有着"因为……所以……"的逻辑思维形式，这种相邻/相似关系使推理成为可能；③依靠相邻/相似关系，通过一连串的"如果 x 则 y"的推导进行实据因果构式和逻辑因果构式的交替编码、组织和补偿，以寻求实据因果构式和逻辑因果构式之间的关联；④根据当时语境，进行整体性阐释/补足，以获得讲话人的最终交际意图。所以，我们认为，实据因果构式的识解是在生成整体论指导下依靠相邻/相似关系寻求关联的溯因推理过程，即通过追溯产生的结果得出产生结果的原因，以建立非逻辑因果关系背后的真正逻辑因果关系。

第三节　因果构式识解框架论述

关于常规关系（相邻/相似性）、意向性等的论述，可参见第五章，这里不再赘述。我们主要讨论语用推理，即溯因推理的问题。

一　心理模型与语用推理

语用推理是一种常识性推理，推导出来的结果通常称为"含意"。语用推理的认知研究是随着认知科学研究的开展而发展起来的，一直有两种主要路向：一种是以明斯基（Minsky，1981）的"框架"（frame）理论、巴赫（Bach，1984，1994）的缺省推理（default reasoning）和莱曼（Lemann，1998）的常规推理（stereotypical reasoning）等为代表的，从认知科学人工智能研究的需要出发而进行的研究，带有明显的形式化特征；另一种是以斯珀波和威尔逊（1986/1995）就交际与认知的研究而提出的关联理论为代表的，从解释人类交际的实际话语出发。

语用推理是个整体性过程。在话语理解中，低层次上的话语相互作用，生成下向因果作用形成的话语的解释。所谓下向因果关系是指局部的、低层次上的过程受全局的、高层次规则支配。如果低层次上相互作用的结果适合高层次规则的环境，那么这些互动就可以进行下去；反之，就会受到抑制（徐盛桓，2007b）。这样看来，交际是在说、听双方的话语互动中进行的，所以显性表述是话语表达的较低的层级，而把它们通过彼此话语的互动想要达到的交际目标看做居于较高的层级，从而具有支配低层次互动的力量。理解或解释话语，就是通过对不同层级的话语相互作用的考察，追溯全局的、高层次的规则调控力对这些层级的显性表述的影响，接受合理的，拒绝不合理的，直至最高层级。说明其中的推理过程就是解释其中的下向因果关系是如何形成的。

如第四章所述，语用推理依赖心理模型，是创建和操作模型的认知过程，心理建模（建立心理模型）是推理的基本形式。心理模型是人们心智中知识结构的组织形式，是一种类层级结构，体现为以相邻/相似关系的抽象知识为维度将常规关系组织起来的类知识体系，并可分解为以横组合—纵聚合的方式交错地组织起来的小型知识集。心理模型提供了一种探查推理的内部表征本质的新思路。人们关于推理的最初假设是心理逻辑假设，认为人们在推理中将逻辑规则运用于心理操作。

同时，任何推理都以我们对事物的主观认定为基础。对于一个新事物的认识必然依赖新事物同旧事物之间的关系。对事物的认定依赖的主要手段就是事物之间的相邻/相似关系。将语用推理也看做是揭示和解释相关的因果关系的认知活动，即揭示和解释话语中的不完备表述同语境因素的相关因果关系。语用推理是在心理建模过程中运用心智中知识结构对感知的话语根据交际的意向性进行下向因果求索，求索的切合点是（泛）因果关系，得到对话语之所以是这样说的一个合乎情理的解释，这就是可能的理解，具体过程是：话语作为不完备的表达，通过它所体现的常规关系，获得相关的隐性表述，用于补足和/或阐释显性表述中的不完备的表达，达至相对完备的表达，即获得理解。

根据徐盛桓（2003a），制约这一理论模型运作的内部机制是溯因推理。溯因推理就是为观察到的现象反溯其因的推理。我们可以将已读到的待解的语句作为一种"已观察到的现象"，通过语用推理，找出最可能的解释。这一机制体现了语用推理的基本原理，规定推理的基本思路、关键措施、主要步骤和主要规则，用这一机制进行推理就可能得出比较合理、比较恰当的解读。整体性是推理的必备条件。我们可以把因果构式理解过程体现为一连串的"如果 x 则 y"的推理过程。我们同意徐盛桓（2003a）对语句解读中溯因推理这一推理机制的运作方式进行的探讨，认为语用推理同溯因推理可以对应起来。可图示（徐盛桓，2003a）如下：

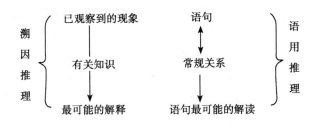

图 6-2 溯因推理与语用推理对照

正如溯因推理要为待解释的现象作出解释必定要有相关的知识作为支持一样，语用推理也必须选择、确定相关的常规关系。

根据我们的观察，因果构式的识解机理是溯因推理（详见下文）。

二 因果构式的识解机理：溯因推理[①]

（一）溯因推理在原因推导过程中的作用

因果构式的识解机理是溯因推理。该溯因过程需要阐释／补足，而且是在整体框架内的阐释／补足。

将语用推理也看做是揭示和解释相关的因果关系的认知活动，即揭示和解释话语中的不完备表述同语境因素的相关因果关系：逻辑因果构式则是直接在现有的逻辑因果关系上进行溯因推理，得到符合该语境限制的因果关系，完整地补足到显性逻辑因果构式中，最终得到完备的识解。实据因果构式在某一语境中看起来不完备，好像"没道理"；但找到了恰当的逻辑因果关系的表述从而可以将实据因果构式补足和阐释为合理的完备表述，也就是找到了这一显性表述之所以可在这一语境中恰当运用的合理性，也就对话语之所以这样运用的"因"作了揭示和解释。我们继续在该"合理因"的基础上进行溯因推理，最终得到符合该语境限制的合理解释，达到真正完备的识解。

归纳与溯因的区别在于前者试图从个别导出普遍，而后者仅企望对个例提供解释。归纳和溯因都有可能产生谬误，但在许多时候，人确实需要通过推理得出结论，尽管这种结论有可能在其后得到的更多证据面前被证实是错误的。实据因果构式的理解就是一个典型的例子。溯因中的"最佳解释"这个概念必然涉及对伴随要素的检验与评估，但伴随要素在不同性质的领域中是全然不同的集合，因此，检验评估的方法也因适用范围而

---

① 根据廖巧云（2007b）改写而成。

异。这也是话语理解的整体性特征要求。溯因原则可以多种形式出现，以适应不同性质的溯因推理。其具体内容取决于数据的性质和结构、影响数据筛选的要素，以及人在不同类型的推理行为中的具体目标。每一类行为的溯因原则以及每一条具体的原则都需要得到精确的表述。语言研究中的溯因推理不仅涉及对命题意义的推理，还涉及对语句结构的推理。说明语言研究中的溯因原则也可以因数据、结构、目的而异，语言研究不存在单一的溯因原则。按照福克斯（Fox，1992）的说法，溯因可以按不同层次各自进行，较基本层次的溯因结果被传递到高一级，在那里又有新的溯因目标要实现，直到得出最后结果。

这里需要说一说"溯因推理"。

根据约翰·约瑟夫森和苏姗·约瑟夫森（Josephson & Josephson，1999）的观点，溯因推理也就是寻求最佳解释的推理（Inference to the Best Explanation）。其推理步骤如下：

D 是数据集（事实、观察到的现象和给定的事物或情形）
H 是 D 的解释（如果选择 H，则可解释 D）
其他假设均不能像 H 那么好地解释 D

所以，H 可能为真。

溯因推理的结论的可靠性判断基于以下三方面的考虑：撇开其他选项不论，H 究竟有多可靠；H 究竟在多大程度上优于其他选项；在多大程度上可以认定所有可能的解释都被考虑到了。约翰·约瑟夫森和苏姗·约瑟夫森（1999）进一步指出，除了对可靠性判断的考虑，结论的接受程度还依赖于两个语用方面的考虑：①实用考虑，包括出错的代价和正确的益处；②可能性考虑，即在多大程度上需要得出结论，特别要考虑到作出决定之前寻得其他证据的可能性。溯因推理是一种逆向推理。比较：

演绎推理的肯定前件式：$p{\rightarrow}q$ 而且由 p 推出 q；

溯因推理：$p{\rightarrow}q$ 而且由 q 推出 p。

一般认为，溯因推理是演绎推理的逆推理。演绎推理的肯定前件式是 $p{\rightarrow}q$（即有 p 必有 q），再由 p 推出 q；而溯因推理则是 $p{\rightarrow}q$（即有 p 必有 q），再由 q 推出 p。这一公式使溯因推理简易化，这就是从猜测的事实中得出某种认识的假设并对该假设给予评估；这样，获得认识就是将猜测的事实嵌入相关陈述得到启发。

"由 p 推出 q"和"由 q 推出 p"不仅仅是推理方向的差异，两种推理具有质的区别。约翰·约瑟夫森和苏姗·约瑟夫森认为，"溯因推理一般具有创造性，即是说溯因推理不是以一组固定的成分来界定，而允许人们创造出新成分以产生新的连贯渠道；新的假设不需要同现存的假设一致，也不是所有的事实都要得到完全解释"。总体来讲，溯因推理的过程是：从某一已知结果出发，根据一些已为人们认识的常理并排除掉其中不可能的因素，从而推断出导致这一结果最可能的原因，即"从已知的某个结果出发，试图确定与其相关的解释"（蒋严，2002）。

国内文献比较详细讨论溯因推理的，除了蒋严，还有徐盛桓（2002b，2003a，2005b）。徐盛桓在讨论句法的认知研究时，将溯因推理的逻辑过程表示为：

$$p \rightarrow q$$
$$?$$
$$\overline{}$$
$$q$$

根据逻辑学上的充分条件的规定我们知道，虽然 $p \rightarrow q$，但 $q \rightarrow p$ 是不能确定的，这是因为，p 可能出现多种情况，即 $p_1 \vee p_2 \vee p_3 \vee \cdots \vee p_{n+1}$（$\vee$ 表"析取"）。因此上述逻辑过程实际上是：

$$p_1 \vee (p_2 \vee p_3 \vee \cdots \vee p_{n+1}) \rightarrow q$$
$$p?$$
$$\overline{}$$
$$q$$

即已知 p_1 或 p_2、p_3、$\cdots$、p_n 都可能引起 q；现已知 q，要推测造成这一结果 q 的是 p_1 还是 p_2、p_3、$\cdots$、p_n。从上述的逻辑过程可以看到，溯因推理是从已有的大前提和结论出发，推知小前提；大前提中的前件是一个多元的集，亦即要求在这多元的集当中择优选出一个最合理的、最可能的作为解释。因此，溯因推理有如下特点：①反溯性；②择优性；③或然性。溯因推理的择优性表明，溯因推理的推导力过强，关键不在于知道哪些是可能的解释，而在于作出合理的选择。

（徐盛桓，2005b）

徐盛桓是从认知角度研究构式时提出的溯因推理过程，其讨论没有涉及具体构式。我们认为，因果构式研究也不可能脱离这一推理过程。"一因可能多果，而一果可能多因"；"充分原因的规则是，c 是 r 的充分原因，若 c 成立 r 必定成立；但是它的'逆定理'却是有问题的：r 成立 c 不一定成立"（廖巧云，2004）。这为溯因推理提供了基础。

这里我们以实据因果构式为例讨论溯因推理的问题。我们要讨论的实据因果关系的实据原因的推导同徐盛桓从总体上讨论的句法研究的溯因推理并不是一回事。主要差异在于对实据因果关系的原因的追溯是以因果关系为基点的。

实据因果构式是说话人以自身持有的知识为因推知主句事态的因果构式。它不能脱离一般的事理，但必定是以说话人所持的某一实据同特定语境结合，在事理集当中进行筛选的结果。因此，这是一种整体性识解。我们根据上述徐盛桓对溯因推理过程的讨论，对实据因果构式的表述机理作如下详细描述：

设所有有关的可溯之因的"集"表示为 Θ（即 $\Theta = \{p_1、p_2、p_3、\cdots、p_{n+1}\}$）；

说话人所处语境表示为 Z；

已知的实据为 β［如（4a）的 β］；

选定的合适的解释为 α［如（4a）的 α］；

那么，溯因推理中限制众多的可溯之因的机理可以是这样：

（3）α 是造成 β 的最可能的被溯之因，当：

    a. β→Θ（反溯原则；据常理推想出能引起 β 的种种原因）

    b. Θ∩Z→α（优选原则；∩ 表"相交"）

    c. α∈Θ（合理性原则，如果 α 不在 Θ 之内亦即不在常理之内，这样的解释就不合理了；∈ 表"是成员之一"）

上面的程序，a 是回溯，b 是优选，c 是检验。这里的过程，是运用实据因果构式时溯因推理的全过程。在整体论指导下，该过程从同常理的结合开始，又以用常理作检验结束，这使得实据因果构式的运用不是随意的，而是受常理约束的。通过回溯、优选、检验，尽量降低它的或然性，使有关的表述尽量适合于语言运用的实情需要。将溯因推理得到的 α 同 β 配搭起来成为表达式"α，⊙β"就成为实据因果构式。例如：

（4）a. He must be ill（α）, *for he is absent today*（β）.

　　b. His girlfriend must have come to see him（α）, *for he is absent today*（β）.

　　c. Something serious must have happened to his parents（α）, *for he is absent today*（β）.

　　d. He must be attending a very important meeting（α）, *for he is absent today*（β）.

　　e. …（α）, …（β）.

例（4）中，患病、远方的女朋友前来探望、家乡的父母发生了急事、有重要会议要参加，等等，这些都可能成为某人缺席的原因；所谓"择优性"，就是说话人根据语境和他持有的实据（如他看到某人头一天身体已有问题或某人曾对他说女朋友要来等），作出他认为是最恰当的选择，用在因果构式里；当然这还是不能排除有出错的可能，这就是推理结果的不完美性，即随时可能因出现新的"实据"而推翻原有的推理结论。这里，限制众多可溯之因的过滤因素，最重要的是说话人关于这一具体事态持有的实据，以及主体对事态的整体性把握。所以我们在上文中一再强调，实据因果构式是说话人以自身持有的知识为因推知主句事态的因果构式，这也就包含了"动态性"。它不能脱离一般的事理，但必定是以说话人所持的某一实据同特定语境结合，在事理集中进行筛选的结果。因为整体性的操控，人们的理解能够趋同。

（二）因果构式溯因推理的整体性关联阐释

究竟如何在常规关系框架内实现话语的理解呢？从常规关系看，话语的求解过程可以看做是听话人为话语整体性进行论证的过程。听话人不仅要为话语的整体性进行论证，还要在整体性前提下，为话语的良好形状进行论证。意向状态的本源性决定了交际过程中意向的优先性地位，或者说，意向是第一性的，话语是第二性的。我们必须主动地生成一些语境假设，用这些假设解释或者论证说话者言语行为的合理性、真诚性和正确性。那么我们如何生成这些假设？如何从具体的交际语境中选择有意义的或者相关的信息呢？

话语的含意来自话语涉及的对象以及话语所表述的事态触发的常规关系，而且虽然常规关系复杂多样，但归根到底都可以简化为对象之间的二元关系，即共轭关系（徐盛桓，1993b）。该关系被利用到交际中，一方面使得说话人以尽可能少的话语表述尽可能多的信息；另一方面使得听话人可以能动地用隐性表述补充、阐释字面表述，最后达至理解话语。可以说，交际中，每一个交际单位都有可能通过常规关系触发含意推导，但是语境因素、交际目的的制约使得其中某一个含意被凸显出来，为交际所利用。这表明，交际中，并非所有的含意，也即常规关系，都具有同样的优先地位，而是只有那些最合情理的含意成为优先选择的对象。一个含意是否合情合理取决于含意和语境、交际目的的相关性。因此，相关性就成为刻画常规关系的关键。实际上，我们已经看到常规关系作为一种认知手段，对客观世界的感知是一种关系性视角：认知主体是通过关系感知、记忆、表征客观世界中的对象的。世界是以关系的方式呈现在心智中。我们将这里的"关系"概念用"关联"来理解。也就是说，关联可以通过相邻/相似关系得以具体化。

我们在这里提出一个"整体性关联"的概念，也就是指，关联是整体性意义上的关联，没有整体意识，就不可能有最佳关联。关联的语境依赖性可以充分说明整体性的操控作用。

这里讨论的主要是由溯因推理过程所反映的原因选择的关联性制约。我们主要从因果构式的经验（认知）特性、推理的或然性、主观意图性等来说明因果构式溯因推理过程是受到关联制约的过程。事实上，因果构式的特定原因的选择，即溯因推理的结果，就是一种以整体性为前提的符合最佳关联的选择。

听话人能够关联地理解话语，必定是在整体性制约下的关联理解。没有整体性，关联就可能出现偏差。

1. 从因果构式的经验认知特性看整体性关联

从因果构式的特点及其表述机理，我们可以看出因果构式实际上体现了语言使用的经验认知特性。任何语言使用都涉及人们的经验，语言结构的选择受制于讲话人的经验框架或认知结构；经验也决定人们对一个特定话语的理解和诠释。因果构式的运用，是客观事件的各种因果关系通过人们的认知在语言表达中投射的结果。我们也可以说，因果构式所表达的关系同被表达的对象事物之间的常规关系有同构性。

徐盛桓、李淑静（2005）将因果构式分为客观因果构式和主观因果构式，并进一步将主观因果构式分为推测、思言和强化因果构式等三类，其中的原因分句均表示主观原因。事实上，他们讨论的主观因果构式同我们探讨的实据因果构式具有基本相同的概念，都是对因果关系的主观判定，是人们对客观事物识解的结果，都反映了人类认知干预而产生的（实据）因果构式。所以，因果构式所反映的人的认知概念结构来源于经验，即

"感知运动所形成的经验、惯例和社会模式所带来的经验、从文化得来的经验"。这充分说明了经验在因果构式应用过程中的重要作用。请看下例：

（5）a. I have nothing in my bank account （d_1），because I checked this morning （d_2）.

b. I have nothing in my bank account （d_1），because my wife told me so （d_2）.

"我今上午查过了"和"我妻子告诉我的"都不可能是"我账号里没钱了"的真正原因，而是我能说"我账号里没钱了"的依据。这种依据的确认是由语境或讲话人的个人经验决定的。

根据约翰·约瑟夫森和苏姗·约瑟夫森（1994）的观点，溯因推理总是从一组已知的原因中进行选择的。创造性的溯因推理涉及同新构建的概念相关的新颖假设的构建问题。这说明了因果构式推理过程中认知参与的重要性。例如：

（6）a. He must be a heavy smoker （d_1），*for he has developed lung cancer* （d_2）.

b. He must have paid little attention to his own health （d_1），*for he has developed lung cancer* （d_2）.

c. He must have overworked himself （d_1），*for he has developed lung cancer* （d_2）.

d. His father must be a heavy smoker （d_1），*for he has developed lung cancer* （d_2）.

e. His family must live in a very bad condition （d_1），*for he has developed lung cancer* （d_2）.

从例（6）中可以看出，并不是所有吸烟者都会患癌症，因为我们没有而且也无法确认这是否是事实。虽然根据他患了肺癌这一情况，我们可以推断他是个大量吸烟者，但这不是唯一的可能。这里我们可以发现很多其他原因引发肺癌，如，他一定不注意自己的身体、他过度劳累、他父亲是大量吸烟者、他家居住环境很差，等等。既然这样，那么我们如何排除这些原因，而选择他是个大量吸烟者作为引发癌症的原因呢？这主要是关联作用的结果，是讲话人依据自己的经验和认知水平进行整体性概括后作出的最佳关联的选择。再如：

(7) Electricity must be off (d_1), for the second-year students do not take their classes (d_2).

二年级学生不上课可能由各种不同的原因引起，但是讲话人却推断说"一定是停电"。他何以如此呢？根据他的经验，就目前的情况来看，如二年级学生这时是听力课，没有电就无法上听力课，而且讲话人知道没有任何其他理由可以让学生停课，所以只有"停电"能够引发停课。

讲话人根据自己的认知和在判断受话人认知能力的基础上，通过语境的推测建立因果关系的关联假设，并在关联假设的指导下选择恰当的因果关系的构式，达到最佳关联。这些情况都必须在听话人把握整体情况的条件之下，才能作出关联，特别是最佳关联的理解。

2. 从因果构式溯因推理的主观性和或然性看整体性关联

认知语用研究表明，"实据性成分就是有关命题信息的来源和说话人对所述命题信息的知识状态转化为一定的语言编码系统的结果"［帕尔默（Palmer，1986：54）］。实据因果构式中的实据性标记，如 must、I guess等，传递了人们对所述事态的认知状态，人们把某种信息当做是有一定证据的信息传递给对方。实据因果构式不但表达一个因果关系的命题信息，同时还传递了该命题信息的来源和说话人对该命题信息的认知状态。

根据特拉格特（1995）的观点，语言中表达说话人的主观信念和态度的形式和结构逐渐变为某种可识别的语法成分的过程就是主观化过程。说话人在说出一段话的同时也表明了自己对这段话的立场、态度和情感，从而在话语中留下"自我"的印迹，这便是语言的主观性（沈家煊，2001）。实据因果构式的溯因推理过程具有很大的或然性，这说明了实据因果构式的主观化倾向。因果构式所表示的因果关系，反映的是说话人对事件间的因果关系的认识，是认识主体与认识对象"协商"的结果（徐盛桓、李淑静，2005）。所以，在特定语境下对因果关系的认定有较大的主观性。溯因推理是从已知的事态出发，推测造成这一事态的原因，所以属于主观认定的原因。这便是实据因果关系主观性的具体体现。例如：

(8) He must disagree with our proposal (α), for he is not here now (β).

从事理而言，因为他不同意我们的方案，所以他不愿意出席；也就是说，前者是因，后者是果。但该语句的表达却是反过来，以原来的果（他现在不在这里）作为"因"放在原因从句里，以此主观推断可能的"果"：他一定不同意我们的方案。这种实据因果句以原来作为由充分原因引起的因果关系中的"果"作为因由，反推出原来是这一因果关系中的"因"作为认识的结果，这是特定因果关系的主观认定。

实据因果构式无处不透露着讲话人的"自我"印迹，即表达了说话人的观点、感情和态度。这种讲话人的主观意识体现到语言的编码过程中，对因果构式的语法和语义结构产生影响，从而形成了实据因果构式。例如：

(9) It is not that all smokers develop lung cancer (α), for we do not observe this to be true (β).

据常理，并不是所有吸烟者都会患癌症。我们观察到的是吸烟者比不吸烟者患癌症的几率高得多，这是让我们得出吸烟导致癌症这一结论的最主要的依据。这点正好同因果关系（causation）研究的概然（或然）法一致。这是一种概率性推理，具有或然性。实际情况也许并非如表"结果"的分句所表述的，我们只是根据吸烟者患癌症的几率比不吸烟者的几率高作出的推断。这正好反映了人类认识状态的不完备性。

原因分句同结果分句之间关系的远近也可以从结构上反映出来。如前所述，实据因果构式的原因分句放在结果分句之后，而且用逗号隔开，两部分有相对的独立性。而逻辑因果构式同结果分句间却一般不能用逗号隔开。这实际上表明，实据因果构式两分句间的关系较表真正原因的因果构式中二者之间的关系远。从一定程度上说，这种原因和结果之间的关系导致了对实据原因的选定存在或然性。这也说明了推理过程的不完备性。既然推理具有这样的不完备性，而且对实据原因的选择或主观认定存在或然性，那么作出的选择只能是关联的选择，是根据具体语境作出的整体性关联选择。

3. 从因果构式的主观意图性看整体性关联

意向性体现了整体性特征。一个因果构式总是能表达一定的交际目的，或者称作意向性。这一意向性成为从整体论把握因果构式识解的重要支撑。理解意义的关键是意义是派生的意向性的一种形式（塞尔，2006：137）。因果构式这一话语意义的派生性决定了我们不可能从话语的字面意义进行分析然后还原为内在于说话者的大脑深处的意向。换言之，这是一种不可还原的意义，这种意义的不可还原性也是生成整体论的基本出发点。实际上，整体性承诺可以被看做是交际者的缺省知识：一个语篇是完整的除非有明显的证据表明它不是。经验的可及性就是概念之间的相邻/相似程度的高低。因果构式可以得到基于常识的意向性因果解释。任何话语都要表达一定的主观意图或具有一定的意向性，主观意图的不同表达也会有区别。因果构式的选择不是随意的，而是讲话人带有主观意图的选择。同样的，我们对一个具体的因果表达式的识解必须给予整体性框架，寻求整体性关联。我们再看第五章中用过的一个例子：

（10）a. Because it is raining，the ground is wet.

　　　b. It must be raining，because the ground is wet.

　　　c. The ground must be wet，because it rained last night.

在例（10）中，如果在"某人正在考虑穿什么鞋子出门，而征询其他人的意见"这样的具体语境中，例（10a）就意味着讲话人建议听话人"不要穿怕湿的鞋出门"；而在"一位老年人正在考虑是否要出门，而征询其他人的意见"这样的具体语境中，例（10a）就意味着讲话人建议听话人"（因为路滑）你最好现在别出门"；在"某人正要出门，在考虑是否需要带雨具"这样的具体语境中，例（10b）就意味着讲话人建议听话人"带上雨伞吧"。例（10c）与例（10a）相似，只是可能例（10c）还兼表对"一夜雨"的表述或感慨。这体现了关联的作用，对逻辑因果构式和实据因果构式的选定是讲话人基于自己要实现的主观意图作出的整体性关联选择。

第四节　因果构式识解过程阐释

一　逻辑因果构式识解过程阐释

下面我们分析一例逻辑因果构式的例示性表达，即逻辑因果句，来说明因果构式识解机理分析框架的可行性和可操作性。

（11）I am very tired because I have been painting this room for 5 hours.

根据我们的常识可以判断出例（11）是一个逻辑因果构式的例示性表达，即逻辑因果句，因为例（11）表述的"因"与"果"之间是一种逻辑因果关系。也就是说，"我"连续刷了5小时的房子，这件事是导致"我"感到非常累的真正原因，"累"与"长时间的劳动"之间是有逻辑因果关系的。我们对例（11）的识解过程是：首先，在相邻/相似关系的制约下，将句式结构和语义与例（11）相关的结构，如"I am tired because I have worked for a long time."、"Because I want to have a rest, I do not want to take up another job now."、"Because I am tired, I want to have a rest."、"Because painting is a hard work, it is easy for anyone who takes this work to get tired."等识解为一个整体。然后反复使用条件蕴涵式"如果 x 则 y"。就会得到这样一个推理过程："If hard working makes people tired, painting a room makes the painter tired."、"If I have been painting for five hours, I will be very tired."、"If someone is tired, he/she wants to have a rest."、"If someone wants to have a rest, he/she won't want to take up another job at the same time."，等等。并且在该整体识解的基础上，结合语境限制，从显性表述［例（11）］推测出其隐性表述，最后整体性补足到显性表述，达到完备理解。

如我们将例（11）置于如下语境中：

（12）（*Tom vas lying on the bed. Tom's father thought Tom had nothing to do, so he asked Tom to mend the broken table.*）

Tom's father: Tom, let's mend the broken table, ok?

Tom: I am very tired because I have been painting this room for 5 hours.

Tom 的话是一个逻辑因果句，其分步识解过程如下。

1. 有一个显性表述，（因果关系的表达式）逻辑因果句"I am very tired because I have been painting this room for 5 hours."，即在"累"和"5小时的粉刷工作"之间建立了因果关系，"因为我已经做了5小时的粉刷工作，所以我很累了"。

2. 显性表述激活人们在心理结构的知识集中与"工作"、"累"等句法结构和语义相关的知识集；这些激活的知识集，依据相邻/相似关系被识解为一个整体。依靠这个整体，可以在逻辑因果句同真实世界中的因果关系之间寻找相邻/相似性。

3. 应用条件蕴涵式"如果 x 则 y"，在这个依据相邻/相似关系被识解为整体的心理结构知识集中进行连续的替换操作，如："If hard working makes people tired, painting room makes the painter tired."、"If I have been painting for five hours, I must be very tired."、"If someone is tired, he/she would want to have a rest."、"If someone wants to have a rest, he/she won't want to take up another work at the same time."，就会推测出与显性表述相关的隐性表述，即逻辑因果关系。

4. 根据语境限制，我们将最符合语境限制的隐性表述，即"If someone wants to have a rest, he/she won't want to take up another job at the same time."整体性补足到显性表述中。

5. 任何话语都有交际意图，在该具体语境中，显性表述是"粉刷了 5 小时了，感到很累"，而隐性表述说的是"想休息，不想做事"。因此我们得出了 Tom 说"I am very tired because I have been painting this room for 5 hours."的意图是"拒绝"父亲的要求。

我们发现，逻辑因果构式的识解过程可以简单描述为：在相邻/相似关系的指导下，将心理结构被激活的知识集识解为一个整体，然后进行溯因推理，即连续使用"如果 x 则 y"的替换，得到显性表述下的多层隐性表述，最后将这些隐性表述整体地补足到显性表述中，根据语境限制，得到最佳关联的隐性表述；结合显性表述与隐性表述，最终达到对该因果句的完备识解。

逻辑因果构式的识解是一个整体性的溯因推理过程。这个过程，是在下向因果关系作用下局域话语之间的相互影响进展为话语的整体性解释的过程。我们将逻辑因果句"因为我已经做了 5 小时的粉刷工作，所以我很累了"看成是话语表达的较低的层级，而将该话语实际想要达到的交际意图（拒绝修桌子）看成是较高的层级从而具有下向因果力。对该逻辑因果句的理解或解释，就是通过对不同层级的因果句（"If I have been painting for five hours, I must be very tired."、"If someone is tired, he/she would want to have a rest."和"If someone wants to have a rest, he/she won't want to take up another job at the same time."）相互作用的考察，追溯其中的下向因果力对这些层级的逻辑因果句的影响，即在"儿子正在休息，父亲叫他做事"这样的具体语境中，讲话人选择"I am very tired because I have been painting this room for 5 hours."，是为其意欲表达的交际意图决定的。

这一推理过程揭示出其中的下向因果关系的形成。

二　实据因果构式识解过程阐释

本小节将举例说明我们所建立的关于实据因果构式的识解机理分析框架的可行性。先看例（13）：

（13）It must be raining, because the ground is wet.

例（13）是一个实据因果构式的例示性表达，即实据因果句。从具体的推理过程来说是这样的：在相邻/相似原则的支配下把所有句法相邻/相似又语义相关的结构，如，"Because it is raining, the ground is wet."、"It must be raining, because the ground is wet."、"It has rained, because the ground is wet."、"It rained last night, because the ground is wet."等识解为一个整体，反复应用条件蕴涵式"如果 x 则 y"，并因此可以从显性表述（实据因果句"It must be raining, because the ground is wet."）通过相邻关系寻求该整体中的关联项从而推导出隐性表述（逻辑因果句"Because it is raining, the ground is wet."），通过整体性阐释/补足，即运用当前语境所提供的限定，获得较为完备的表述，进而获得对显性表述的识解，即获得讲话人的最终交际意图。

如果我们将例（13）置于以下语境中：

（14）(*A is going out and wondering whether he should take the um-brella.*)
　　　A. Should I bring the umbrella with me?
　　　B. It must be raining, because the ground is wet.
　　　A. Give it to me, please.

例（14）中 B 的话语，即实据因果句的识解过程可以分解为以下主要步骤：

1. 有一个显性表述，即（因果关系的表达式）实据因果句"It must be raining, because the ground is wet."，即在"地湿"和"下雨"之间建立了因果关系，即"因为地湿，所以下雨"。

2. 在人们的心理结构的知识集中，这样的因果关系并不符合事理逻辑，但却存在符合事理逻辑的"因为下雨，所以地湿"这样的逻辑因果关系。

3. 假定因分句与果分句构成一个整体，在具体语境中，我们可以再依靠相邻/相似关系，即逻辑因果句"因为下雨，所以地湿"和实据因果句"因为地湿，所以下雨"之间具有相邻/相似性，实据因果句套用已经存在的逻辑因果句构式的形式"⊙α，β"，所以二者都有着"因为……所以……"的逻辑思维形式，这为我们的推理提供了可能。

4. 应用条件蕴涵式"如果 x 则 y"，可以发现相关的因果关系"如果下雨，地就会湿"和"如果地湿，就有可能下雨了"。根据这些条件式，我们可以在逻辑因果句"因为下雨，所以地湿"和实据因果句"因为地湿，所以一定下雨"之间建立一种联系。以此确定实据因果句"It must be raining, because the ground is wet"所依托的隐性表述就是逻辑因果句"Because it is raining, the ground is wet"。

5. 这样，我们可以将"一定在下雨，因为地湿了"补足/阐释为"因为我看到地湿了，所以我推测/认为在下雨"。也就找到了实据因果句这一显性表述之所以可在这一语境中恰当运用的合理性，也就对话语之所以这样运用的"因"作了揭示和解释。

6. 任何话语都有交际意图，在具体的语境中，如，家里有人正要出门，而且在考虑是否要带雨伞，那么我们可以确定讲话人是"建议"听话人带上雨伞。这就达至了识解的结果：话语"It must be raining, because the ground is wet."实施了一个"建议"的言语行为，而且 A 带上了雨伞，使交际意图得以实现。

这一分析过程反映出：作为显性表述的实据因果句"一定在下雨，因为地湿了"本身不符合事理逻辑，但它没有脱离一般的事理，而是包含了隐性表述"因为下雨，所以地湿"这一符合事理的逻辑因果句。它是通过一系列的推理过程，并以说话人所持的"地湿"这一实据同特定语境相结合，在事理集"如果下雨，地就会湿"和"如果地湿，就有可能下雨了"当中进行筛选的结果。实据因果句"一定在下雨，因为地湿了"也许看起来不完备，好像"没道理"；但找到了恰当的逻辑因果关系的表述"如果下雨，地就会湿"从而可以将实据因果句补足/阐释为合理的相对完备的表述"因为我看到地湿了，所以我推测/认为在下雨"，也就是找到了这一显性表述之所以可在这一语境中恰当运用的合理性，也就对话语之所以这样运用的"因"作了揭示和解释。说话人/作者是理性的，他们的话语（语篇）形式上是零散的，但是在意义上是相关的，是一个意义整体。实据因果句是不符合一般的事理的，但必定是以说话人所持的某一实据同特定语境结合，在事理集当中进行筛选的结果。

所以，实据因果句的识解也是一个整体性的溯因推理过程。这个过程，是在下向因果关系作用下局域话语之间的相互影响进展为话语的整体性解释的过程。我们将实据因果句"一定在下雨，因为地湿了"看成是话语表达的较低的层级，而该话语实际想要达到的交际意图（建议听话人带上雨伞）看成是较高的层级从而具有下向因果力。对该实据因果句的理解或解释，就是通过对不同层级的因果句（"如果下雨，地就会湿"和"如果地湿，就有可能下雨了"）相互作用的考察，追溯其中的下向因果力对这些层级的实据因果句的影响，即在"某人正要出门，在考虑是否需要带雨具"这样的具体语境中，讲话人选择"It must be raining, because the ground is wet."而非"It rained last night, because the ground is wet."或其他，是为其意欲表达的交际意图决定的，后者就没有"带上雨伞吧"这样的含义，至少没有前者明显。这一推理过程揭示出其中的下向因果关系的形成。

下面我们再以例（15）进一步说明我们所建立的关于实据因果构式识解机理的研究框架的可行性和可操作性。

（15）Percy is in Washington, for he phoned me from there.

这里的"Percy is in Washington, for he phoned me from there."是一个实据因果句。从具体的推理过程来说是这样的：在相邻/相似原则的支配下把所有句法相邻/相似又语义相关的结构，如"Because Percy is in Washington, he phoned me from there."、"Percy must be in Washington, for he phoned me from there."等识解为一个整体，反复应用条件蕴涵式"如果 x 则 y"，如"If Percy is in Washington, he can phone me from there."、"If Percy is not in Washington, he cannot phone me from there."，等等，并因此可以从显性表述（实据因果句"Percy is in Washington, for he phoned me from there."）通过相邻关系寻求该整体中的关联项从而推导出隐性表述（逻辑因果句"Because Percy is in Washington, he phoned me from there."），通过整体性阐释/补足，即运用当前语境所提供的限定，最后获得较为完备的表述，进而获得对显性表述的识解，即获得讲话人的最终交际意图。

如果我们将例（15）置于以下语境中：

（16）（*A asks B to help to take a book to Percy.* ）

    A. Can you take this book to Percy?

    B. Percy is in Washington, for he phoned me from there.

    A. OK.

例（16）中 B 的话语，即实据因果句的识解过程可以分解为以下主要步骤。

1. 有一个显性表述，即（因果关系的表达式）实据因果句 "Percy is in Washington, for he phoned me from there.", 即在 "Percy 在华盛顿" 和 "她在华盛顿给我打过电话" 之间建立了因果关系，即 "因为 Percy 在华盛顿给我打过电话，所以她在华盛顿"。

2. 在人们的心理结构的知识集中，这样的因果关系并不符合事理逻辑，但却存在符合事理逻辑的 "因为 Percy 在华盛顿，所以她从那儿给我打来过电话" 这样的逻辑因果关系。

3. 假定因分句与果分句构成一个整体，在具体语境中，我们可以再依靠相邻/相似关系，即在逻辑因果句 "因为 Percy 在华盛顿，所以她从那儿给我打来电话" 和 "因为 Percy 在华盛顿给我打过电话，所以她在华盛顿" 具有相似性，即实据因果句套用已经存在的逻辑因果句构式的形式 "⊙α，β", 所以二者都有着 "因为……所以……" 的逻辑思维形式，这为我们的推理提供了可能。

4. 应用条件蕴涵式 "如果 x 则 y", 可以发现相关的因果关系 "如果 Percy 在华盛顿，那么她可以从那儿给我打来电话" 和 "如果她从华盛顿给我打来过电话，那她就有可能在华盛顿", 根据这些条件式，我们可以在逻辑因果句 "因为 Percy 在华盛顿，所以她从那儿给我打过电话" 和实据因果句 "因为 Percy 在华盛顿给我打过电话，所以她在华盛顿" 之间建立一种联系。以此确定实据因果句 "Percy is in Washington, for she phoned me from there." 所依托的隐性表述就是 "Because Percy is in Washington, she phoned me from there."

5. 这样，我们可以将 "Percy 在华盛顿，因为她从那儿给我打过电话" 补足/阐释为 "因为 Percy 从华盛顿给我打过电话，所以我推测/认为她在华盛顿"。也就找到了实据因果句这一显性表述之所以可在这一语境中恰当运用的合理性，也就对话语之所以这样运用的 "因" 作了揭示和解释。

6. 任何话语都有交际意图，在具体的语境中，如，A 叫 B 带本书给

Percy，那么我们可以确定讲话人是在否定了答应 A 的请求的可能性的情况下"拒绝"了 A 的请求。这就达至了识解的结果：话语"Percy is in Washington，for she phoned me from there."实施了一个"拒绝"的言语行为。

这一分析过程反映出：作为显性表述的实据因果句"Percy 在华盛顿，因为她从那儿给我打过电话"本身不符合事理逻辑，但它没有脱离一般的事理，而是包含了隐性表述"因为 Percy 在华盛顿，所以她从那儿给我打过电话"这一符合事理的逻辑因果句。它是通过一系列的推理过程，并以说话人所持的"Percy 从华盛顿给我打过电话"这一实据同特定语境相结合，在事理集"如果 Percy 在华盛顿，那么她可以从那儿给我打来电话"和"如果她从华盛顿给我打来过电话，那她就有可能在华盛顿"当中进行筛选的结果。实据因果句"Percy 在华盛顿，因为她从那儿给我打过电话"也许看起来不完备，好像"没道理"；但找到了恰当的逻辑因果关系的表述"如果 Percy 在华盛顿，那么她可以从那儿给我打来电话"，从而可以将实据因果句补足/阐释为合理的相对完备的表述"因为 Percy 从华盛顿给我打过电话，所以我推测/认为她在华盛顿"，也就是找到了这一显性表述之所以可在这一语境中恰当运用的合理性，也就对话语之所以这样运用的"因"作了揭示和解释。说话人/作者是理性的，他们的话语（语篇）形式上是零散的，但是在意义上是相关的，是一个意义整体。实据因果句是不符合一般事理的，但必定是以说话人所持的某一实据同特定语境结合，在事理集当中进行筛选的结果。

所以，实据因果构式的识解是一个整体性的溯因推理过程。这个过程，是在下向因果关系作用下局域话语之间的相互影响进展为话语的整体性解释的过程。我们将实据因果句"Percy 在华盛顿，因为她从那儿给我打过电话"看成是话语表达的较低的层级，而该话语实际想要达到的交际意图（拒绝带书给 Percy）看成是较高的层级从而具有下向因果力。对该实据因果句的理解或解释，就是通过对不同层级的因果句（"因为 Percy 在华盛顿，所以她可以从那儿给我打来电话"和"因为她从华盛顿给我打来过电话，所以她就有可能在华盛顿"；"如果 Percy 在华盛顿，那么她就不在家"；"如果她不在家，那么我就无法把书带给她"；"如果无法带书给 Percy，那么我就无法帮你了"）相互作用的考察，追溯其中的下向因果力对这些层级的实据因果句的影响，即在"A 叫 B 带本书给 Percy"这样的具体语境中，讲话人选择"Percy is in Washington，for she phoned me from there."，从而达到其意欲表达的交际意图："拒绝" A 的请求。

我们还可以引用对语义学理论作出杰出贡献的戴维森（Davidson）的"变异的一元论"（anomalous monism）[路德维格和策格林（Ludwig & Zeglen，1999）]对这些应用的例子再作进一步的分析和论证。戴维森曾设想，一种解释理论对说话者的语词和句子所作出的解释，必定是与说话者的语境和同说话者态度相关的。这就表明，一切说话者的语言从本质上说都是可以得到解释的，这也反过来有理由认为，说话者和语言的特征都是建构性的特征，也就是说，都是由说话者在具体语境中的话语构成的。彻底的解释要求引入说话者的话语语境和相关环境，特别是要考虑到说话者的命题态度等因素。这就是戴维森提出的一种非还原的唯物主义，即他所谓的"变异的一元论"。这种观点认为，每个事件以及对象都是物理事件和对象，不存在严格意义上的心理规律，也就是说，没有用心理谓词表达的严格规律。这样，也就不存在把心理描述的事件和物理描述的事件连接起来的严格的心理物理规律，在心理类事件和物理类事件之间就不存在严格的规律性的东西。他否认通常归于心理事件的东西可以满足于归于物理事件的东西。他对这种变异一元论的论证基于三个假设：第一，某些心理事件是与物理事件在因果上相互作用的（因果互动原则）；第二，具有因果联系的事件一定符合某个严格的规律（因果性的理论特征原则）；第三，不存在可以用来断定和解释心理事件的严格规律（心理事件的变异论）。根据他的思想，如果不存在严格的心理规律，心理事件可以通过因果链条与物理事件相互作用。这样，心理事件就只能是用物理规律描述的物理事件的一种特例。因而对于"下雨"与"地湿"的关系这样的物理事件来说，在语言中并没有一种唯一的用来断定和解释心理事件的严格规律。当我们把意向性作为语言活动的动因时，语言就成为了心智和世界之间的桥梁。这进一步说明：语言与物理世界之间有一个心理世界存在。认知语用学的终极追求就是通过研究语言现象最终解释心智过程。

第五节　因果构式的整体性识解模型[①]

一　篇章整体性识解策略

整体性是语言运作的前提。语言是由一个整体网络构成，在这个网络

---

① 根据廖巧云（2008a）改写而成。

中，命题以群体的形式与经验相遇。为解释理解语言所必需的环境，维特根斯坦（Wittgenstein）引入了"生活形式"的概念［亨特（Hunter，1968；转引自范连义，2007）］。虽然维特根斯坦并没有深入探讨语言使用的意向问题，但他基于"生活形式"的全貌来关注语言使用的本身和语言使用的文化环境。根据戴维森（Davidson，1998）的整体论思想，知道语句 S 的意义必须知道语句所在的语言 L 的全体语句的意义。也就是说，要理解一种语言，应援引该语言使用者的生活方式，甚至整个生活。

　　在一般意义上，交际活动是交际者的理性行为，交际参与者都是合作的［格莱斯（Grice，1975）］。因此，交际者生成的交际语篇自然就是理性行为的结果，即连贯的语篇。知识的系统性、整体性可以通过相邻/相似两个维度加以刻画。常规关系的认知观是对具体认知实践的抽象，回忆一下认知过程的特点有助于理解常规关系。主体与客体互动的过程中，主体总把客体表征为一定的关系，而这些关系在主体的认知过程中被表征为不同的"格式塔"，即不同的组织原则。从认知科学的角度看，连贯的语篇实质上是话语的信息激活了心智中的常规关系，相关关系体在主体的心智中合理配置而形成的一个整体。如第四章中所述，生成整体论认为，在生成整体论的世界图景中，"不存在静止不变的、孤立的事物"，"只有整体没有部分，只有过程没有静止"，"只有大整体与小整体、大世界与小世界的区别"（李曙华，2006）。根据这一认识，话语被看做一个连贯的意义整体，认知主体是在保证整体完整的倾向下，对部分进行配置。也就是说，在整体性的前提下，"部分"才具有意义。由此，我们看出，语言单位的意义只能在整体论中澄清。单个的词汇在语句中得到其意义，单个语句在上下文语境中得到意义，而语篇在语境中得到意义。例如，会话含意的解读中，如果没有整体性的承诺，听话人不会在看似不相关的信息之间建立某种关联，也就不会有会话含意，更不会有成功的交际了。因此，语言单位的意义只能在整体中实现。

　　心理模型理论的另一个特征是强调意义生成的动态性，因为交际不是在真空中发生的，而是在由具体的时空环境、文化环境、社会环境等多方面的因素共同构成的复杂系统中发生的。同时，交际过程不是静态的，而是动态的。这就意味着我们不可以忽视说话者或听话者之间的互动关系，而单独讨论话语的意义。否则这样的意义理论就是非常狭隘的，具有先天的局限性。同时我们还应看到，自然语言中，随着语言使用的情形（微观的因素，例如目的、方式、主体等）和社会文化的演变，新的句式、新的词语不断涌现，这些都是生成整体论的有力佐证。例如，"玉米"、"凉粉"、"啃老族"这类的新词,"今天你 QQ 了吗?"之类的表达方式屡屡出现在人们的日常交流中。这种现象只能在整体的意义中进行解读,而不可化整为零。

塞尔(2001)认为字面义只能相对于一定的背景假设才能有用武之地,而这些背景假设不可能像预设、指示词等可以在句子的语义结构中得到实现。这里的背景假设是什么?我们认为,心理模型就是这样一种背景假设。如上文第三章所述,心智中的知识结构是由人们对事物间的常规关系的认识建立起来的,体现为以相邻/相似关系的抽象知识为维度组织起来的类知识。格式塔心理学完型趋向理论中的相邻原则、相似原则指出,人们对相邻/相似的事物倾向于分别感知为一个整体,而且二者互为"关系体",提到其中一个可能内在地蕴涵另一个。从而有可能将事物连成一个可以理解、可以解释、可以预测的网络。生成意义的过程是主体主动参与意义构造的过程,生成意义所需要的知识不仅来自语言符号,还来自主体所存在的(物理的、心理的、社会的和文化的)世界。

根据认知加工的经济原则,用最常用的认知格式对信息进行加工符合"低能耗高效率"的原则。可以合理地认为,心智中,认知格式的心理可及性(mental accessibility)有程度上的差异,最常用的也就是最常规的,可及性最高。所以这种程度上的差异就可以表示为"高"、"中"、"低",和常规关系的常规性成正比——毫无疑问,这里有主体差异。这就是关联,特别是最佳关联的体现。

话语识解的认知格式是在语言交际中规约固化下来的。在理解话语时,相关的变量必须得到赋值,使话语意义完整,这一过程可以看做是命题补足/充实(proposition enrichment)。另一方面,断定非直接的因果之间的关系这一过程是动态的、非单调的。这两个过程是同时进行、彼此依赖的,这种并行关系是由认知心理学中的信息加工原则决定的。由于主体的背景知识不同,或者当前语境中主体的焦点不同,同一个话语可以被识解为数个具有良好形状的整体。

基于心理模型的话语识解策略本质上是一种论证性因果推理。推理的初始假设是:说话人/作者是理性的,他们的话语(语篇)形式上是零散的,但是在意义上是相关的,是一个意义整体。交际中,篇章的连贯性是交际者的理性基本表现。同样,话语的整体性特征是话语连贯的必然结果。因此,整体性识解策略也立足于这一假设。

对于听话人而言,因果构式的理解不仅涉及整体性承诺的问题,还涉及认知过程中的良好形状倾向,即认知主体对客体的反映是把零碎的、彼此分离的客体通过一定原则识解为具有一定良好功能或者良好形状的整体。

正如上文第三章所述，从生成整体论来观察，因果构式的"因果"构式义是在小整体之间相互作用，通过信息选择、匹配、组织、创生从而生成相对完整的大整体即构式的过程中获得的。首先，因果构式的形成及其"因果"的构式义必定要归因于各小整体（如原因分句和结果分句），是这里的各小整体规定了整体会具有什么样的整体意义。其次，因果构式整体一旦生成，能进入构式的小整体又会合乎逻辑地体现整体，把因果构式整体的存在体现在自身的信息选择、匹配之中，作为整体的有机组成成分，以整体为依归体现其自身的意义。最后，因果构式的整体不再是作为各组成成分的小整体的简单相加，而是整合为一个整体，其结构可以抽象为一个构式系统，各小整体围绕因果关系或其蕴涵的相关内容，在系统内相互作用，进行信息选择、匹配、创生，从而生成整体的新信息即其构式意义。

一个表因果关系的话语可以被看做一个语篇，该语篇整体包括了以下内容：因果构式的两小句必须看做一个整体，而且是在具体语境下的整体，只有在具体语境中才能建立因与果的关系，也才能具有表达的整体性意义。原因分句和结果分句首先要形成一个整体，即听话人要论证两分句之间的关系，同时还要从几种可能的因果关系表达方式中作出最佳选择。从另一个角度看，构造良好形状的因果构式不仅是认知"格式塔"原则下概念优化配置的过程，还是在有关概念百科知识的影响下配置概念的过程。话语理解的前提是语篇的整体性承诺。相邻关系正是构造良好形状的因果构式的动因。话语整体性承诺是因果构式理解的前提。话语完整性承诺要求原因分句和结果分句之间具有一定的关系，而且要符合认知规则和听话人的百科知识。

连贯的话语必然是一个整体。通常来讲，交际者生成的交际语篇是理性行为的结果，即连贯的话语。从认知科学的角度看，连贯的话语实质上是话语的信息激活了心智中的常规关系，相关关系体在主体的心智中合理配置而形成的一个整体。语言单位的意义只能在整体中实现；单个词汇在语句中得到其意义，单个语句在上下文语境中得到意义，而语篇在语言使用的情境中得到意义。

二　语篇[①]良构性的规定

良好形状的构造有两个基本要求：一是整体性承诺，二是经验的可及性。整体性承诺假设：理性的交际者听到/看到一个语篇，总是设定这一个语篇是完整的、具有良好形状的，除非有明显的证据或提示表明它不是；经验的可及性假设：把零碎的、看似分离的客体识解为具有良好形状的整体所涉及的都是经验中的缺省知识，并将其配置为和经验最接近的形状，即认知主体对客体的反映不是机械的，而是能动地将其形状和已有的经验相一致。因此，可以合理地推论，语篇的良好形状不但关涉到语篇表述的显性照应，还关涉到认知主体的经验。语篇客体的特性越接近认知主体的经验，语篇的"形状"越是良好。

从逻辑上看，容易成为形状良好的语篇应该没有自由变量（例如，代词、指示词等类），如果有就要在理解话语时得到赋值，使话语意义完整。这一过程可以看做是命题充实；同时，还要断定形式上零碎的、看似缺少关联机制的语篇之间的联系，这一过程是动态的、非单调的。这两个过程是同时进行、彼此依赖的。这样看来，一个形状良好的语篇应该既没有可以任意赋值的自由变量，也没有同其他语篇没有意义联系的"游离"子语篇。听话人偏好的是连贯的语篇，也就是形状良好的整体。形状良好的语篇规定如下：

> （17）a. 语篇 D 是连贯的，当且仅当，D 是形状良好的语篇。
>
> 　　　b. 语篇 D 是形状良好的语篇，当且仅当，
>
> 　　（i）D 的构成成分 d_1，d_2，…，d_n（$n \geqslant 0$）中没有可任意自由赋值的自由变量；
>
> 　　（ii）语篇各构成成分能通过一定的语篇关系合并到另一语篇中，最终构成语篇 D。

（廖巧云，2008a）

需要说明的是，语篇关系是听者/读者基于语篇信息生成的、关于语篇所涉及的对象之间的常规关系。基于心理模型的篇章识解策略本质上是一种论证性因果推理。

---

　　①　这里的语篇概念可以界定为：任何话语，不论长短，只要能够表达一个意义整体，就可以被称做语篇（韩礼德，1994/2004）。

如上所述，推理的初始假设是：说话人/作者是理性的，他们的话语（语篇）形式上可能是零散的，但是在意义上是相关的，是一个意义整体。心智中的知识结构是由人们对事物间的常规关系的认识建立起来的，体现为以相邻/相似关系的抽象知识为维度组织起来的类知识。"格式塔"心理学完型趋向理论中的相邻原则、相似原则指出，人们对相邻/相似的事物倾向于分别感知为一个整体，而且二者互为"关系体"，提到其中一个可能内在地蕴涵另一个。从而有可能将事物连成一个可以理解、可以解释、可以预测的网络。以动词 cut 为例。作为一种关系，cut 是一个潜在的系统，包括施事、受事、工具、方式、结果等。所使用的背景假设包括施事具有运动能力、工具具有可移动性和功能性，等等。在一个 cut the grass（割草）的语境中，自然意味着割草机或者镰刀等割草用的工具的存在，而在一个 cut the cake（切蛋糕）的语境中，就想当然地意味着餐刀的存在。进一步讲，cut the grass 都是在白天做的工作，而 cut the cake 经常出现在庆祝生日之类的场合。因此，这两个事件在日常生活中将不同的事件联系在一起，形成了一个网络。再看隐喻语篇 "Your roommate is an animal."，动物的特征众多，在交际中如何选择既取决于主体的世界知识，又决定于交际语境，这种选择具有生成性而不是组合性。这进一步说明：生成意义的过程是主体主动参与意义构造的过程，生成意义所需的知识不仅来自语言符号，还来自主体所存在的（物理的、心理的、社会的和文化的）世界。

一般说来，人们对一个事物的接受和理解的必要条件是它的良构性（well-formedness）：即能在心理模型里建构起一个良好结构（well-formed structure），例如一间房子开了一个大洞（破缺）或无缘无故地天花板同地面连接起来（"连贯"违反了常规），或一张钞票由于印刷不小心只印了一半等，就成了不良结构（ill-formed structure），人们就弄不明白甚至不能接受。语篇也是一样。一个能被接受、被理解的语篇的必要条件也是它的良构性，即这一语篇是一个"良好的形状"。

    （18）小马是要回来，他还爱着王梅。

        a. 小马是要回来，因为他还爱着王梅。

        b. 小马是要回来，如果他还爱着王梅。

例（18）可以看成是一个完整的、良好形状的语篇，因为它至少可以识解为表达了因果关系［例（18a）］的整体或条件关系［例（18b）］的整体。

　　我们不能武断地说识解为因果关系和条件关系孰对孰错，两个语篇的意义关系的选择决定于主体据有关知识判断事态的心理倾向，这就是语篇识解的认知格式。语篇识解的认知格式是在语言交际中规约地固化下来的，例如答问关系、条件关系、因果关系、时间关系、举例关系、说明关系、对比关系、总分关系、概括关系，等等。这些关系在交际中有语义理据，但不一定用形式表达，也就是说，它们不一定通过句法手段或词汇手段在语篇中以字面显性的形式表达出来。根据认知加工的经济原则，用最常用的认知格式对信息进行加工最能符合"低耗高效"的原则，所以最常用的认知格式也就是最常规的，可及性最高。

　　话语的良构性体现了整体性。良构性是指事物在心理模型里建构起一个良好结构。良好形状的构造的两个基本要求之一就是其整体性承诺：理性的交际者听到/看到一个语篇，总是设定这一个语篇是完整的、具有良好形状的。

三　因果构式的整体性识解模型

　　综上所述，话语的连贯性、良构性、意向性等均反映了整体性的要求。首先，连贯的话语必然是一个整体。通常来讲，交际者生成的交际语篇是理性行为的结果，即连贯的话语。从认知科学的角度看，连贯的话语实质上是话语的信息激活了心智中的常规关系，相关关系体在主体的心智中合理配置而形成的一个整体。语言单位的意义只能在整体中实现；单个词汇在语句中得到其意义，单个语句在上下文语境中得到意义，而语篇在语言使用的情境中得到意义。其次，话语的良构性体现了整体性。良构性是指事物在心理模型里建构起一个良好结构。良好形状的构造的两个基本要求之一就是其整体性承诺：理性的交际者听到/看到一个语篇，总是设定这一个语篇是完整的、具有良好形状的。最后，交际意向性具有明显的整体性取向。交际的意向性实际上就是指交际意图，亦即交际者通过社会交际要达到的目的，或要获得的结果。在一般情况下，说话人是具有理性的，他的话语必定是为一定的交际目的服务的，话语的输出是交际意图或目标的产物。"意向内容"（intentional content）和"意向态度"（intentional attitude）均必须在整体中才能得以体现。

　　除此之外，溯因推理只有依靠话语的整体性才能进行。溯因中的"最佳解释"这个概念必然涉及对伴随要素的检验与评估，但伴随要素在不同性质的领域中是全然不同的集合，因此，检验评估的方法也因适用范围而异。这也是话语理解的整体性特征要求。在整体论指导下，"溯因推理的全过程从同常理的结合开始，又以用常理作检验结束"　　（廖巧云，2007b），这使得因果构式的运用不是随意的，而是受常理约束的。溯因过程需要阐释/补足，而且是在整体框架内的阐释/补足。因为整体性的操控，人们的理解能够趋同。

整体性是因果构式连贯的必然要求。从说话人的角度来看，因果构式总是连贯的，因果构式具有连贯性是构式理解的前提。我们通过心理模型理论探讨因果构式的识解。主体基于经验知识构造的心理模型在信息处理中居于主要地位，话语涉及的信息要参照该模型确定自己的地位。不过，心理模型不是固定不变的。

用生成整体观来观察，我们就会发现，实据因果构式所表示的因果构式义是小整体之间相互作用，通过信息选择、匹配、组织、创生从而生成相对完整的大整体即构式的过程中获得的。根据这样的认识，正如一个构式应看做是一个整体，其各"组成成分"分别也应看成是一个整体：当因与果作为"组成成分"进入到一个因果构式时，它其实是以一个未分化的整体在起作用的，这正如生成整体论所认为的，"生成过程是从整体到整体，而不是从部分到整体"。构式表征的大环境可以促使构式成分表征的小环境在相邻关系制约下决定小整体的语义识解。

基于上述讨论，参照廖巧云（2008a）的语篇整体性识解模型，我们可以构建一个因果构式的整体性识解的形式模型如下：

（19）因果构式的整体性识解模型

　　（i）初始条件和边界条件建构成因果关系的意义整体 D；

　　（ii）因果关系表达式的集 d（1，2，…，n）在 D 被关联，即设定 π（1，2，…，n）在 D 可认定的相邻/相似关系 R；

　　（iii）凸显由此认定 d（1，2，…，n）之间的意义关系 R；

　　（iv）根据 R 获得对 d（1，2，…，n）在语境的合理性解释。

　　条件规定：

　　（i）初始条件约束：话语 d（1，2，…，n）提供的参照系；

　　（ii）边界条件约束：语境提供的参照系。

说明：该模型将因果构式看做是一个整体 D，因果构式的整体性成为主体的经验知识，论证的过程就是从语篇中寻找证据并对这一先验知识加以支持。模型中的意义关系 R 就是话语之间的修辞关系。初始条件和边界条件是对心理模型的限定条件，对心理建模的信息进行选择性限制。前者侧重于话语的信息，后者侧重于语境信息。

这里的整体性，一方面指因果关系构成的整体，即因与果构成一个整体；另一方面指同一种因果关系的不同表达构成的整体（用 D 表示），即是指从逻辑因果构式到实据因果构式构成的连续体。构成整体的逻辑因果构式和实据因果构式的连续体中，只要激活其中的任何一个因果构式，就可激活其中一个或数个表达相邻/相似因果关系的因果构式。如：

（20） a. Because it rains，the ground gets wet.

b. It must be raining，for the ground is wet.

c. It must have rained，for the ground is wet.

d. It rained last night，for the ground is wet.

e. It must be raining，for the ground is wet.

这些因果句可以构成一个整体，提到 e，我们自然会想到 a，甚至想到 b、c、d 等。

第六节　小结

本章详细探讨了因果构式的识解机理。因果构式的识解机理可表述为：在整体性框架内，依靠相似性寻求最佳关联，推导出现实世界中的逻辑因果关系，以获得其相对完备表达，并根据具体语境推断讲话人的交际意图的过程。因果构式识解的推理过程，是根据因果构式这一显性表述，利用心理结构的知识集，通过一连串的"如果 x 则 y"的推导进行实据因果构式和逻辑因果构式的交替编码、组织和补偿，不断获得新认识，最后得到对因果构式用在这里的恰当理解，是在下向因果关系作用下局域话语之间的相互影响进展为话语的整体性解释的过程。在该推理过程中，逻辑因果构式和实据因果构式不同的是：后者需要首先依靠相邻/相似性寻求最佳关联，通过溯因，推导出符合事理的逻辑因果构式，再进行逻辑因果关系的推导；而前者则是直接进入逻辑因果关系的推导。

我们将因果构式看成是话语表达的较低的层级，而将该话语实际想要达到的交际意图看成是较高的层级从而具有下向因果力。所谓谋求因果构式的理解或解释，就是通过对不同层级的因果构式相互作用的考察，追溯其中的下向因果力对这些层级的实据因果构式的影响，接受合理的，拒绝不合理的，直至最高层级（交际意图）；说明其中的推理过程就是揭示其中的下向因果关系的形成。因果构式的识解实际上是一个整体性识解过程。

在此基础上，我们进一步构建了因果构式的整体性识解模型，分为四步：第一步，根据初始条件和边界条件建构成因果关系的意义整体 D；第二步，设定因果构式的例示性表达的集 d（1，2，…，n）在 D 被关联，即设定 π（1，2，…，n）在 D 可认定的相似关系 R；第三步，凸显由此认定 d（1，2，…，n）之间的意义关系 R；第四步，根据 R 获得对 d（1，2，…，n）在语境的合理性解释。这里的初始条件约束指话语 d（1，2，…，n）提供的参照系；边界条件约束指语境提供的参照系。该模型将因果构式看做是一个整体 D，语篇的整体性成为主体的经验知识，论证的过程就是从语篇中寻找证据并对这一经验知识加以支持。模型中的意义关系 R 就是话语之间的修辞关系。初始条件和边界条件是对心理模型的限定条件，对心理建模的信息进行选择性限制。前者侧重于话语的信息，后者侧重于语境信息。因果构式的识解模型是在生成整体性原则基础上，强调主体的论证能力。也就是说，话语的整体性是主体的经验知识，主体要通过心理建模说明子话语的合理性。由于建模过程是动态的，这一论证过程具有非单调性。以常规关系联系的对象叫做关系体，关系体可以是一个概念、一个命题，也可以是一个情景。既然常规关系是人类知识表征的基本形式，一个激活的概念或者一个情景就可以激活一个或者数个常规关系，而一个激活的常规关系又蕴涵着相应的概念、命题或者情境等关系体。这样可以最大限度地刻画话语理解中的心智过程。

第七章　本研究理论框架 HCPM 的普适性探讨

第一节　引言

我们在第五章和第六章中建立的研究因果构式生成和识解机理的框架（HCPM）成功地解释了英语因果构式。我们现在要考虑的是，这一框架是否能解释英语以外的语言，如汉语、日语和法语等语言中的因果构式？我们认为，本研究的理论框架具有一定的普适性，可以作为所有语言中的因果关系表达式嬗变的研究框架。

为了证明这点，本章试图将因果构式的生成和识解机理的研究框架应用于汉语因果构式、法语因果构式、日语因果构式的研究。众所周知，英语、法语是日耳曼语系语言，汉语属于汉藏语系，而且是 SVO① 语言，日语是阿尔泰语系（SOV②）语言，所以，如果我们的框架能够对这些不同语系的因果构式进行解释，那就应该能说明该框架用于研究各种语系的因果构式都是可行的。

第二节　分析框架在汉语因果构式中的应用

一　汉语的因果构式概览

汉语中表示因果关系的复句，多用于表示原因和结果。用于说明因果关系的常用关联词有单用和合用两类：单用的主要有"由于"、"因为"、"因

---

① 表示句子的基本结构是"主 + 谓 + 宾"。
② 表示句子的基本结构是"主 + 宾 + 谓"。

而"、"因此"、"所以"、"是因为"、"以致"、"致使"、"故"等；合用的主
要有"因为……，所以……"、"由于……，以致……"、"之所以……，是
因为……"、"之所以……，就在于……"、"因为……，才（就、便、于
是）……"等。最常见的表达形式是"因为……，所以……"和"之所
以……，是因为……"，前者表示前因后果，后者表示前果后因（陈学忠，
2006：96—97）。句式"由于……，（因而）……"在表意上和"因为……，
所以……"相同，但二者存在细微差异："因为"和"所以"经常配对使
用，而"由于"作为原因标记通常单用，书面语色彩较强，会使得所说的
话倾向于议论事物之间的因果关系，当"由于"用于"由果溯因"时，限
于断定结果产生的原因；句式"……以致……"强调乙事物受到甲事物的
强烈影响，而乙事物是一种不好的或不正常的结果；句式"既然……，
就……"主要表示推断的句式，不仅可以表示"据因推果"，而且可以表示
"据果断因"，"既然"有时跟"所以"之类配合使用，反映了同因果构式存
在相通之处（邢福义，2002：63—74）。

还有一类因果构式，即主要表示推断的构式"既然……，就……"，
用于根据原因推断出结果（"据因推果"），或者根据结果推断出原因
（"据果断因"）。推断因果常用的关联词语则有"既然"、"既"、"就"、
"可见"、"既然……，就（那么、又、便、则）……"等；"既然"有时
跟"所以"之类配合使用，反映了同因果构式存在相通之处（邢福义，
2002：70—73）。

汉语的关联词较英语更灵活，表"因"连词和表"果"连词可以同
时出现，也可以只出现一个；而英语中一般只出现一个连词，如，because
和 so 不能出现在同一个因果构式里。

根据邢福义（2002：59—60）对汉语因果构式的研究，因与果之间存
在已然和未然之别，主要分为三种情况：原因是已然的，结果是未然的，
即由已然的原因引出未然的结果，如例（1）；原因是未然的，结果是已然
的，即由未然的原因引出已然的结果，如例（2）；原因是未然的，结果是
未然的，即由未然的原因引出未然的结果，如例（3）。

（1）因为人民有这种想法，所以要去试一试和平的但也是麻烦的
方法。（《周恩来选集》上卷，第273页）（转引自邢福义，2002：
59）（"要去试一试"是尚未试）

（2）下午要下雨，因此他把雨伞带走了。（"要下雨"是还未下）

（3）因为小王要来看我，所以我得提前离开了。（"要来"是还

未来；"得提前离开"是还未离开）

由此看出，表达式"因为……，所以……"既能表示现实的因果关系，也能表示未然的因果关系。不过，这类句式重在客观地述说事物的因果关系，因此，即使所说的是未然的，也给人以重视客观事实、一切从客观情况出发的感觉。

邢福义（2002：61）还进一步将因果表达分为由因到果和由果溯因：所谓由因到果，就是指结果总是产生于原因之后，因此，因果构式一般是前分句表示原因，后分句表示结果，即由原因说到结果；所谓由果溯因，就是指有时候人们采用由果溯因的句法，前分句表示结果，后分句表示原因。而且，由果溯因有两种情况：第一种情况重在分析断定结果产生的原因；第二种情况重在补充说明结果产生的原因。如：

（4）因为饿，他已经没有力气跑跑跳跳。（老舍：《四世同堂·饥荒》，《十月》1982 年第 2 期）（邢福义，2002：59）

（5）前几次试验之所以没有成功，是因为大家还缺乏经验。（黄伯荣、廖序东，1980：438）

（6）阻力太大，以致无法继续下去。（黄伯荣、廖序东，1980）（陈学忠，2006：97）

（7）张三一定饿了，因为他走不动了。

（8）既然走出了第一步，就索性走下去。（黄伯荣、廖序东，1980）

（9）我抽烟，是因为想孩子们。（邢福义，2002：62）

（10）几房的本家大约已经搬走了，所以很寂静。（黄伯荣、廖序东，1980：438）

（11）因为外面下过雨了，所以地很湿吧。

从以上这些因果关系的表达，根据我们关于英语因果构式的分类标准，我们认为汉语的因果构式也可以分为逻辑因果构式和实据因果构式。而且，我们无法仅仅从句中所使用的连词来判断逻辑因果构式和实据因果构式，而是根据其表达的因与果之间的关系来确定。例（4）、例（5）、例（6）为逻辑因果句，"人饿了就没有力气跑跑跳跳"、"缺乏经验导致试验不成功"、"阻力太大导致无法继续下去"都是合乎事理的因果关系。而例（7）—例（11）则是实据因果句。例（7）表示"倒因为果"的因果关系，不是"走不动了才饿"而应该是"饿了才会走不动"。例（8）是一种表言语行为的推断因果句，有了前者"走出了第一步"才会有"就索性走下去"这样的建议或者要求。例（9），"抽烟"和"想孩子们"并没有必然的因果关系，这种因果关系的建立，是据逻辑因果关系通过多次推衍所得："因为想孩子们，所以我就痛苦"；"抽烟可以暂时缓解思念之苦"；"因为想孩子们，所以我抽烟"。例（10）中表实据的"大约"一词说明"很寂静"很大程度上是一种心理感受，而前者"几房的本家已经搬走"并非"很寂静"的真正原因。例（11）的因果关系中的果并非表示推测，而是表示一种言语行为，如，建议"开车小心"、"别出门了"，等等。事实上，所有的实据因果构式都需要通过推理（特定推导过程）来建立因与果之间的关系。

二　汉语因果构式生成过程阐释

（一）汉语逻辑因果构式生成过程阐释

本小节将使用具体语例进一步说明逻辑因果构式的生成机理研究框架的具体可操作性。我们认为汉语的逻辑因果构式的生成过程同英语的逻辑因果构式的生成过程相同。可以图示如下（见图 7 -1）。

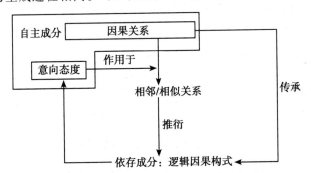

图 7 -1　汉语逻辑因果构式生成机理分析框架

下面，我们将以例（4）来说明。该句的具体生成过程是这样的。在该例中，"饿"与"没有力气跑跑跳跳"具有客观的逻辑因果关系，作为自主成分的意向内容，推衍出表达这一客观逻辑因果关系的依存成分"因为饿，他已经没有力气跑跑跳跳"。但从意向态度来说，说话人在条件关系、因果关系、时间关系等关系中决定选用因果关系表达，于是运用一个表因果关系的算子（⊙）将"饿"与"没有力气跑跑跳跳"连接起来，也就是使用了逻辑因果构式的形式 $\boxed{\odot(\alpha,\ \beta)}$。依存成分的逻辑因果句之所以能被推衍出来，主要依赖自主成分与依存成分之间的相邻/相似关系。世界的逻辑结构中存在"饿了就没有力气跑跑跳跳"或"没有力气跑跑跳跳是因为饿了"的因果关系；讲话人根据自己的意向态度决定使用因果关系的表达式；运用相邻/相似关系将世界逻辑结构中的因果关系"传"给因果关系的语言表达式，语言表达式"承"接了世界逻辑结构中的因果关系，于是就有了对应的语言表达式："因为饿（α），他已经没有力气跑跑跳跳（β）"，即逻辑因果句。

我们可以将这个推衍过程归纳为四个环节：①客观世界中各事物存在的因果关系；②意向态度决定使用逻辑因果构式将客观世界已经存在的因果关系用语言表达式表述出来；③在推衍过程中主要使用相邻/相似关系；④依存成分的逻辑因果构式传承客观世界中业已存在的因果关系。

（二）汉语实据因果构式生成过程阐释

我们认为汉语的实据因果构式的生成过程同英语的实据因果构式的生成过程相同。可以图示如下（见图7-2）。

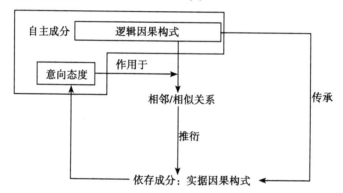

图7-2 汉语实据因果构式生成机理分析框架

下面，我们将以例（7）来说明。从具体的推衍过程来说是这样的。首先有一个自主的要表达的意向内容：看到张三走不动了，推想他饿了 [A（utonomy）$_1$]，推衍出表达这一自主内容的依存成分：张三走不动了；他一定饿了 [d（ependence）$_1$]；但从意向态度来说，说话人想要将这一意向内容中的两事件的因果关系明显地表达出来，于是套用已经存在的逻辑因果构式的形式"⊙α，β"，即将 d_1 套在逻辑因果构式 [d_1 +（⊙α，β）] 中作为又一个自主成分 A_2，进行第二次推衍，推衍出依存成分 d_2：张三一定饿了，因为他走不动了。在推衍过程中涉及四个基本环节：①存在与事物的因果关系同构的逻辑因果句，即"因为张三饿了，所以他走不动了"；②以常规关系为中介，即逻辑因果关系和实据因果关系都有着

"因为……，所以……"的逻辑思维形式，这种相邻/相似关系使推衍成为可能；③这当中应受交际的意向性制约；④以传承为手段。

就逻辑因果构式—实据因果构式的传承来说，依赖的是其中的多义关联，即表示某一构式意义的构式 A 在运用过程中发展为还可用这一构式的形式表示该特定构式意义的扩展义，成为构式 A'，这时构式 A 同构式 A' 就是通过多义关联实现了传承关系。就因果构式来说，逻辑因果构式的构式意义是表示符合一般常识的原因和结果的逻辑因果关系；实据因果构式所表示的是从某一实据得出一个认识的泛因果关系，这是前者的扩展义。构式 A 同构式 A' 就是通过原义与扩展义的关联实现传承的。

逻辑因果构式是通过"同构性"形成的，即因果构式的形成依赖于世界逻辑结构中存在一种以事理逻辑为依据的因与果的关系，人们对这种关系的认识投射到语言的运用中来，固化为表达事物的基本逻辑关系的语言表达式，因而逻辑因果构式与这种因果关系的结构同构，即有其因一般会有其果。例如，事物的事理逻辑结构中存在"走不动的原因是饿"或"因为饿所以走不动"的因果关系；于是就有对应的语言表达式："因为张三饿了（α），所以他走不动了（β）"，这就是逻辑因果构式。如例（12）：

（12）A. 张三为什么走不动了？
　　　B. 因为张三饿了，所以他走不动了。（逻辑因果句）

同时，人们还存在以说话人自身持有的实据作为推知或认定是某一事态的原因的思维过程。这样认定的因果关系不是客观存在的，却是可以想象、可以思议的；这是主观认定的因果关系，这也需要由一定的句式来表达。由于这也是表达因果关系，就可以通过类推的方式，将逻辑因果构式自身的特点"传递"下去，作为表达这样的因果关系的构式，这就是实据因果构式。实据因果构式其实是"承接"了逻辑因果构式的基本特征。如例（13）：

（13）A：张三怎么样？
　　　B：他一定是饿了。
　　　A：你为什么认为他饿了？
　　　B：（张三一定饿了，）因为他走不动了。（实据因果句）

实据因果句的形成过程可以概括为以下主要步骤，以例（13）为例说明。

1. 当被问及为什么会认为"张三一定饿了"时，说话人要说他之所以这样认为的原因是发现"他走不动了"，即在"走不动"和"饿"之间寻找因与果的关系。但是在现实的事理逻辑结构中，"因为走不动所以饿"这样的因果关系难以理解。

2. 但由于事理逻辑结构中存在"饿引发走不动"的因果关系，即"饿"可能是造成"走不动"的原因（之一），这就可以以"走不动"为由，反过来推测其中可能的原因是"饿"；所以虽然表面上看"因为他走不动所以他饿"费解，但说成"因为他走不动，所以我推测/说/认为其原因是他饿了"是可以形成一定的因果关系的。

3. 按照言语行为理论，一个陈述句其实也是一个施为句，因此上述"因为他走不动，所以我推测/说/认为其原因是他饿了"，也就可以说成"因为他走不动，所以他必定是饿了"。这就是仿逻辑因果句构式"⊙α，β"来表示主观认定的因果关系。

4. 这就完成了从"因为他饿，所以他走不动"到"因为他走不动，所以他一定是饿了"的推衍，前者是逻辑因果句，后者是实据因果句。

三　汉语因果构式识解过程阐释

（一）汉语逻辑因果构式识解过程阐释

我们认为汉语因果构式的识解过程同英语因果构式的识解过程相同。可以图示如下：

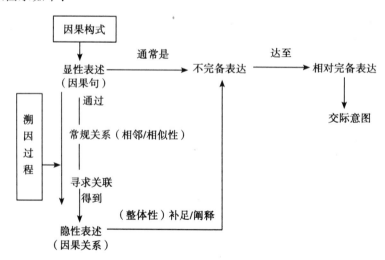

图 7-3　汉语因果构式识解机理分析框架

下面我们仍以例（4）的分析来说明该框架的可行性和可操作性。

根据我们的常识可以判断出例（4）是一个逻辑因果句，因为例（4）表述的"因"与"果"之间是一种逻辑因果关系。也就是说，"他饿了"是导致"他已经没有力气跑跑跳跳"的真正原因，"饿"与"没有力气跑跑跳跳"之间是有逻辑因果关系的。我们对例（4）的识解过程是：在相邻/相似关系的制约下，将句式结构和与例（4）相关的语义结构，如"因为他饿了，所以他没有力气了"、"因为没有力气了，所以他无法跑跑跳跳"、"因为饿了，所以他不想动了"、"因为饿了，所以他不能出去玩了"等识解为一个整体。然后反复使用条件蕴涵式"如果 x 则 y"。就会得到这样一个推理过程："如果要出门去玩，那么就需要有力气"、"如果人要有力气，就必须吃好吃饱"、"如果肚子饿了，人就会没有力气"、"如果肚子饿了，人就会没有力气跑跑跳跳"、"如果饿了，就不能出去玩了"，等等。并且在该整体识解的基础上，结合语境限制，从显性表述[例（4）]推测出其隐性表述，最后整体性补足到显性表述之中，达到完备理解。

如我们将例（4）置于如下语境中：

　　（14）（母亲看到孩子在家待着不动，就叫孩子父亲带孩子出门玩会儿。）
　　母亲：带孩子出去玩会儿吧。
　　父亲：因为饿，他已经没有力气跑跑跳跳。

父亲的话是一个逻辑因果句，其分步识解过程如下。

1. 有一个显性表述，（因果关系的表达式）逻辑因果句"因为饿，他已经没有力气跑跑跳跳"，即在"饿"与"没有力气跑跑跳跳"之间建立了因果关系。

2. 显性表述激活人们在心理结构的知识集中与"饿"、"没有力气"、"没力气动"、"没力气跑跑跳跳"等句法结构和语义相关的知识集。这些激活的知识集，依据相邻/相似关系被识解为一个整体。依靠这个整体，可以在逻辑因果句同真实世界中的因果关系之间寻找相邻/相似性。

3. 应用条件蕴涵式"如果 x 则 y"，在这个依据相邻/相似关系被识解为整体的心理结构知识集中进行连续的替换操作，如："因为他饿了，所以他没有力气了"、"因为没有力气了，所以他无法跑跑跳跳"、"因为饿了，所以他不想动了"、"因为饿了，所以他不能出去玩了"，就会推测出与显性表述相关的隐性表述，即逻辑因果关系。

4. 根据语境限制，我们将最符合语境限制的隐性表述，即"因为饿了，所以他不能出去玩了"整体性补足到显性表述之中。

5. 任何话语都有交际意图，在该具体语境中，显性表述是"因为饿，他已经没有力气跑跑跳跳"，而隐性表述说的是"想吃饭，不想出去玩"。因此我们得出了父亲说"因为饿，他已经没有力气跑跑跳跳"的意图是"拒绝"母亲"带孩子出去玩会儿吧"的请求。

我们发现，逻辑因果构式的识解过程可以简单描述为：在相邻/相似关系的指导下，将心理结构被激活的知识集识解为一个整体，然后进行溯因推理，即连续使用"如果 x 则 y"的替换，得到显性表述下的多层隐性表述，最后将这些隐性表述整体地补足到显性表述之中，根据语境限制，得到最佳关联的隐性表述；结合显性表述与隐性表述，最终达到对该因果构式的完备识解。

逻辑因果构式的识解是一个整体性的溯因推理过程。这个过程，是在下向因果关系作用下局域话语之间的相互影响进展为话语的整体性解释的过程。我们将逻辑因果句"因为饿，他已经没有力气跑跑跳跳"看成是话语表达的较低层级，而将该话语实际想要达到的交际意图（拒绝修桌子）看成是较高层级从而具有下向因果力。对该逻辑因果句的理解或解释，就是通过对不同层级的因果句（"如果要出门去玩，那么就需要有力气"、"如果人要有力气，就必须吃好吃饱"、"如果肚子饿了，人就会没有力气"、"如果肚子饿了，人就会没有力气跑跑跳跳"、"如果肚子饿了，人就不想出去玩了"）相互作用的考察，追溯其中的下向因果力对这些层级的逻辑因果句的影响，即在"孩子正在等着吃饭，母亲让父亲带其出门玩"这样的具体语境中，讲话人选择"因为饿，他已经没有力气跑跑跳跳"，是为其意欲表达的交际意图决定的。这一推理过程揭示出其中的下向因果关系的形成。

（二）汉语实据因果构式识解过程阐释

本小节将举例说明我们所建立的关于实据因果构式的识解机理的研究框架的可行性。请见图 7-1 的图示。下面以例（9）为例。

在因果构式的连续体中，例（9）是介于逻辑因果构式和实据因果构式之间的一个因果句，很难判别该将其归入哪一类。因为该句表达的不是直接因果关系，而是间接的，即"因"与"果"之间的关系需要经过转换，所以我们将其归入实据因果句。从具体的推理过程来说是这样的：在相邻/相似原则的支配下把所有句法相邻/相似又语义相关的结构，如，

"因为想念而又无法见到孩子们，所以我会难受"、"因为难受，所以我需要找到一种减轻痛苦的办法"、"因为抽烟可以帮助我减轻四年之苦，所以我抽烟"、"因为想孩子们，所以我抽烟"等识解为一个整体，反复应用条件蕴涵式"如果 x 则 y"，并因此可以从显性表述（实据因果句"我抽烟，是因为想孩子们"）通过相邻关系寻求该整体中的关联项，从而推导出隐性表述（逻辑因果句"因为想孩子们，所以我就难受，甚至痛苦"和"因为抽烟可以暂时缓解思念之苦，所以我抽烟"），通过整体性阐释/补足，即运用当前语境所提供的限定，最后获得较为完备的表述，进而获得对显性表述的识解，即获得讲话人的最终交际意图。

如果我们将例（9）置于以下语境中：

（15）（A 劝 B 别再抽烟了。）
　　　A：你不是已经戒烟了吗？
　　　B：我抽烟，是因为想孩子们。

例（15）中 B 的话语，即实据因果句的识解过程可以分解为以下主要步骤：

1. 有一个显性表述，即（因果关系的表达式）实据因果句"我抽烟，是因为想孩子们"，即在"抽烟"和"想孩子们"之间建立了因果关系，即"因为想孩子们，所以我抽烟"。

2. 在人们的心理结构的知识集中，这样的因果关系并不符合事理逻辑，但却存在符合事理逻辑的"因为想孩子们，所以我就难受，甚至痛苦"和"因为抽烟可以暂时缓解思念之苦，所以我抽烟"这样的逻辑因果关系。

3. 假定因分句与果分句构成一个整体，在具体语境中，我们可以再依靠相邻/相似关系，即逻辑因果句"因为想孩子们，所以我就难受，甚至痛苦"和"因为抽烟可以暂时缓解思念之苦，所以我抽烟"同实据因果句"我抽烟，是因为想孩子们"之间具有相邻/相似性，实据因果句套用已经存在的逻辑因果构式的形式"⊙α，β"，所以二者都有着"因为……，所以……"的逻辑思维形式，这为我们的推理提供了可能。

4. 应用条件蕴涵式"如果 x 则 y"，可以发现相关的因果关系"如果想念又无法见到孩子，我就会痛苦"、"如果痛苦，我就需要寻找缓解痛苦的办法"、"如果抽烟，我的思念之苦就可以暂时得到缓解"、"如果想孩子们，我就抽烟"等。根据这些条件式，我们可以在逻辑因果句"因为想孩子们，所以我就难受，甚至痛苦"和"因为抽烟可以暂时缓解思念之苦，所以我抽烟"和实据因果句"我抽烟，是因为想孩子们"之间建立一种联系。以此确定实据因果句"我抽烟，是因为想孩子们"所依托的隐性表述就是逻辑因果句"因为想孩子们，所以我就难受，甚至痛苦"和"因为抽烟可以暂时缓解思念之苦，所以我抽烟"。

5. 这样，我们可以将"我抽烟，是因为想孩子们"补足/阐释为"因为抽烟可以暂时缓解我思念孩子之苦，所以我抽烟"。也就找到了实据因果句这一显性表述之所以可在这一语境中恰当运用的合理性，也就对话语之所以这样运用的"因"作了揭示和解释。

6. 任何话语都有交际意图，在具体的语境中，如，有人在抽烟，另有人劝其别抽，那么我们可以确定讲话人是"谢绝"接受规劝。这就达至了识解的结果：话语"我抽烟，是因为想孩子们"表达一种言语行为，即试图为"抽烟"找到一个理由，从而"谢绝"接受规劝的言语行为。

这一分析过程反映出：作为显性表述的实据因果句"我抽烟，是因为想孩子们"本身不符合事理逻辑，但它没有脱离一般的事理，而是包含了隐性表述"因为想孩子们，所以我就难受，甚至痛苦"和"因为抽烟可以暂时缓解思念之苦，所以我抽烟"等符合事理的逻辑因果句。它是通过一系列的推理过程，并以说话人所持的"想孩子们"这一实据同特定语境相结合，在事理集"如果想念又无法见到孩子，我就会痛苦"、"如果痛苦，我就需要寻找缓解痛苦的办法"、"如果抽烟，我的思念之苦就可以暂时得到缓解"、"如果想孩子们，我就抽烟"等当中进行筛选的结果。实据因果句"我抽烟，是因为想孩子们"也许看起来不完备，好像"没道理"；但找到了恰当的逻辑因果关系的表述"因为想孩子们，所以我就难受，甚至痛苦"和"因为抽烟可以暂时缓解思念之苦，所以我抽烟"，从而可以将实据因果句补足/阐释为合理的相对完备的表述"因为抽烟可以暂时缓解思念孩子之苦，所以我抽烟"，也就是找到了这一显性表述之所以可在这一语境中恰当运用的合理性，也就对话语之所以这样运用的"因"作了揭示和解释。说话人/作者是理性的，他们的话语（语篇）形式上是零散的，但是在意义上是相关的，是一个意义整体。实据因果构式是不符合一般的事理的，但必定是以说话人所持的某一实据同特定语境结合，在事理集当中进行筛选的结果。

所以，实据因果构式的识解也是一个整体性的溯因推理过程。这个过程是在下向因果关系作用下局域话语之间的相互影响进展为话语的整体性解释的过程。我们将实据因果句"我抽烟，是因为想孩子们"看成是话语表达的较低的层级，而该话语实际想要达到的交际意图（为自己的行为找借口）看成是较高的层级从而具有下向因果力。对该实据因果句的理解或解释，就是通过对不同层级的因果句（"如果想念又无法见到孩子，我就会痛苦"、"如果痛苦，我就需要寻找缓解痛苦的办法"、"如果抽烟，我的思念之苦就可以暂时得到缓解"、"如果想孩子们，我就抽烟以缓解痛苦"）相互作用的考察，追溯其中的下向因果力对这些层级的实据因果句的影响，即在"A 建议 B 别再抽烟"这样的具体语境中，讲话人选择"我抽烟，是因为想孩子们"，从而达到其意欲表达的交际意图：表达一种言语行为，即试图为"抽烟"找到一个理由。

第三节 分析框架在法语因果构式中的应用

一 法语的因果构式概览

法语里引导复合因果构式的连词主要有四个：comme、car、parce que 和 puisque。

"parce que"（因为，由于）是连词短语，是最常用的引导原因状语从句的连词；一般出现在从句中，引导的从句通常放在主句后；用于说明主句提及事由的原因，用于回答 pourquoi（为什么）提出的问题，如例（16）—例（18）；"parce que"也可以独立使用，表示拒绝回答或拒绝解释所发生的事情的原因，如例（19）。

连词"comme"（由于）引导的从句通常放在句首，用来表示强调；也可用于表示原因，但与"parce que"不同的是，"comme"出现在句首。如例（20）和例（21）。

"puisque"表示"既然"，用于引导显而易见的、为对话双方都知道的原因；引导的从句通常放在主句前，有时也可放在主句后；强调的是主语的主观想法。如例（22）。

"car"放在后面，即一般放在第二分句的句首；用于解释前面说过的事情，多用于书面语。如例（23）和例（24）。

（16）Beaucoup de Parisiens préfèrent le métro, parce qu'il va partout à Paris.（很多巴黎人愿意乘坐地铁，因为它通往巴黎的四面八方。）（张晶，2003）

（17）Il est tombé parce que le chemin est glissant. （因为路滑，他摔倒了。）

（18）Abi a poussé Axel parce qu'il est tombé. （Moeschler，2007）（Abi 推了 Axel，因为 Axel 倒了。）（Moeschler，2007）

（19）Pourquoi vous ne venez pas? Parce que. （为什么您不来？不为什么。）

（20）Comme je suis fatigué, je reste à la maison. （因为我累了，所以我待在家里。）

（21）Comme la voiture est en panne, Jacques va au travail à pied. （汽车坏了，雅克步行去上班。）（张晶，2003）

（22）Puisque tu es fatigué, j'y vais tout seul. （既然你累了，我自己一个人去。）

（23）Il n'est pas venu, car il est malade. （他没有来，因为他生病了。）

（24）Nous avons eu de bonnes vacances, car il a fait très beau. （天气很好，我们的假期很愉快。）

除了以上常用的引导因果构式的连词之外，还有其他一些连词也可以引导因果构式：étant donné que［由于，鉴于（多用于书面语）］，如例（25）；du fait que［由于（口语、书面语中均可使用）］，如例（26）；vu que［鉴于（表示无可争辩的原因）］，如例（27）；sous prétexte que（以……为借口），如例（28）。[①]

（25）Etant donné que les loyers sont chers au centre ville, les gens préfèrent habiter en banlieue. （由于城里房租太贵，人们更愿意住在郊区。）（张晶，2003）

（26）Du fait que beaucoup de familles en ville possèdent des téléviseurs de couleurs, le cinéma est en crise. （由于许多家庭有彩电，电影业陷入危机。）

（27）Vu qu'il s'est passé de graves inondations dans cette région, nous avons annulé notre projet touristique. （考虑到这个地区发洪水，我们取消了旅游计划。）

---

① 下文的例（25）—例（41）均参见张晶（2003）。

（28）Elle ne m'a pas prévenu de son arrivée à Beijing sous prétexte qu'elle avait perdu mon numéro de téléphone. （她事先没有告诉我她到达北京，说是找不着我的电话号码了。）

由并列连词引导并列句表示原因的除了"car"外，还有"en effet（由于、的确、确实）"（用于解释前句所说的事情）和"tellement（由于）"（表示强烈语气，一般放在并列句的句首），如例（29）和例（30）。另外，也可以用介词或介词短语表达原因，如例（31）和例（32）；用副动词或分词式表达原因，如例（33）和例（34）。

（29）Cet orchestre me plaît beaucoup, en effet, il interprète Mozart d'une manière admirable. （我非常喜欢这个乐队，它对莫扎特乐曲的演绎着实令人赞叹。）

（30）Personne ne veut travailler avec lui dans le même bureau, tellement il est bavard. （他实在太唠叨了，没人愿意和他在一个办公室工作。）

（31）Cette année, la récolte est mauvaise à cause de l'inondation. （由于水灾，今年收成不好。）［— à cause de + 名词/代词 由于，因为（消极结果）］

（32）Grâce à l'aide d'un passant, la vieille dame a pu retrouver le chemin pour rentrer. （多亏一个路人的帮助，老太太找到了回家的路。）［— grâce à + 名词/代词 多亏，幸亏（积极结果）］

（33）Il s'est cassé une jambe en faisant du ski hors piste. （他没在雪道上滑雪摔断了腿。）（用副动词表示原因）

（34）Ne sachant ni l'adresse ni le numéro de téléphone de notre ami, nous avons dû nous installer à l'hôtel. （既不知道朋友的地址，也不知道他的电话，我们只能住在旅馆。）［用现在分词、过去分词表示原因（用于书面语）］

以上均为原因的表达方式。此外，还有结果表达方式：用状语从句表达结果，从句动词用直陈式表示实际结果，常用连词有：si bien que⋯、de sorte que⋯（如此⋯⋯以致⋯⋯，结果是⋯⋯）、de（telle）manière que⋯、de（telle）façon que⋯（结果是⋯⋯）、au point que⋯（到⋯⋯程度）等，如例（35）—例（37）；状语从句的动词用虚拟式，表示可能的或难以实现的结果，常用连词有：assez + pour que⋯（足够⋯⋯以致⋯⋯）和 trop + pour que⋯（太⋯⋯以致不⋯⋯），如例（38）和例（39）；由并列连词引导的并列句表示结果，如例（40）；用介词或介词短语表达结果，如例（41）。

（35）Il fait souvent de la montagne si bien qu'il devient robuste.（他经常爬山，因此身体很结实。）

（36）Il pleuvait de telle façon que j'étais obligé de rentrer.（雨下得太大，我只能回家。）

（37）Hier il a plu à torrent au point que tous les champs ont été inondés.（昨天大雨倾盆，把所有的地都淹了。）

（38）Elle n'a pas assez travaillé pour que ses notes soient mauvaises.（她没有用功学习，成绩很差。）

（39）Cette maison est trop petite pour qu'on puisse y loger toute une famille.（这房子太小，住不下全家人。）

（40）Je n'ai pas de permis, donc je ne peux pas conduire.（我没有驾驶证，不能开车。）［donc 所以，因此（口语、书面语中均可使用）］

（41）Il a accumulé assez de dossiers pour commencer à écrire son roman.（他已经积累了足够的资料可以写小说了。）（assez de + 名词 + pour + 不定式　足够⋯⋯以至于⋯⋯）

根据我们关于英语因果构式的分类标准，以上这些因果关系的表达显示，法语的因果构式也可以分为逻辑因果构式和实据因果构式。从中也可以看出，我们无法仅仅从句中所使用的连词来判断逻辑因果构式和实据因果构式，而是根据其表达的因与果之间的关系来确定。

二　法语因果构式生成过程阐释

我们认为法语因果构式的生成过程同英语因果构式的生成过程相同。图示同图 7 - 1。

下面，我们以例（18）来说明法语因果构式的生成过程。该例是一个实据因果句。从具体的推衍过程来说是这样的。首先有一个自主的要表达的意向内容：看到 Axel 倒了（Axel est tombé），推想 Abi 推了 Axel（Abi a poussé Axel）［A（utonomy）$_1$］，推衍出表达这一自主内容的依存成分：

Axel 倒了；Abi 推了 Axel ［d（ependence）$_1$］；但从意向态度来说，说话人想要将这一意向内容中的两个事件的因果关系明显地表达出来，于是套用已经存在的逻辑因果构式的形式"⊙α，β"，即将 d_1 套在逻辑因果构式的形式 ［d_1 +（⊙α，β）］中作为又一个自主成分 A_2，进行第二次推衍，推衍出依存成分 d_2：Abi 推了 Axel，因为 Axel 倒了（Abi a poussé Axel parce qu'il est tombé）。在推衍过程中涉及四个基本环节：①存在与事物的因果关系同构的逻辑因果句，即"因为 Abi 推了 Axel，所以 Axel 倒了（Axel est tombé parce que Abi l'a poussé）"；②以常规关系为中介，即逻辑因果关系和实据因果关系都有着"因为……，所以……"的逻辑思维形式，这种相似关系使推衍成为可能；③这当中应受交际的意向性制约；④以传承为手段。

　　就逻辑因果构式—实据因果构式的传承来说，依赖的是其中的多义关联，即表示某一构式意义的构式 A 在运用过程中发展为还可用这一构式的形式表示该特定构式意义的扩展义，成为构式 A'，这时构式 A 同构式 A' 就是通过多义关联实现了传承关系。就因果构式来说，逻辑因果构式的构式意义是表示符合一般常识的原因和结果的逻辑因果关系；实据因果构式所表示的是从某一实据得出一个认识的泛因果关系，这是前者的扩展义。构式 A 同构式 A' 就是通过原义与扩展义的关联实现传承的。

　　逻辑因果构式是通过"同构性"形成的，即因果构式的形成依赖于世界逻辑结构中存在一种以事理逻辑为依据的因果关系，人们对这种关系的认识投射到语言的运用中来，固化为表达事物的基本逻辑关系的语言表达式，因而逻辑因果构式的结构与这种因果关系的结构同构，即有其因一般会有其果。例如，事物的事理逻辑结构中存在"倒下的原因是被推"或"因为被推所以倒下了"的因果关系；于是就有对应的语言表达式："因为 Abi 推了 Axel（α），所以 Axel 倒了（β）（Axel est tombé parce que Abi l'a poussé. ）"，这就是逻辑因果句。如例（42）：

（42）A. Pourquoi Axel est tombé? （Axel 为什么倒了?）

　　　　B. Axel est tombé parce que Abi l'a poussé. （因为 Abi 推了 Axel，所以 Axel 倒了。）（逻辑因果句）

　　同时，人们还存在以说话人自身持有的实据作为推知或认定是某一事态的原因的思维过程。这样认定的因果关系不是客观存在的，却是可以想象、可以思议的；这是主观认定的因果关系，这也需要一定的句式来表达。由于这也是表达因果关系，就可以通过类推的方式，将逻辑因果构式自身的特点"传递"下去，作为表达这样的因果关系的构式，这就是实据因果构式。实据因果构式其实是"承接"了逻辑因果构式的基本特征。如例（43）：

（43）A. Qu'est-ce qui est arrivé à Abi?（Abi 怎么了？）

　　　 B. Il a poussé Axel.（他推了 Axel。）

　　　 A. Pourquoi penses-tu que c'est lui qui a poussé Axel?（你为什么认为他推了 Axel?）

　　　 B. Abi a poussé Axel parce qu'il est tombé.（Abi 推了 Axel，因为 Axel 倒了。/因为 Axel 倒了，所以 Abi 推了 Axel。）（实据因果句）

实据因果句的形成过程可以概括为以下主要步骤，以例（18）为例说明。

1. 当被问及为什么会认为"Abi a poussé Axel（Abi 推了 Axel）"时，说话人要说他之所以这样认为的原因是发现"Axel 倒了"，即在"倒了"和"推"之间寻找因与果的关系。但是现实的事理逻辑结构中，"Parce qu'Axel est tombé, Abi a poussé Axel（因为倒了所以被推了）"这样的因果关系难以理解。

2. 但由于事理逻辑结构中存在"推引发倒"的因果关系，即"推"可能是造成"倒"的原因（之一），这就可以以"倒"为由，反过来推测其中可能的原因是"被推"；所以虽然表面上看"Parce qu'Axel est tombé, Abi a poussé Axel（因为 Axel 倒了所以 Abi 推了 Axel）"费解，但说成"Parce qu'Axel est tombé, je présumer/pense/crois que' Abi l'a poussé.（因为 Axel 倒了，所以我推测/说/认为其原因是 Abi 推了他）"是可以形成一定的因果关系的。

3. 按照言语行为理论，一个陈述句其实也是一个施为句，因此上述"Parce qu'Axel est tombé, je présumer/pense/crois que'Abi l'a poussé.（因为 Axel 倒了，所以我推测/说/认为其原因是 Abi 推了他）"，也就可以说成"Puisqu'Axel est tombé, c'est sûr qu'Abi l'a poussé.（因为 Axel 倒了，所以必定是 Abi 推了他）"。这就是仿逻辑因果构式"⊙α，β"来表示主观认定的因果关系。

4. 这就完成了从"Parce qu'Abi a poussé Axel, il est tombé.（因为 Abi

推了 Axel，所以他倒了）"到"Puisqu'Axel est tombé, c'est sûr qu'Abi l'a poussé.（因为 Axel 倒了，所以必定是 Abi 推了他）"的推衍，前者是逻辑因果句，后者是实据因果句。

三　法语因果构式识解过程阐释

本小节将举例说明我们所建立的关于因果构式的识解机理的研究框架用于研究法语因果构式识解的具体可操作性。下面以例（22）"Puisque tu es fatigué, j'y vais tout seul.（既然你累了，我自己一个人去）"为例。

该例属于一个实据因果句。从具体的推理过程来说是这样的：在相邻/相似原则的支配下把所有句法相邻/相似又语义相关的结构，如"Parce que tu es fatigué, tu ne peux pas y aller（因为你累了，所以你不能去了）"、"Parce que tu ne peux pas y aller, qn. d'autre ou moi-même est obligé d'y aller（因为你不能去，所以其他人或者我必须去）"和"Parce que tu ne peux pas y aller, j'y irai tout seul（因为你不能去，所以我只能自己一个人去）"等识解为一个整体，反复应用条件蕴涵式"如果 x 则 y"，并因此可以从显性表述［实据因果句"Puisque tu es fatigué, j'y vais tout seul.（既然你累了，我自己一个人去）"］，通过相邻/相似关系寻求该整体中的关联项从而推导出隐性表述［逻辑因果句"Parce que tu es trop fatigué à m'y accompagner, et que personne d'autre n'y arrive, j'y irai tout seul.（因为你累得无法陪我一起去而且没有其他人能够陪我去，所以我就自己一个人去）"］，通过整体性阐释/补足，即运用当前语境所提供的限定，最后获得较为完备的表述，进而获得对显性表述的识解，即获得讲话人的最终交际意图。

如果我们将例（22）置于以下语境中：

（44）［A est fatigué, mais il a un rendez-vous avec B pour faire des courses, donc il s'en inquiète.（A 感到很累了，但 A 早已约好同 B 一起去购物，所以 A 表示担心。）］

A: Je suis fatigué. Comment faut-il faire pour faire des coures?（我很累了。购物的事怎么办呢？）

B: Puisque tu es fatigué, j'y vais tout seul.（既然你累了，我自己一个人去。）

例（44）中 B 的话语，即实据因果句的识解过程可以分解为以下主要步骤：

1. 有一个显性表述，即（因果关系的表达式）实据因果句 "Puisque tu es fatigué, j'y vais tout seul.（既然你累了，我自己一个人去）"，即在 "tu es fatigué（你累了）" 和 "j'y vais tout seul（我自己一个人去）" 之间建立了因果关系。

2. 在人们的心理结构的知识集中，这样的因果关系并不符合事理逻辑，但却存在符合事理逻辑的 "Parce que tu es trop fatigué à m'y accompagner, et que personne d'autre n'y arrive, j'y irai tout seul.（因为你累得无法陪我一起去而且没有其他人能够陪我去，所以我就自己一个人去）" 这样的逻辑因果关系。

3. 假定因分句与果分句构成一个整体，在具体语境中，我们可以再依靠相邻/相似关系，即逻辑因果句 "Parce que tu es trop fatigué à m'y accompagner, et que personne d'autre n'y arrive, j'y irai tout seul.（因为你累得无法陪我一起去而且没有其他人能够陪我去，所以我就自己一个人去）" 同实据因果句 "Puisque tu es fatigué, j'y vais tout seul.（既然你累了，我自己一个人去）" 之间具有相邻/相似性，实据因果句套用已经存在的逻辑因果构式的形式 "⊙α，β"，所以二者都有着 "因为……，所以……" 的逻辑思维形式，这为我们的推理提供了可能。

4. 应用条件蕴涵式 "如果 x 则 y"，可以发现相关的因果关系 "Si tu es fatigué, tu ne pourrais pas m'y accompagner.（如果你累了，你就无法陪我去）"、"Si tu es trop fatigué à m'y accompagner, je serais obligé d'y aller tout seul.（如果你无法陪我去，我就只能一个人去）" 等。根据这些条件式，我们可以在逻辑因果句 "Parce que tu es trop fatigué à m'y accompagner, et que personne d'autre n'y arrive, j'y irai tout seul.（因为你累得无法陪我一起去而且没有其他人能够陪我去，所以我就自己一个人去）" 和实据因果句 "Puisque tu es fatigué, j'y vais tout seul.（既然你累了，我自己一个人去）" 之间建立一种联系。以此确定实据因果句 "Puisque tu es fatigué, j'y vais tout seul.（既然你累了，我自己一个人去）" 所依托的隐性表述就是逻辑因果句 "Parce que tu es trop fatigué à m'y accompagner, et que personne d'autre n'y arrive, j'y irai tout seul.（因为你累得无法陪我一起去而且没有其他人能够陪我去，所以我就自己一个人去）"。

5. 这样，我们可以将 "Puisque tu es fatigué, j'y vais tout seul.（既然你累了，我自己一个人去）" 补足/阐释为 "Comme je suis en courant que tu es fatigué, je me décide à y aller tout seul.（因为知道你累了，所以我推

论/决定我自己一个人去）"。也就找到了实据因果句这一显性表述之所以可在这一语境中恰当运用的合理性，也就对话语之所以这样运用的"因"作了揭示和解释。

6. 任何话语都有交际意图，在具体的语境中，如，A 感到很累了，但 A 早已约好同 B 一起去购物，所以 A 表示担心，而 B 作出了"自己一个人去"的决定。这就达至了识解的结果：话语"Puisque tu es fatigué, j'y vais tout seul.（既然你累了，我自己一个人去）"表达一种言语行为，作出了"自己一个人去"的决定，以免却 A 的担心。

这一分析过程反映出：作为显性表述的实据因果句"Puisque tu es fatigué, j'y vais tout seul.（既然你累了，我自己一个人去）"本身不符合事理逻辑，但它没有脱离一般的事理，而是包含了隐性表述"Parce que tu es trop fatigué à m'y accompagner, et que personne d'autre n'y arrive, j'y irai tout seul.（因为你累得无法陪我一起去而且没有其他人能够陪我去，所以我就自己一个人去）"等符合事理的逻辑因果句。它是通过一系列的推理过程，并以说话人所持的"Tu es fatigué.（你累了）"这一实据同特定语境相结合，在事理集"Si tu es fatigué, tu ne pourrais pas m'y accompagner.（如果你累了，你就无法陪我去）"、"Si tu es trop fatigué à m'y accompagner, je serais obligé d'y aller tout seul.（如果你无法陪我去，我就只能一个人去）"等当中进行筛选的结果。实据因果句"Puisque tu es fatigué, j'y vais tout seul.（既然你累了，我自己一个人去）"也许看起来不完备，好像"没道理"；但找到了恰当的逻辑因果关系的表述"Parce que tu es trop fatigué à m'y accompagner, et que personne d'autre n'y arrive, j'y irai tout seul.（因为你累得无法陪我一起去而且没有其他人能够陪我去，所以我就自己一个人去）"，从而可以将实据因果句补足/阐释为合理的相对完备的表述"Comme je suis en courant que tu es fatigué, je me décide à y aller tout seul.（因为知道你累了，所以我推论/决定我自己一个人去）"，也就是找到了这一显性表述之所以可在这一语境中恰当运用的合理性，也就对话语之所以这样运用的"因"作了揭示和解释。说话人/作者是理性的，他们的话语（语篇）形式上是零散的，但是在意义上是相关的，是一个意义整体。实据因果句是不符合一般的事理的，但必定是以说话人所持的某一实据同特定语境结合，在事理集当中进行筛选的结果。

所以，实据因果句的识解也是一个整体性的溯因推理过程。这个过程，是在下向因果关系作用下局域话语之间的相互影响进展为话语的整体性解释的过程。我们将实据因果句"Puisque tu es fatigué, j'y vais tout seul.

（既然你累了，我自己一个人去）"看成是话语表达的较低的层级，而该话语实际想要达到的交际意图（B 决定自己一个人去，让 A 不必担心）看成是较高的层级从而具有下向因果力。对该实据因果句的理解或解释，就是通过对不同层级的因果句〔"Si tu es fatigué, tu ne pourrais pas m'y accompagner.（如果你累了，你就无法陪我去）"、"Si tu es trop fatigué à m'y accompagner, je serais obligé d'y aller tout seul.（如果你无法陪我去，我就只能一个人去）"等〕相互作用的考察，追溯其中的下向因果力对这些层级的实据因果句的影响，即在"A 因为累而无法陪 B 去购物"这样的具体语境中，讲话人选择"Puisque tu es fatigué, j'y vais tout seul.（既然你累了，我自己一个人去）"，从而达到其意欲表达的交际意图：表达一种言语行为，即作出一个决定并让 A 放心。

第四节　分析框架在日语因果构式中的应用

一　日语的因果构式概览

日语里因果关系的表达式很多，但人们一般把日语复合因果构式分为四种主要的表达方式：から类；ので、で、て类；に类；其他类。

から类的特征是它可以用于表示主观上认定的原因，后项多数可以用意志或命令结句，表示劝诱、推测、命令、请求、禁止、提问等，较少用过去式结句；から用作连接助词，连接的前项是理由、原因，后项是结论、结果；から的前项往往是说话人主观上认定并加以强调的理由、原因，但也可以用于客观原因；から前项末较多使用敬体ます（から）、です（から）；から前后项结合不紧密，前后项可以是だろう、まい、たい等未实现的事实；から语气较为生硬，使用范围广泛。如例（45）—例（49）：

（45）私はすぐ薬を飲んだから、はやく直しました。（我马上吃了药，所以很快好了。）

（46）あしたは日曜だから、彼はうちにいるでしょう。（明天是星期天，所以他在家吧。）

（47）空が暗くなってきたから、雨が降るかも知れない。（天黑起来了，所以可能要下雨。）

　　（48）彼はおそらく来ないだろうから、会議をはじめましょう。
（他大概不会来了，所以我们就开会吧。）

　　（49）時間になりましたから、今日の座談会はここまでにしま
しょう。（到时间了，今天的座谈会就开到这里吧。）

　　第二类指"ので、で、て类"引导的因果构式。这类因果构式的特征
是它主要表示客观原因，用于客观叙述，后项较难用意志、命令结句，多
用于口语和口语化的书面语。如，"活用词连体形＋ので"（所以、因为）
主要用于客观地叙述由于客观原因自然产生的结果，一般不能用命令、推
量、疑问等结句［例（50）］；"活用词连体形＋ もので（もんで）"（因
为）的前项为预料之外、非本意等个人的原因、理由，后项为客观叙述，
结果消极，不可以用命令、禁止、劝诱等结句［例（51）］。

　　（50）田中さんが帰って来るので、みんなで迎えに行った。（田
中先生要回来，所以大家去迎接他了。）（王宏，1998：15）

　　（51）あまり天気がいいものでどこかへ出かけたくなった。（因
为天气特别好，所以想到什么地方去玩玩。）（马凤鸣，1999：577）

　　第三类指"ため、に类"。这类强调原因、拘泥于原因，用于客观叙
述，较难用意志、命令结句，多用于郑重的书面语。如，"连体形＋ため
（に）"（由于、因为、因此、为此）表示原因的时候，表示客观原因，重
点在前项，前项是已经确定的事实，后项是客观叙述和推断，结果是不寻
常的，结果多为消极的，不能用命令、禁止结句［例（52）］。

　　（52）ようきひは美しすぎるために、すうきなしょうがいをた
どることになった。（杨贵妃因为太漂亮了，所以一生多灾多难。）

　　第四类指除以上表示因果关系的复句以外的其他类。如，"活用词连
体形＋のだ（或んだ）"（因为）中的"のだ、のです"表示说明、解释，
用于说明自己所采取的言行的原因［例（53）］；"动词连用形＋たところ
（が）～た"（……的结果……）表示前项内容引起后项的结果，前后项
都是既定的事实，后项不可以用意志、推量结句，而且后项结果不是说话
人的意志所能控制的［例（54）］。

（53）住民の反対運動はますます激化したのだ。それで原発建設の計画は中断せざるをえなくなった。（市民的反抗运动越来越激烈，所以不得不停止原子能核电站的建设计划。）（王宏，1998：33）

（54）何回もよんだところがよく分らなかった。（看了好几遍，结果还不明白。）（马凤鸣，1999：226）

皮细庚（1987/1992：327—333）专门讨论了日语中几种因果构式的异同，并就因果关系的后项表达方式进行了详细说明。他认为，"から"用于确定顺接条件，表示原因和理由的意义，后项往往表主观性强的表现方式，如表示说话人的意志、主张、推测、请求、命令、质问等意义（皮细庚，1987/1992：325）；"ので"和"から"一样，主要构成连用修饰语，用于确定顺接条件，但一般表示产生某一客观情形的原因，也可以表示委婉的理由（皮细庚，1987/1992：326）。

因果关系的表达式里，除了把原因部分倒装在句尾的场合（称为倒装句），一般都是前因后果的结构。"前因"即通常讲的原因和理由，"后果"即结果。严格地说，如果后项是既成事实，即"结果"的场合，那么前项应该是原因，而如果后项是讲话人的意志、主张等的时候，前项则应作为说话人的"理由"来看。（皮细庚，1987/1992：332）

关于因果关系的后项表达方式，皮细庚认为，由于格助词から、に、で和接续助词て所表示的因果关系，都是客观叙述的既成事实，从说话人的表达意图来说，只是在一句话里说明了事物本身的因果关系，因此，作为から、に、で和接续助词て的后项，不可能是讲话人的意志和主张等表达方式。此外，以它们构成的各种因果关系的表达方式都同样是既成事实的叙述。除了接续助词から和ので以外，其他各种因果关系的表达方式都同样是既成事实的叙述。换句话说，只有接续助词から和ので可以表示"原因"和"理由"，其他的都只能表示"原因"（皮细庚，1987/1992）。

关于接续助词から和ので的后项，皮细庚作了如下区分：接续助词から和ので，从讲话人的表达意图来说，是先提出某项原因或理由，再叙述其结果和结论，但ので更多地表示对客观事物的叙述，后项很少是讲话人的意志和主张。一般认为，用から是为了提出讲话人主观上认定并加以强调的原因和理由，因此，前项和后项并不一定是既成事实，比如说前项可以是讲话人的推测、假设的某种原因和理由，这种场合纯属讲话人的主观想象，不可能用表示客观叙述的ので来替换。如例（49）的から就不能用ので来替换。更重要的是，から提出了讲话人认定的某项原因和理由，从而它的后项既可以是既成事实，也可以是讲话人的意志和主张。如果后项是既成事实，那么可以说から表示了"事物之间的因果关系"；如果后项是讲话人的意志或主张，则只能说から表示了说话人提出的理由，而后项是说话人的主观意图，除了接续词ので之外，其他各种因果关系的表达方式都没有这种用法。但ので也不是处处可以替换から，勉强替换往往会引起语气上的矛盾。一般来说，后项是意志或劝诱、推测、语气强烈的命令、禁止性的语气等的时候，是不能替换的。ので表示客观地叙述的语气较多，因而其前后项一般是既成事实，或自然界的常理性的客观事实。即使在能够用から来替换ので的句子中，用ので时较用から时的客观性多一些，而主观性少一些（皮细庚，1987/1992：333）。

　　从以上总结可以看出，日语的因果构式也可以分为逻辑因果构式和实据因果构式。而且不同的连词也可表示不同的因果关系，不过"ので"倾向于表客观原因，即构成逻辑因果构式的情况更多；"から"则倾向于表主观原因，即构成实据因果构式的情况更多。

二　日语因果构式生成过程阐释

　　我们认为日语因果构式的生成过程同英语因果构式的生成过程相同。图示同图 7–1。

　　下面，我们将再以例（46）来说明日语因果构式的生成过程。从具体的推衍过程来说是这样的。首先有一个自主的要表达的意向内容："あしたが日曜だと知っていますから、彼がうちにいると推測できる。（知道明天是星期天，因此推测他在家）"［A（utonomy）$_1$］，推衍出表达这一自主内容的依存成分："あしたは日曜だから、彼はうちにいるはずです。（明天是星期天，他在家吧）"［d（ependence）$_1$］；但从意向态度来说，说话人想要将这一意向内容中的两个事件的因果关系明显地表达出来，于是套用已经存在的逻辑因果构式的形式"⊙α，β"，即将 d_1 套在逻辑因果构式的形式［d_1 +（⊙α，β）］中作为又一个自主成分 A_2，进行第二次推衍，推衍出依存成分 d_2："あしたは日曜だから、彼はうちにいるでしょう（明天是星期天，所以他在家吧）"。在推衍过程中涉及四个基本环节：①存在与事物的因果关系同构的逻辑因果句，即"あしたは日曜だから、彼は仕事に行かない（因为明天是星期天，所以他不用上班）"；②以常规关系为中介，即逻辑因果关系和实据因果关系都有着"因为……，所以……"的逻辑思维形式，这种相邻/相似关系使推衍成为可能；③这当中应受交际的意向性制约；④以传承为手段。

就逻辑因果构式—实据因果构式的传承来说，依赖的是其中的多义关联，即表示某一构式意义的构式 A 在运用过程中发展为还可用这一构式的形式表示该特定构式意义的扩展义，成为构式 A'，这时构式 A 同构式 A'就是通过多义关联实现了传承关系。就因果构式来说，逻辑因果构式的构式意义是表示符合一般常识的原因和结果的逻辑因果关系；实据因果构式所表示的是从某一实据得出一个认识的泛因果关系，这是前者的扩展义。构式 A 同构式 A'就是通过原义与扩展义的关联实现传承的。

逻辑因果构式是通过"同构性"形成的，即因果构式的形成依赖于世界逻辑结构中存在一种以事理逻辑为依据的因果的关系，人们对这种关系的认识投射到语言的运用中来，固化为表达事物的基本逻辑关系的语言表达式，因而逻辑因果构式的结构与这种因果关系的结构同构，即有其因一般会有其果，例如，事物的事理逻辑结构中存在"出勤しないのはあしたが日曜日だから（不上班的原因是明天是星期天）"或"あしたは日曜なので、出勤する必要がない（因为是星期天所以不用上班）"的因果关系；于是就有对应的语言表达式："因为明天是星期天（α），所以他不用上班（β）（あしたは日曜だから、彼はために仕事に行かない）"，这就是逻辑因果句。如例（55）：

（55）A. なぜ彼は仕事に行かないか？（他为什么不上班？）
　　　　B. 日曜だから、彼は仕事に行かない。（因为是星期天，所以他不上班。）（逻辑因果句）

同时，人们还存在以说话人自身持有的实据作为推知或认定是某一事态的原因的思维过程。这样认定的因果关系不是客观存在的，却是可以想象、可以思议的；这是主观认定的因果关系，这也需要一定的句式来表达。由于这也是表达因果关系，就可以通过类推的方式，将逻辑因果构式自身的特点"传递"下去，作为表达这样的因果关系的构式，这就是实据因果构式。实据因果构式其实是"承接"了逻辑因果构式的基本特征。如例（56）：

（56）A. 彼はどこにいますか？（他在哪里？）
　　　　B. 彼はうちにいるでしょう。（他在家吧。）
　　　　A. どうしてそんなことを考える彼のうちですか。（你为什么认为他在家？）

　　　　B. あしたは日曜だから、彼はうちにいるでしょう。（明天是星期天，所以他在家吧。）（实据因果句）

　　实据因果句的形成过程可以概括为以下主要步骤，以例（46）为例说明。

　　1. 当被问及为什么会认为"彼はうちにいるでしょう（他在家吧）"时，说话人要说他之所以这样认为的原因是知道"あしたは日曜だ（明天是星期天）"，即在"あしたは日曜だ（明天是星期天）"和"うちにいる（在家）"之间寻找因与果的关系。但是现实的事理逻辑结构中，"日曜だから、うちにいる（因为是星期天所以在家）"这样的因果关系难于理解。

　　2. 但由于事理逻辑结构中存在"日曜なので、出勤しない（因为是星期天所以不用上班）"的因果关系；而且由于在具体语境中，"彼は出勤する必要がない（他不用上班）"同"彼はうちにいる（他在家）"有常规关系（或者说有因果相邻关系），于是得到"あしたは日曜なので、彼には出勤する必要がない（因为明天是星期天，所以他不用上班）"、"彼は出勤しないから、うちにいるかもしれない（因为他不用上班，所以他可能在家）"等因果关系。即通过推导过程，可以说"あしたが日曜だと知っていますから、彼がうちにいるだろうと思います（因为知道明天是星期天，所以我推测/认为他在家）"。所以，虽然表面上看"あしたは日曜だから、彼はうちにいるでしょう（明天是星期天，所以他在家吧）"费解，但通过推导而建立的"あしたは日曜だ（明天是星期天）"和"彼はうちにいるでしょう（他在家吧）"之间的因果关系是可以接受的。

　　3. 按照言语行为理论，一个陈述句其实也是一个施为句，因此上述"あしたが日曜だと知っていますから、彼はうちにいるだろうと思います（因为知道明天是星期天，所以我推测/认为他在家）"，也就可以说成"あしたは日曜だから、彼はうちにいるでしょう（明天是星期天，所以他在家吧）"。这就是仿逻辑因果句构式"⊙α，β"来表示主观推论所得到的因果关系。

　　4. 这就完成了从逻辑因果句"あしたは日曜なので、出勤する必要がない（因为是星期天所以不用上班）"和在具体语境下通过常规关系构建的因果关系"彼は出勤しないから、うちにいるかもしれない（因为他不用上班，所以他可能在家）"到"あしたは日曜だから、彼はうちにいるでしょう（明天是星期天，所以他在家吧）"的推衍，即到实据因果句的推衍。

三　日语因果构式识解过程阐释

本小节将举例说明因果构式识解机理的研究框架在分析日语因果构式中的具体可操作性。请见图7－3的图示。下面以例（48）"彼はおそらく来ないだろうから、会議をはじめましょう（他大概不会来了，所以我们就开会吧）"为例。

在因果构式的连续体中，例（48）是实据因果句。从具体的推理过程来说是这样的：在相邻/相似原则的支配下把所有句法相邻/相似又语义相关的结构，如，"彼は会議に出席するから、私たちは彼を待たなければならない（因为他要来开会，所以我们必须等他）"、"彼は遅くまで来なかったから、恐らく来ないと思います（因为他很晚没到，所以我认为他不会来了）"、"彼はもう来ないから、私たちは彼を待たなくてもいい（因为他不会来了，所以我们不用等他了）"和"私たちは彼を待たなくてもいいから、会議を始めましょう（因为我们不用等他了，所以我们开始开会）"等识解为一个整体，反复应用条件蕴涵式"如果 x 则 y"，并因此可以从显性表述［实据因果句"彼はおそらく来ないだろうから、会議をはじめましょう（他大概不会来了，所以我们就开会吧）"］通过相邻关系寻求该整体中的关联项从而推导出隐性表述［逻辑因果句"彼が会議に出席するのは重要だから、私たちは彼を待たなければならない（因为他来参加会议很重要，所以我们要等他）"和"彼は遅くまで来なかったから、私たちはそれ以上彼を待つことができない（因为他很晚都没到，所以我们不能再等了）"］，通过整体性阐释/补足，即运用当前语境所提供的限定，最后获得较为完备的表述［"彼はおそらく来ないはずだから、会議を始めることにしましょう（因为推测他不会来了，所以我决定/建议我们就开会）"］，进而获得对显性表述的识解，即获得讲话人的最终交际意图。

如果我们将例（48）置于以下语境中：

（57）そろそろ会議の時間になりますが、Aは彼がまだ来なかったのに気付いたから、もう少し彼を待とうと建議した。（开会的时间到了，A看到他还未到，建议再等等。）

A：彼はまだ来なかったから、もう少し待ちましょう。

（因为他还没到，我们再等会儿吧？）

　　　　　B：彼はおそらく来ないだろうから、会議をはじめまし
ょう。（他大概不会来了，所以我们就开会吧。）

　　例（57）中 B 的话语，即实据因果句的识解过程可以分解为以下主
要步骤：

　　1. 有一个显性表述，即（因果关系的表达式）实据因果句"彼はお
そらく来ないだろうから、会議をはじめましょう（他大概不会来了，所
以我们就开会吧）"，即在"彼はおそらく来ないだろう（他大概不会来
了）"和"会議をはじめましょう（我们就开会吧）"之间建立了因果
关系。

　　2. 在人们的心理结构的知识集中，这样的因果关系并不符合事理逻
辑，但却存在符合事理逻辑的"彼は会議に出席するから、私たちは彼を
待たなければならない（因为他要来开会，所以我们必须等他）"、"彼は
遅くまで来なかったから、恐らく来ないと思います（因为他很晚没到，
所以我认为他不会来了）"、"彼はもう来ないから、私たちは彼を待たな
くてもいい（因为他不会来了，所以我们不用等他了）"和"私たちは彼
を待たなくてもいいから、会議を始めましょう（因为我们不用等他了，
所以我们开始开会）"这样的逻辑因果关系。

　　3. 假定因分句与果分句构成一个整体，在具体语境中，我们可以再
依靠相邻/相似关系，即逻辑因果句"彼が会議に出席するのは重要だか
ら、私たちは彼を待たなければならない（因为他来参加会议很重要，所
以我们要等他）"和"彼は遅くまで来なかったから、私たちはそれ以上
彼を待つことができない（因为他很晚都没到，所以我们不能再等了）"
同实据因果句"彼はおそらく来ないだろう（他大概不会来了）"和"会
議をはじめましょう（我们就开会吧）"之间具有相邻/相似性，实据因果
句套用已经存在的逻辑因果构式的形式"$\odot\alpha$，β"，所以二者都有着"因
为……，所以……"的逻辑思维形式，这为我们的推理提供了可能。

　　4. 应用条件蕴涵式"如果 x 则 y"，可以发现相关的因果关系"彼が
会議に出席すると、私たちは彼を待たなければならない（如果他要来开
会，我们就必须等他）"、"彼が遅くまで来なかったら、恐らく会議に出
席しないかもしれない（如果他很晚都没到，那么他可能不来参会了）"、
"彼が会議に出席しないと、私たちは彼を待たなくてもいい（如果他不
来参会，我们就不用等他了）"、"彼を待たなくてもいいなら、私たちは

会議を始めましょう（如果不用等他，我们就可以开会了）"等。根据这些条件式，我们可以在逻辑因果句"彼が会議に出席するのは重要だから、私たちは彼を待たなければならない（因为他来参加会议很重要，所以我们要等他）"和"彼は遅くまで来なかったから、私たちはそれ以上彼を待つことができない（因为他很晚都没到，所以我们不能再等了）"同实据因果句"彼はおそらく来ないだろう（他大概不会来了）"和"会議をはじめましょう（我们就开会吧）"建立一种联系。以此确定实据因果句"彼はおそらく来ないだろうから、会議をはじめましょう（他大概不会来了，因此我们就开会吧）"所依托的隐性表述就是逻辑因果句"彼はおそらく来ないはずだから、会議を始めることにしましょう（因为推测他不会来了，所以我决定/建议我们就开会）"。

5. 这样，我们可以将"彼はおそらく来ないだろうから、会議をはじめましょう（他大概不会来了，因此我们就开会吧）"补足/阐释为"彼はおそらく来ないはずだから、会議を始めることにしましょう（因为推测他不会来了，所以我决定/建议我们就开会）"。也就找到了实据因果句这一显性表述之所以可在这一语境中恰当运用的合理性，也就对话语之所以这样运用的"因"作了揭示和解释。

6. 任何话语都有交际意图，在具体的语境中，如，开会的时间到了，A看到"他"还未到，建议再等等，那么我们可以确定讲话人B是作出了不再等的"决定"。这就达至了识解的结果：话语"彼はおそらく来ないだろうから、会議をはじめましょう（他大概不会来了，因此我们就开会吧）"表达一种"拒绝"言语行为，即拒绝"再等他"。

这一分析过程反映出：作为显性表述的实据因果句"彼はおそらく来ないだろうから、会議をはじめましょう（他大概不会来了，因此我们就开会吧）"本身不符合事理逻辑，但它没有脱离一般的事理，而是包含了隐性表述"彼が会議に出席するのは重要だから、私たちは彼を待たなければならない（因为他来参加会议很重要，所以我们要等他）"和"彼は遅くまで来なかったから、私たちはそれ以上彼を待つことができない（因为他很晚都没到，所以我们不能再等了）"等符合事理的逻辑因果句。它是通过一系列的推理过程，并以说话人所持的"彼はまだ来なかった（他还没到）"这一实据同特定语境相结合，在事理集"彼が会議に出席すると、私たちは彼を待たなければならない（如果他要来开会，我们就必须等他）"、"彼が遅くまで来なかったら、恐らく会議に出席しないかもしれない（如果他很晚都没到，那么他可能不来参会了）"、"彼が会議に出席しないと、私たちは彼を待たなくてもいい（如果他不来参会，我们就不用等他了）"、"彼を待たなくてもいいなら、私たちは会議を始めましょう（如果不用等他，我们就可以开会了）"等当中进行筛选的结果。实据因果句"彼はおそらく来ないだろうから、会議をはじめましょう（他大概不会来了，因此我们就开会吧）"也许看起来不完备，好像"没道理"；但找到了恰当的逻辑因果关系的表述"彼が会議に出席するのは重要だから、私たちは彼を待たなければならない（因为他来参加会议很重要，所以我们要等他）"和"彼は遅くまで来なかったから、私たちはそれ以上彼を待つことができない（因为他很晚都没到，所以我们不能再等了）"，从而可以将实据因果句补足/阐释为合理的相对完备的表述"彼はおそらく来ないはずだから、会議を始めることにしましょう（因为推测他不会来了，所以我决定/建议我们就开会）"，也就是找到了这一显性表述之所以可在这一语境中恰当运用的合理性，也就对话语之所以这样运用的"因"作了揭示和解释。说话人/作者是理性的，他们的话语（语篇）形式上是零散的，但是在意义上是相关的，是一个意义整体。实据因果句是不符合一般事理的，但必定是以说话人所持的某一实据同特定语境结合，在事理集当中进行筛选的结果。

　　所以，实据因果句的识解也是一个整体性的溯因推理过程。这个过程，是在下向因果关系作用下局域话语之间的相互影响进展为话语的整体性解释的过程。我们将实据因果句"彼はおそらく来ないだろうから、会議をはじめましょう（他大概不会来了，因此我们就开会吧）"看成是话语表达的较低的层级，而该话语实际想要达到的交际意图（建议开始开会）看成是较高的层级从而具有下向因果力。对该实据因果句的理解或解释，就是通过对不同层级的因果句 ["彼が会議に出席すると、私たちは彼を待たなければならない（如果他要来开会，我们就必须等他）"、"彼が遅くまで来なかったら、恐らく会議に出席しないかもしれない（如果他很晚都没到，那么他可能不来参会了）"、"彼が会議に出席しないと、私たちは彼を待たなくてもいい（如果他不来参会，我们就不用等他了）"、"彼を待たなくてもいいなら、私たちは会議を始めましょう（如果不用等他，我们就可以开会了）"] 相互作用的考察，追溯其中的下向因果力对这些层级的实据因果句的影响，即在"A 建议再等等他"这样的具体语境中，讲话人选择"彼はおそらく来ないだろうから、会議をはじめましょう（他大概不会来了，所以我们就开会吧）"，从而达到其意欲表达的交际意图：表达一种言语行为，即"建议"言语行为。

第五节　小结

在本章中，我们将因果构式的生成机理的研究框架应用于汉语因果构式、法语因果构式、日语因果构式的研究。结果显示，我们建立的研究因果构式生成机理和识解机理的理论框架能够成功地解释不同语言的因果构式的生成和识解机理。这说明本研究的理论框架具有一定的普适性，可以作为所有语言中的因果关系表达式嬗变研究的理论框架。同时，我们发现，其他语言和英语的因果构式并没有实质性的差异。

另外，我们还发现，该框架用于因果构式以外的其他构式也是可行的。我们将另文探讨。

第八章　总结与展望

本书在复杂系统的因果观和方法论以及生成整体论研究范式的观照下，把因果构式看做一个复杂的系统，一个复杂的整体。因果关系可能随着环境的改变和主体的目标或行为模式的改变而发生变化，由此带来了因果关系这一复杂系统的多样性；除了线性因果关系可以是纯粹的逻辑因果关系外，其他的或多或少具有实据的特性。

本研究提出的因果构式的运作机理研究框架（HCPM）可以说明因果构式的运作机理，是具有较强解释力的。研究结果表明，我们基本实现了本研究的目标，回答了为实现研究目标所提出的有关问题，这样的解释具有一定的普适性。

本研究主要内容如下。

第一，提出了研究构式运作机理的整体性认知语用模型，即 HCPM。该模型以复杂系统的因果观和方法论以及生成整体论为指导，集认知语言学理论和认知语用学理论的相关优势于一体，发展成一个统一完整的研究框架，即将构式的生成和识解机理分析框架融为一体。HCPM 用于分析构式的生成和识解机理的过程从意向性开始并再回归到意向性，即整个过程受到意向性制约；在具体表达中，意向性体现为具体的交际意图，该交际意图制约着话语的生成和识解过程。该模型可以分化为"构式生成机理研究框架"和"构式识解机理研究框架"。前者着重于从自主成分到依存成分的推衍，更有利于分析作为依存成分的显性表述所形成某些特定构式的机理；后者着重于从显性表述推导隐性表述的过程，可以更好地说明构式识解的机理。

第二，基于 HCPM，在复杂系统的因果观和方法论以及生成整体论研究范式的观照下，因果构式被看做一个复杂的系统，一个复杂的整体。在这个复杂系统中，每个主体只有在自己与其他主体相互作用而共同创建的环境中方能找到自己的位置并表现出与其他主体相协调、与环境相适应的行为。正因为如此，语境内的任何人、物和事件在本质上说都不是固定不变的。主体自身的复杂性指主体复杂的应变能力以及与之相应的复杂结构；主体的适应性体现为能与其他主体和环境进行信息和资源的交流，为实现自身目标而调整和改变行为模式，从而适应环境变化的要求。因果关系可能随着环境的改变和主体的目标或行为模式的改变而发生变化，由此带来了因果关系这一复杂系统的多样性。

从 HCPM 审视因果构式的分类问题，我们将因果构式分为逻辑因果构式和实据因果构式两个子构式。为了更清楚地论述因果构式"连续体"的问题，我们在将因果构式分为"逻辑"和"实据"两大类之基础上，进一步将其分为线性、规约、可能、推断、认识、言语行为等六类因果构式。这些构式所表示的因果关系，除了线性因果关系是纯粹的逻辑因果关系外，其他的或多或少都具有实据的特性。

第三，运用 HCPM 探讨了英语因果构式的生成机理，并构建了表因果关系多样性的构式为 $\boxed{^{\circ}(\alpha,\ \beta)}$ 。

因果构式的生成机理可表述为：逻辑因果构式是根据世界逻辑结构中存在的逻辑因果关系推衍而来；实据因果构式则是由逻辑因果构式推衍而来的。逻辑因果构式与客观世界中的逻辑因果关系是自主与依存的关系，而逻辑因果构式与实据因果构式之间也同样是自主与依存的关系，前者是自主的，后者是依存的。该推衍过程受制于意向性（意向内容和意向态度），依赖相邻/相似关系和传承。因果构式以交际的意向性为导向，以相邻/相似关系的认定为主要手段，推衍出逻辑/实据因果构式；因果关系主导着逻辑因果构式，同时逻辑因果构式又主导着实据因果构式，并且前者对后者发生"传承"的作用；实据因果构式的存在和运作是以逻辑因果构式的意向性为其导向的，其运用要回归到逻辑因果构式的意向性；实据因果构式在需要时原则上可以还原为逻辑因果构式。

基于这样的生成过程，在下向因果力和上向因果力的共同作用下，我们构建了表因果关系多样性的构式 $\boxed{^{\circ}(\alpha,\ \beta)}$ ，它可以具体体现为从逻辑因果关系到实据因果关系的连续体，从而形成了因果关系的多样性；即是说，该构式既可表示从原因到结果的线性因果关系，也可表示从逻辑因果关系推导而来的实据因果关系。表有其因 α 必有其果 β 的逻辑因果构式是典型的因果构式，是因果构式的原型；以其为基础，通过相邻/相似机制，形成从逻辑因果构式到实据因果构式的网络。

第四，运用 HCPM 探讨了因果构式识解机理并构建了因果构式整体性识解模型。

因果构式的识解机理可表述为：在整体性框架内，依靠相邻/相似性寻求最佳关联，推导出现实世界中的逻辑因果关系，以获得其相对完备表达，并根据具体语境推断讲话人的交际意图的过程。因果构式识解的推理过程，是根据因果构式的显性表述，利用心理结构的知识集，通过一连串的"如果 x 则 y"的推导进行逻辑和实据因果构式的交替编码、组织和补偿，不断获得新认识，最后得到对因果构式用在当下的恰当理解。这是在下向因果关系作用下局域话语之间的相互影响进展为话语的整体性解释的过程。在该推理过程中，逻辑因果构式和实据因果构式不同的是：后者需要首先依靠相邻/相似性寻求最佳关联，通过溯因，推导出符合事理的逻辑因果构式，再进行逻辑因果关系的推导；而前者则是直接进入逻辑因果关系的推导。我们将因果构式看成是话语表达的较低层级，而把该话语实际想要达到的交际意图看成是较高层级，从而具有下向因果力。所谓谋求因果构式的理解或解释，就是通过对不同层级的因果构式相互作用的考察，追溯其中的下向因果力对这些层级的因果构式的影响，接受合理的，拒绝不合理的，直至最高层级，即交际意图。因果构式的识解是一个整体性识解过程。

在此基础上，我们进一步构建了因果构式的整体性识解模型：第一步，根据初始条件和边界条件建构成因果关系的意义整体 D；第二步，设定因果构式的集 d（1，2，…，n）在 D 被关联，即设定 π（1，2，…，n）在 D 可认定的相邻/相似关系 R；第三步，凸显由此认定 d（1，2，…，n）之间的意义关系 R；第四步，根据 R 获得对 d（1，2，…，n）在语境的合理性解释。这里的初始条件约束指话语 d（1，2，…，n）提供的参照系；边界条件约束指语境提供的参照系。该模型将因果构式看做一个整体 D，语篇的整体性成为主体的经验知识，论证的过程就是从语篇中寻找证据并对这一经验知识加以支持。模型中的意义关系 R 就是话语之间的修辞关系。初始条件和边界条件是对心理模型的限定条件，对心理建模的信息进行选择性限制。前者侧重于话语信息，后者侧重于语境信息。因果构式的识解模型在生成整体性原则的基础上，强调主体的论证能力。也就是说，话语的整体性是主体的经验知识，主体要通过心理建模说明话语的合理性。

本研究的主要发现如下。

第一，话语意义生成的特点决定了我们只有从整体把握和动态生成来对其进行研究，应以描写人们理解意义的认知常规描写意义。话语的意义是话语里的信息同外界进行信息交换的产物，一个具体的话语意义系统在生成过程中不是一部分一部分构成的，而是按照生成机制不断生成、修复、放大的结果。意义作为整体不但同层次的部分是不可分割的，层次间也是不可分割的。如果说话语是生成意义的"信息元"，那么意义就是尚未分化的整体；经过信息的分化、筛选、修复、组织、更新，话语的意义生成为完成的整体。

第二，构式的生成是多种因素作用的结果，最终可以归结为根据相似性和根据类推两个途径。一个构式是一个范畴，其下可能存在若干次范畴，这可能使得构式与构式之间连成一个较大的构式网络，从而有可能使构式语法的研究从一个个孤立的构式的研究发展为系统的研究。

第三，传承是推衍的手段。也就是说，传承是客观世界中事体间的因果关系推衍出逻辑因果构式并进一步推衍出实据因果构式的基本手段。传承后得来的新构式始终保留着自主成分的本质特征或者继承着自主成分的基本定型和性质。从语言形式上看，它是对自主成分的复制；从内容上看，可能表达一种新内容，让人们在熟悉的言语经验中悟出新意。传承是由人实现的，传承前后，逻辑因果构式这一本体是不变的，所发生的变化已体现为实据因果构式，所发生的变化是可按人为的目的性加以控制的，是可设计和可预测的，是受价值观影响的，它的传承是通过对其价值的筛选进入现实世界的。

第四，话语识解过程，是在下向因果关系作用下局域话语之间的相互影响进展为话语的整体性解释的过程。心理模型的建构过程就受到两种因果关系的调控或者制约：一是下向因果关系；二是上向因果关系。具体说来，生成话语的语言符号选择受制于语言规约，这是上向因果关系的效力，其含义是心理模型在不同个体的知识结构中具有相邻/相似性——这是话语具有可理解性的前提条件；在语境中理解话语则是主体设定的常规关系原则下对这些模型进行操作、加工的过程，此过程受制于下向因果关系，其含义是对话语进行说得通的解释——这是设定常规关系后的必然结论。

第五，模型方法（Mental-Model-based Approach）能够有效指导语言研究。心理模型作为一种广义的心智上的模型，外延上包含了在推理过程中起作用的各种内部知识结构，同认知科学家所关心的心理意象、语义特征、语义网、原型、框架、脚本、图式、理想认知模型、知觉符号系统、素朴理论等形式的内部心理结构的研究成果是相通的。所谓建构和操作心理模型，就是依靠认知主体心智中由抽象知识组织起来的类知识所建构的小型知识集进行信息的编码、组织或补偿，以期获得新知识。模型概念已经被证实对语言学研究具有指导作用，心理模型集整体性特征、体验性特征、相邻/相似性特征于一体，涵盖了认知语言学相关理论的主要特征。心理模型理论融话语的含义和句法表征的研究于一体，具有可操作性。

第六，因果构式所表示的因果关系具有同型性。因果构式除表示线性因果关系的基本义以外，还可表示泛因果关系，也就是从规约上、认识上、言语行为的运用上提供一个"说得通"的理由。多种多样的因果关系最后都归结成"前因后果"的关系，因果构式所表示的因果关系具有同型性。

第七，语言表达式是人类基于自身的认识与体验的结果。逻辑因果构式和实据因果构式的选择（使用）反映出讲话人对外界事物的认知状态。事件间的各种关系，包括因果关系，不是我们所生活于其中的自然界预先唯一地设定的。人们对这些关系的认识，不是一个纯粹的被动接受的过程，而是包含了人们认识的主动建构，包含了人们以自己已有的经验对事物作出主观化的理解，是主客观互动的结果。有什么样的认识就会出现什么样的表达。因果关系的表达是基于人们对事物和现象的认识的。

本研究具有如下启示。

第一，科学学的元理论对语言学研究，特别是对构式研究具有深刻的指导意义。现代意义的科学研究应主要涉及对研究对象的四个方面的研究，即本质研究、目的研究、构成研究和解释性研究。我们能够据此确定研究目标：建立一个容纳句法、语义、语用和认知于一体的复合构式研究框架，全面揭示因果关系表达式的实质。即在认知语用理论框架下探讨英语复合因果构式表现出的讲话人的认知状态同其句法、语义和语用之间的关系，解释英语因果复合构式这一简单的、常用的语法现象在语法、语义和功能等方面表现出的运作机理。

第二，本研究提出的构式运用机理研究的整体性认知语用模型 HCPM 具有重要的理论参考价值。该模型引入复杂性科学思想作为研究的总理论指导，而且吸收现代科学发展思潮的精神，即从复杂性科学这一全新的角度来考察语言系统的性质和特征，所以，该模型能够对构式，特别是对复合构式作出较为深刻的揭示和解释。在这个模型里，我们发展了一些概念，如推衍、自主—依存成分、意向性、相似/相邻关系以及对传承实质的说明，能够为认知句法的研究提供一些可供参考的研究工具。

第三，因果复合构式的认知—语用研究对因果复合构式的教学具有指导作用。首先，该研究让我们认识到因果构式的教学不能只停留在句法分析阶段，而应该将因果构式的教学纳入应用过程；其次，一个因果构式可以表达多种多样的因果关系，一个连词 because 可以表达不同层次、不同程度的因果关系，这就要求我们在教学过程中要教会学生根据需要灵活运用因果关系的表达；再次，通过对因果关系多样性的把握，学生能够灵活应用因果构式达到交际目的。本研究以因果构式为研究的始发点，投射其他各种复合构式，进而投射所有构式研究，从而为构式教学提供一条新思路，即构式的教学应该重点注意构式所表达的语义，并且要说明它本身是形义配对体。这将对外语教学中教师培养学生的语用能力和交际能力具有重要的指导意义和参考价值。

一个好的理论体系应是开放性的，它能指引人们驾驭已有的理论知识去探索新的未知。我们的研究和该研究构建的复合构式研究框架不是完美的，也不可能完美，还有很大的发展空间。第一，对于本研究框架普适性的探讨，只涉及了汉语、日语和法语因果构式的生成和识解机理的讨论，涉及面比较窄，整个框架是否能够解释所有语言的因果构式的生成和识解机理，还有待进一步论证。第二，在生成整体论指导下研究构式的生成和识解机理是新课题，其合理性有待进一步考察。第三，机理性研究的概括性和抽象性还有待进一步提炼。第四，理论性的研究同实用性的研究的结合点还需要进一步深入挖掘。这些都是值得进一步探讨的问题，也是我们今后研究要努力的方向。

参考文献

Anderson, J. R., *The Architecture of Cognition*, Cambridge, Mass. : Harvard University Press, 1983.

Anderson, L. , "Evidentials, paths of change, and mental maps: Typologically regular asymmetries", In W. Chafe and J. Nichols (eds.), *Evidentiality: the Coding of Epistemology in Language*, Norwood, NJ: Ablex, 1986, pp. 273 – 302.

Anderson, E. R. & Teanech, M. , *A Grammar of Iconism*, London: Fair Leifh Dickinson University Press, 1988.

Asher, N. & Lascarides, A. , *Logics of Conversation*, Cambridge: Cambridge University Press, 2003.

Astington, J. W. , Pelletier, J. & Horner, B. , "Theory of mind and epistemological development: The relation between second-order false-belief understanding and their ability to reason about evidence", *New Ideas in Psychology*, Vol. 20 (2) , 2002, pp. 131 – 144.

Babbie, E. , *The Practice of Social Research* (the 7th ed.) , Belmont: Wadsworth Publishing Company, 1996.

Bach, K. , "Default reasoning: Jumping to conclusions and knowing when to think twice", *Pacific Philosophy Quarterly*, 65, 1984, pp. 37 – 58.

Bach, K. , "Conversational implicature", *Mind and Language*, 9, 1994, pp. 124 – 162.

Barrière, C. & Popowich, F. , "Expanding the type hierarchy with nonlexical concepts", H. Hamilton & Q. Yang (eds.) , *Lecture Notes in Computer Science*, Vol. 1822, *Proceedings of the 13th Biennial Conference of the Canadian Society on Computational Studies of Intelligence: Advances in Artificial Intelligence*, London: Springer-Verlag, 2000, pp. 53 – 68.

Bartsch, R. , *The Grammar of Adverbials*, Amsterdam/New York/Oxford:

North-Holland Publishing Company, 1976.

Bloomfield, L., *Language*, NY: Holt, Rinehart and Winston; London: Allen & Unwin; Chicago: University of Chicago Press, 1933/1935/1984.

Bybee, J. et al., *The Evolution of Grammar: Tense, Aspect, and Modality in the Language of the World*, Chicago: The University of Chicago Press, 1994.

Cambell, D. T., "Downward causation in hierachically organized biological systems", F. J. Ayala & T. Dobzhansky. *Studies in the Philosophy of Biology*, London: Macmillan Press, 1974, pp. 179 – 186.

Carroll, D. W., *Psychology of Language*, 外语教学与研究出版社, 2000.

Chafe, W., "Evidentiality in English conversation and academic writing", In W. Chafe and J. Nichols (eds.), *Evidentiality: the Coding of Epistemology in Language*, Norwood, NJ: Ablex, 1986, pp. 261 – 272.

Chafe, W. & Nicolas, J. (eds.), *Evidentiality: the Coding of Epistemology in Language*, Norwood, NJ: Ablex, 1986.

Chomsky, N., "Syntactic structures", *Janua Linguarum Series Minor* 4, The Hugue: Mouton, 1957.

Chomsky, N., *Knowledge of Language*, New York: Praeger, 1986.

Clark, H. H., "Bridging", In P. N. Johnson-Laird & P. C. Watson (eds.), *Thinking: Readings in Cognitive Science*, Cambridge: Cambridge University Press, 1977a, pp. 411 – 420.

Clark, H. H., "Inference in comprehension", In D. Laberge & S. Samuels (eds.), *Basic Processes in Breading: Perception and Comprehension*, Cambridge: Cambridge University Press, 1977b.

Clark, H. H. & Lucy, P., "Understanding what is meant from what is said: A study in conversationally conveyed requests", *Journal of Verbal Learning and Verbal Behavior*, 14, 1975, pp. 56 – 72.

Collins, A. M. & Loftus, E. F., "A spreading activation theory of semantic processing", *Psychological Review*, 82, 1975, pp. 407 – 428.

Coulson, S. & Fauconnier, G., "Fake guns and stone lions: Conceptual blending and privative adjectives", In B. Fox, D. Jurafsky & L. Michaelis (eds.), *Cognition and Function in Language*, Palo Alto, CA: CSLI, 1999.

Craik, K., *The Nature of Explanation*, Cambridge: Cambridge University

Press，1943.

Croft，W.，*Typology and Universals*，Cambridge：Cambridge University Press，1996.

Croft，W.，*Radical Constructional Grammar*，Oxford：Oxford University Press，2001.

Croft，W. & Cruse，A. D.，*Cognitive Linguistics*，Cambridge：Cambridge University Press，2004.

Dancygier，B.，*Conditionals and Prediction — Time，Knowledge，and Causation in Conditional Constructions*，Cambridge：Cambridge University Press，1998.

Devriendt，B. et al.，*Complex Structures：A Functional Perspective*，New York：Mouton de Gruyter，1996.

Evans，V. & Green，M.，*Cognitive Linguistics：An Introduction*，Edinburgh：Edinburgh University Press，2005.

Fauconnier，G. & Turner，M.，"Conceptual projection and middle spaces"，*UCSD：Department of Cognitive Science Technical Report*，(1)，1994.

Fauconnier，G.，*Mental Spaces：Aspects of Meaning Construction in Natural Language*，New York：Cambridge University Press，1994.

Fauconnier，G.，*Mappings in Thought and Language*，Cambridge：Cambridge University Press，1997.

Fauconnier，G.，"Methods and generalizations"，In Theo Janssen & Gisela Redeker (eds.)，*Cognitive Linguistics：Foundations，Scope and Methodology*，Berlin and New York：Mouton De Gruyter，1999，pp. 95 – 128.

Fauconnier. G. & Turner，M.，"Conceptual integration networks"，*Cognitive Science*，Vol. 22 (2)，1998a，pp. 133 – 187.

Fauconnier，G. & Turner，M.，"Principles of conceptual integration"，In J. P. Koening.(ed.)，*Discourse and Cognition*，Stanford：Center for the Study of Language and Information，1998b，pp. 269 – 283.

Fauconnier. G. and Turner，M.，*The Way We Think：Conceptual Blending and the Mind's Hidden Complexities*，New York：Basic Books，2002.

Fillmore，C. J.，Kay P. & O'Connor M. K.，"Regularity and idiomaticity in grammatical constructions：the case of *let alone*"，*Language* 64，1988，pp. 501 – 538.

Finegan, E. , "Subjectivity and subjectivisation: An introduction", In D. Stein & S. Wright (eds.), *Subjectivity and Subjectivisation*, Cambridge: Cambridge University Press, 1995, pp. 1 – 15.

Fox, R. K. , "Layered Abduction for Speech Recognition from Articulation: ARTREC", Ph. D. dissertation. The Ohio State University, 1992.

Gardenfors, P. , "Some tenets of cognitive semantics", In A. Jens & P. Gardenfors (eds.), *Cognitive Semantics: Meaning and Cognition*, Amsterdam: John Benjamins, 1999, pp. 19 – 36.

Gentner, D. , & Gentner, D. R. , "Flowing waters or teeming crowds: mental models of electricity", In D. Gentner and A. L. Stevens (eds.), *Mental Models*, Hillsdale, NJ: Erlbaum, 1983, pp. 99 – 129.

Gibbs, R. , "Making good psychology out of blending theory", *Cognitive Linguistics* 11 (3 – 4), 2000, pp. 347 – 358.

Giora, R. , "On the priority of salient meanings: Studies of literal and figurative language", *Journal of Pragmatics*, 31, 1999, pp. 919 – 929.

Giora, R. , & Fein, O. , "Irony: Context and salience", *Metaphor and Symbol*, 14, 1999a, pp. 241 – 257.

Giora, R. , & Fein, O. , "On understanding familiar and less-familiar figurative language", *Journal of Pragmatics*, 31, 1999b, pp. 1601 – 1618.

Giora, R. , Fein, O. & Schwartz, T. , "Irony: Graded salience and indirect negation", *Metaphor and Symbol*, 13, 1998, pp. 83 – 101.

Goldberg, A. E. , *Constructions: A Construction Grammar Approach to Argument Structure*, Chicago and London: University of Chicago Press, 1995.

Grice, H. P. , "Logic and conversation", In P. Cole & J. Morgan (eds.), *Syntax and Semantics* (Vol. 3): *Speech Acts*. New York: Academic Press, 1967/1975.

Halliday, M. A. K. , *An Introduction to Functional Grammar*, London: Edward Arnold Ltd. , 外语教学与研究出版社, 1994/2004.

Harris, A. C. & Campbell, L. , *Historical Syntax in Cross-linguisitc Perspective*, Cambridge: Cambridge University Press, 1995.

Heine, B. , Claudi, U. & Hunnemeyer, F. , *Grammaticalizaion: A Conceptual Framework*, Chicago: University of Chicago Press, 1991.

Heymana, G. , Philips, A. & Gelman, S. A. , "Children's reasoning about physics within and across ontological kinds", *Cognition*, Vol. 89 (1),

2003, pp. 43 – 61.

Holland, J. H. , *Hidden Order*: *How Adaptation Builds Complexity*, Cambridge, MA: Perseus Books, 1995.

Hopper P. J. , "Emergent grammar", *Berkley Linguistics Society*, 13, 1987, pp. 139 – 157.

Hopper, P. J. & Traugott, E. C. , *Grammaticalization*, Cambridge: Cambridge University Press, 1993.

Huang, Y. , "Reflections on theoretical pragmatics", 《外国语》（1）, 2001, pp. 1 – 10.

Hunter, J. , "Wittgenstein's forms of life", *American Philosophical Quarterly*, 4, 1968.

Hyman, L. M. , "Form and substance in language universals", In Butterworth et al. （eds.）, *Explanations for Language Universals.* Berlin: Mouton, 1984, pp. 67 – 85.

Jackendoff, R. , *Semantic Structures*, Cambridge MA: MIT Press, 1990.

Jackman, H. , "Modern Holism and instability thesis", *American Philosophical Quarterly*, Vol. 36（4）, 1999, pp. 1 – 11.

Jackson, E. A. , "On the control of complex dynamic systems", *Applied Physics.* Vol. 50（3）, 1991, pp. 341 – 366.

Jespersen, O. , *Essentials of English Grammar*, New York: Holt, 1933.

Josephson, J. R. & Josephson, S. G. , *Abductive Inference*: *Computation*, *philosophy*, *Technology*, Cambridge: Cambridge University Press, 1994.

Johnson-Laid, P. N. , "Mental models in cognitive science", *Cognitive Science*, 4, 1980, pp. 71 – 115.

Johnson-Laird, P. N. , *Mental models*: *Towards a Cognitive Science of Language*, *Inference*, *and Consciousness*, Massachusetts: Harvard University Press, 1983.

Johnson-Laird, P. N. , "Deductive Reasoning. 演绎推理", 张莉译, 载李平、陈向主编,《科学和推理的认知研究》, 江西人民出版社 2004 年版, 第 409 – 449 页。

Kasher, A. , Cognitive pragmatics, http: //www. tau. ac. il/kasher/pprag. htm. 1998: 1.

Kasher, A. , "Modular speech act theory: Program and results", In S. L. Tsohataidis（ed.）, *Foundations of Speech Act Theory*: *Philosophical and Linguisic Perspectives*, http：//webmail. haut. edu. cn/cgi-bin/read-mail/Prof-Asa.

Kiparsky, P. , "Analogy", *The Encyclopedia of Language and Lingistics*, Oxford：Pergamon Press, 1992, pp. 56 – 61.

Koffka, K. , *Principles of Gestalt Psychology*, New York：Harcourt, Brace, & World, 1935.

Kohler, W. , *Gestalt Psychology*, New York：Liveright, 1970.

Kortmann, B. , *Adverbial Subordination：A Typology and History of Adverbial Subordinators Based on European Languages*, Berlin/New York：Mouton de Gruyter, 1997.

Lakoff, G. , *The Body in the Mind：The Bodily Basis of Meaning, Imagination and Reason*, Chicago：The University of Chicago Press, 1987.

Lakoff, G. & Johnson, M. , *Metaphors We Live By*, Chicago：The University of Chicago Press, 1980.

Lakoff, G. & Johnson, M. , *Philosophy in the Flesh：The Embodied Mind and Its Challenge to Western Thought*, New York：Basic Books, 1999.

Lakoff, G. & Turner, M. , *More than Cool Reason：A Field Guide to Poetic Metaphor*, Chicago：The University of Chicago Press, 1989.

Langacker, R. W. , *Foundations of Cognitive Grammar：Vol. I. Theqretical Presuppositions*, Stanford：Stanford University Press, 北京大学出版社, 1987/2001.

Langacker, R. W. , "Assessing the Cognitive Linguistic Enterprise", In G. Redeker & T. Jansse (Eds.), *Cognitive Linguistics：Foundations, Scope, and Methodology*, Berlin：Mouton de Gruyter, 1999.

Langacker, R. W. , *Grammar and Conceptualization*, Berlin：Mouton de Gruyter, 2000.

Lemann, D. , "Stereotypical reasoning：Logical properties", *Journal of the Interest Group in Pure and Applied Logics*, Vol. 6 (1), 1998, pp. 49 – 58.

Levinson, S. C. , *Pragmatics*, Cambridge：Cambridge University Press, 1983.

Levinson, S. C. , "Pragmatics and the grammar of anaphora：A partial pragmatic reduction of binding and control phenomenon", *Journal of Linguistics*, 23, 1987, pp. 379 – 434.

Levinson, S. C. , "Pragmatic reduction of the Binding Conditions revisi-

ted", *Journal of Linguistics*, 27, 1991, pp. 107 – 161.

Levinson, S., *Presumptive Meanings: The Theory of Generalized Implicature*, Cambridge, MA: MIT Press, 2000.

Little, W., *The Shorter Oxford English Dictionary on Historical Principles* (3rd ed.), Oxford/New York : Clarendon Press, 1980.

Ludwig, K. & Zeglen, U. M., "Introduction to reading Davidson", In U. M. Zeglen (ed.), *Donald Davidson: Truth, Meaning and Knowledge*, London and New York: Routledge, 1999, pp. 1 – 12.

Lyons, J., *Semantics*, Cambridge: Cambridge University Press, 1977.

Marmaridou, S. S. A., *Pragmatic Meaning and Cognition*, Amsterdam: John Benjamins, 2000.

Mathesius, V., *A Functional Analysis of Present Day English on a General Linguistic Basis*, Prague: Academia, 1975.

Mey, J. L., *Pragmatics: An Introduction*, 外语教学与研究出版社, 2001.

Meyer, D. E. & Schvaneveldt, R. W., "Facilitation in recognizing pairs of words", *Journal of Experimental Psychology*, 90, 1971, pp. 227 – 234.

Minsky, M., "A framework for representing knowledge", In J. Haugeland (ed.), *Mind Design*, Cambridge, MA: MIT Press, 1981, pp. 95 – 128.

Mitchel, T. F., "The language of buying and selling in Cyrenaica: A situational statement", *Herperis*, 44, 1957, pp. 31 – 71.

Mitchell, P. & Kikuno, H., "Belief as construction: inference and processing bias", In P. Mitchell and K. J. Riggs (eds.), *Children's Reasoning and the Mind*, East Sussex: Psychology Press, 2000.

Mithun, M., "Evidential diachrony in Northern Iroquoian", In W. Chafe and J. Nichols (eds.), *Evidentiality: the Coding of Epistemology in Language*, Norwood, N. J. : Ablex, 1986, pp. 89 – 112.

Moeschler, J., "Expressing Causality in Natural Language: A Pragmatic Perspective", 17 Jan., 2007, Available: http://www. interdisciplines. org/causality/papers/15/version/ original.

Morgan, C. L., "Emergent Evolution", Cited from Paul F. Ballantyne, Marginalization of Morgan's canon and emergent evolution, 16 June, 2008, Available: http://www. comnet. ca/ ~ pballan/Morgan2. htm.

Nuts, J. , *Epistemic Modality*, *Language and Conceptualization*: *A Cognitive-pragmatic Perspective*, Amsterdam/Philadelphia: John Benjamins Publishing Company, 2000.

Ortony, A. , "Why metaphors are necessary and not just nice", *Educational Theory*, 25, 1975, pp. 45 – 53.

Ortony, A. , "Beyond literal similarity", *Psychological Review*, 86, 1979, pp. 161 – 180.

Palmer, Frank R. , *Mood and Modality*, Cambridge: Cambridge University Press, 1986.

Peregrin, J. , *Structural Linguistics and Formal Semantics*, Amsterdam: Benjamins, 1995.

Piaget, J. , *Structuralism*, New York: Basic Books, 1970.

Price, S. , *Communication Studies*, London: Longman, 1996.

Quirk, R. , Greenbaum, S. , Leech, G. & Svartvik, J. , *A Comprehensive Grammar of the English Language*, London: Longman, 1985.

Radford, A. , *Syntax*: *A Minimalist Introduction*, Cambridge: Cambridge University Press, 1997.

Radford, A. , *Transformational Grammar*: *A First Course*, 外语教学与研究出版社, 2000.

Ratcliff, R. & Mckoon, G. , "Priming in item recognition: Evidence for the propositional structure of sentences", *Journal of Verbal Learning and Verbal Behaviour*, 17, 1978, pp. 403 – 417.

Rescher, N. , *Plausible Reasoning*, The Netherland, Assen: Van Gorcum & Company, 1976.

Sanders, T. & Sweetser, E. , *Causal Categories in Discourse and Cognition*, Berlin/New York: Mouton de Gruyter, 2009.

Schwarz, N & G. Bohner. , "The construction of Attitude", In Tesser, B & N. Schwarz (eds.), *Handbook of Social Psychology*: *In-traindividualProcesses*, Vo. l 1, Oxford: Blackwell, 2001.

Searle, J. R. , *Intentionality*, Cambridge: Cambridge University Press, 1983.

Searle, J. , "Collective intentions and actions", In P. Cohen, J. Morgan, & M. E. Pollack (eds), *Intentions in Communication*, Cambridge, MA: Bradford Books, MIT Press, 1990, pp. 401 – 416.

Searle, J. R., "Literal meaning", *Expression and Meaning*: *Studies in the Theory of Speech Acts*, 外语教学与研究出版社, 2001, pp. 117 – 136.

Searle, J. R., *The Rediscovery of the mind*, 《心灵的再发现》, 王巍译, 中国人民大学出版社 2005 年版。

Searle, J. R., *Mind*, *Language and Society*, 李步楼译, 《心灵、语言和社会》, 上海译文出版社 2006 年版。

Sperber, D. & Wilson, D., *Relevance*: *Communication and Cognition*, Oxford: Blackwell, 1986/1995.

Sweetser, Eve., *From Etymology to Pragmatics*: *Metaphorical and Cultural Aspects of Semantic Structure*, Cambridge: Cambridge University Press, 北京大学出版社, 1990/2002.

Taylor, J., *Linguistic Categorization*: *Prototypes in Linguistic Theory*, Oxford: Oxford Univeristy Press, 1989/1995.

Taylor, J., *Cognitive Grammar*, Oxford: Oxford Univeristy Press, 2002.

Thelen, E. & Bates, E., "Connectionism and dynamic systems: are they really different?" *Developmental Science*, 4, 2003, pp. 378 – 391.

Tourangeau, R. & Sternberg, R., "Understanding and appreciating metaphors", *Cognition*, 11, 1982, pp. 203 – 244.

Traugott E. C., "From propositional to textual expressive meanings: Some semantic-pragmatic aspects of grammaticalization", In W. P. Lehmann, and Y. Malkeil (eds.), *Perspectives on Historical Linguistics*, Amsterdam: John Benjamins, 1982.

Traugott, E. C., "Subjectification in grammaticalization", In D. Stein & S. Wright (eds.), *Subjectivity and Subjectification in Language*", Cambridge: Cambridge University Press, 1995.

Traugott, E. C. & Heine, B., *Approaches to Grammaticalization*, Amsterdam: John Benjamins, 1991.

Turner, M., *The Literary Mind*, Oxford: Oxford University Press, 1996.

Ungerer, F. & Schmid, H. J., *An Introduction to Cognitive Linguistics*, 外语教学与研究出版社, 2001.

Verschueren, J., *Understanding Pragmatics*, London: Edward Arnold (Publishers) Ltd., 外语教学与研究出版社, 1999/2000.

Viney, W. & King, D. B., *A History of Psychology*: *Ideas and Context*,

北京大学出版社，2004.

Wertheimer，M.，*Productive Thinking*，London：Tavistock，1961.

Wertheimer，M.，"Gestalt theory，holistic psychologies and Max Werthe-imer"，*Personale Psychologie*，5，1983，pp. 32 – 49.

Willett，T.，"A crosslinguistic survey of the grammaticalization of eviden-tiality"，*Studies in Language*，12，1988，pp. 51 – 97.

Wilson，D.，"Relevance theory and lexical pragmatics"，Available：ht-tp：//www. pho. ucl. ac. uk/home /deirder/ papers/relevance.

Wilson，D.，"Relevance and communication"，*Modern Foreign Langua-ges*，Vol. 23（2），2000，pp. 210 –217.（《现代外语》，冉永平译）

毕鸿燕等：《演绎推理中的心理模型理论及相关研究》，《心理科学》2001 年第 5 期。

程琪龙：《生理、功能、认知》，《外语与外语教学》1999 年第 8 期。

陈维振：《有关范畴本质的认识——从"客观主义"到"经验现实主义"》，《外语教学与研究》2002 年第 1 期。

陈学忠：《汉语语法》，华中科技大学出版社 2006 年版。

陈一壮：《包纳简单性方法的复杂性方法》，《哲学研究》2004 年第 8 期。

《辞海》编辑委员会：《辞海》，上海辞书出版社 1999 年版。

崔晓玲：《英汉因果复合句对比初探》，《延边大学学报》（社会科学版）2000 年第 4 期。

戴浩一：《概念结构与非自主性语法：汉语语法概念系统初探》，《当代语言学》2002 年第 1 期。

［美］戴维森：《真理和意义》，载牟博、杨音莱、翰林合等译，《语言哲学》，商务印书馆 1998 年版，第 127—151 页。

范冬萍：《复杂系统的因果观和方法论》，《哲学研究》2008 年第 2 期。

范连义：《维特根斯坦的语言生活形式观》，《外语学刊》2007 年第 2 期。

方锦清：《令人关注的复杂性科学和复杂性研究》，《自然杂志》2002 年第 1 期。

高明凯：《作为美国资产阶级文化一个部门的描写语言学》，《语言学资料》1963 年第 3 期。

桂起权：《对复杂性研究的一种辩证理解》，《安徽大学学报》（哲学社会科学版）2007 年第 3 期。

　　韩清民：《英语简单句中的因果关系初探》，《昭乌达蒙族师专学报》（汉文哲学社会科学版）1997 年第 1 期。

　　何兆熊：《新编语用学概要》，上海外语教育出版社 2000 年版。

　　侯国金：《语用含糊的标记等级和元语用意识》，《外国语》2005 年第 1 期。

　　黄伯荣、廖序东：《现代汉语》，甘肃人民出版社 1980 年版。

　　蒋严：《论语用推理的逻辑属性——形式语用学初探》，《外国语》2002 年第 3 期。

　　金立鑫：《语法的多视角研究》，上海外语教育出版社 2000 年版。

　　[奥地利]卡尔·波普：《客观知识》，舒炜光译，上海译文出版社 1987 年版。

　　[美]库恩：《科学革命的结构》，金吾伦、胡新和译，北京大学出版社 2003 年版。

　　[美]蒯因：《经验主义的两个教条》，载牟博、杨音莱、翰林合等译，《语言哲学》，商务印书馆 1998 年版，第 39—65 页。

　　蓝天：《从因果句的表意谈因果倒装句》，《济宁师专学报》1996 年第 2 期。

　　李福印：《当代国外认知语言学研究的热点》，《外语研究》2004 年第 3 期。

　　李曙华：《从系统论到混沌学》，广西师范大学出版社 2002 年版。

　　李曙华：《当代科学的规范转换——从还原论到生成整体论》，《哲学研究》2006 年第 11 期。

　　梁战军：《系统科学对思维范式引起的变化》，《系统科学学报》2006 年第 4 期。

　　廖巧云：《主位与语篇生成》，《四川外语学院学报》1999 年第 3 期。

　　廖巧云：《英语实据原因句探微》，《外国语》2004 年第 4 期。

　　廖巧云：《认知语言学研究的新概括：Croft & Cruse 的〈认知语言学〉述介》，《现代外语》2005 年第 2 期。

　　廖巧云：《定义的认知—语用研究》，《外语学刊》2005 年第 5 期。

　　廖巧云：《语用学理论整合研究的理据探讨》，《四川外语学院学报》2006 年第 6 期。

　　廖巧云：《英语因果构式探讨》，《外语研究》2007 年第 3 期。

　　廖巧云：《英语实据因果句与溯因推理》，《四川外语学院学报》2007

年第 4 期。

廖巧云：《基于"心理模型"的语篇识解模型》，《外语学刊》2008年第 4 期。

廖巧云：《英语实据因果句生成机理研究》，《现代外语》2008 年第3 期。

廖巧云：《英语实据因果句识解机理研究》，《外语教学》2010 年第5 期。

刘辰诞：《结构和边界：语言表达式的认知基础》，博士论文，河南大学，2005 年。

刘辰诞：《心理模型与语言表达式的生成——兼论作格结构和中动结构的形成动因》，《外语研究》2007 年第 3 期。

刘润清：《西方语言学流派》，外语教学与研究出版社 1995 年版。

刘润清、封宗信：《语言学理论与流派》，南京师范大学出版社 2004年版。

刘绍忠、唐建军：《认知、语用与语法化——语法化研究》（中），《桂林师范高等专科学校学报》2004 年第 4 期。

刘鑫民：《焦点、焦点的分布和焦点化》，《宁夏大学学报》1995 年第1 期。

陆俭明：《现代汉语语法研究教程》，北京大学出版社 2003 年版。

陆俭明：《词语句法、语义的多功能性：对"构式语法"理论的解释》，《外国语》2004 年第 2 期。

鲁利亚：《神经语言学的主要问题》（译文），《国外语言学》1983 年第 2 期。

马凤鸣：《新编日语句型》，上海外语教育出版社 1999 年版。

［美］米歇尔·沃尔德罗普：《复杂——诞生于秩序与混沌边缘的科学》，陈玲译，三联书店 1997 年版。

牛保义：《国外实据性理论研究》，《当代语言学》2005 年第 7 期。

牛保义：《英语因果复句的认知语法研究》，《现代外语》2006 年第4 期。

皮细庚：《新编日语语法教程》，上海外语教育出版社 1987/1992年版。

沈家煊：《"语法化"研究综观》，《外语教学与研究》1994 年第4 期。

沈家煊：《语用法的语法化》，《福建外语》1998 年第 2 期。

沈家煊：《语言的"主观性"和"主观化"》，《外语教学与研究》2001 年第 4 期。

沈家煊：《复句三域"行、知、言"》，《中国语文》2003 年第 3 期。

沈小峰、胡岗、姜璐：《耗散结构论》，上海人民出版社 1987 年版。

石毓智：《语法的认知义基础》，江西教育出版社 2000 年版。

石毓智：《现代汉语语法系统的建立——动补结构的产生及其影响》，北京语言大学出版社 2003 年版。

石毓智、李讷：《汉语语法化的历程——形态句法发展的动因和机制》，北京大学出版社 2001 年版。

孙小礼：《科学方法论的一个研究提纲》，《哲学研究》2001 年第 2 期。

王宏：《日语常用表达方式》，上海外语教育出版社 1998 年版。

王建伟、苗兴伟：《语法化现象的认知语用解释》，《外语研究》2001 年第 2 期。

王寅：《论语言符号象似性》，《外语与外语教学》1999 年第 5 期。

王寅：《认知语义学》，《四川外语学院学报》2002 年第 2 期。

王寅：《体验哲学和认知语言学对句法成因的解释》，《外语学刊》2003 年第 1 期。

王寅：《体验哲学：一种新的哲学理论》，《哲学动态》2003 年第 7 期。

王寅：《体验哲学和认知语言学对词汇和词法成因的解释》，《外语学刊》2004 年第 2 期。

王寅、严辰松：《语法化的特征、动因和机制》，《解放军外国语学院学报》2005 年第 4 期。

王玉海、喻国华：《论复杂性研究》，《系统科学学报》2006 年第 2 期。

[英] 维特根斯坦：《哲学研究》，李步楼译，商务印书馆 1996 年版。

维之：《因果关系研究》，长征出版社 2002 年版。

维之：《因果必然性论证》（上），《运城高等专科学校学报》2002 年第 4 期。

维之：《因果必然性论证》（下），《运城高等专科学校学报》2002 年第 6 期。

文旭：《认知语言学的研究目标、原则和方法》，《外语教学与研究》2002 年第 2 期。

吴福祥：《近年来语法化研究的进展》，《外语教学与研究》2004 年第 1 期。

吴世雄、陈维振：《论语义范畴的家族相似性》，《外语教学与研究》1996 年第 4 期。

北京大学哲学系外国哲学史教研室：《西方哲学原著选读》（上卷），商务印书馆 1981 年版。

邢福义：《汉语复句研究》，商务印书馆 2002 年版。

熊志军：《论超越还原论》，《系统科学学报》2006 年第 3 期。

［英］休谟：《人性论》（上卷），关文运译，商务印书馆 1980 年版。

徐李洁：《英语倒装句再研究》，《外语与外语教学》2003 年第 8 期。

徐盛桓：《论"一般含意"》，《外语教学》1993 年第 3 期。

徐盛桓：《论常规关系》，《外国语》1993 年第 6 期。

徐盛桓：《含意本体论研究》，《外语教学与研究》1996 年第 3 期。

徐盛桓：《话语的含意性》，《外语研究》1996 年第 3 期。

徐盛桓：《隐性表述论略》，张绍杰、杨忠主编：《语用·认知·交际》，东北师范大学出版社 1998 年版，第 88—105 页。

徐盛桓：《常规关系与认知化——再论常规关系》，《外国语》2002 年第 1 期。

徐盛桓：《理论语用学研究中的假说》，《外语与外语教学》2002 年第 6 期。

徐盛桓：《常规关系与语句解读研究》，《现代外语》2003 年第 2 期。

徐盛桓：《语言学研究的逻辑学思考》，《解放军外国语学院学报》2003 年第 4 期。

徐盛桓：《A and B 语法化研究》，《外语教学与研究》2004 年第 1 期。

徐盛桓：《成语的生成》，《暨南大学华文学院学报》2004 年第 2 期。

徐盛桓：《结构和边界》，《外国语》2005 年第 1 期。

徐盛桓：《句法研究的认知语言学视野》，《外语与外语教学》2005 年第 4 期。

徐盛桓：《语用推理的认知研究》，《中国外语》2005 年第 5 期。

徐盛桓：《"成都小吃团"的认知解读》，《外国语》2006 年第 2 期。

徐盛桓：《相邻与补足：成语形成的认知研究之一》，《四川外语学院学报》2006 年第 2 期。

徐盛桓：《常规推理与"格赖斯循环"的消解》，《外语教学与研究》2006 年第 3 期。

徐盛桓：《相邻和相似》，《暨南大学华文学院学报》2006 年第 3 期。

徐盛桓：《话语理解的意向性解释》，《中国外语》2006 年第 4 期。

徐盛桓：《自主与依存》，《外语学刊》2007 年第 2 期。

徐盛桓：《认知语用学研究论纲》，《外语教学》2007 年第 3 期。

徐盛桓：《基于模型的语用推理》，《外国语》2007 年第 3 期。

徐盛桓：《心理模型和类层级结构》，认知语言学讲习班讲课提纲，2007 年 5 月，长沙。

徐盛桓：《相邻关系视角下的双及物句再研究》，《外语教学与研究》2007 年第 4 期。

徐盛桓：《生成整体论与认知语言学研究》，认知语言学讲习班讲稿，2007 年 7 月，福州。

徐盛桓：《转喻为什么可能?》，《上海交通大学学报》（哲学社会科学版）2008 年第 1 期。

徐盛桓、李淑静：《英语原因句的嬗变》，《外语学刊》2005 年第 1 期。

徐通锵：《结构的不平衡和语言演变的原因》，《中国语文》1990 年第 1 期。

严辰松：《语言如何表达"言之有据"——传信范畴浅说》，《解放军外国语学院学报》2000 年第 1 期。

杨成虎：《语法化理论评述》，《山东师范大学外国语学院学报》2000 年第 4 期。

曾广容：《系统开放性原理》，《系统辩证学学报》2005 年第 3 期。

张伯江：《认识观的语法表现》，《国外语言学》1997 年第 2 期。

张道真：《实用英语语法》，商务印书馆 1979 年版。

张德禄：《论语言交际中的交际意图》，《解放军外语学院学报》1998 年第 3 期。

张辉：《认知语义学述评》，《外语与外语教学》1999 年第 12 期。

张晓东：《分层网络模型与激活扩散模型对英语词汇教学的启示》，《北京第二外国语学院学报》2003 年第 6 期。

章振邦等：《新编英语语法》，上海外语教育出版社 1997 年版。

赵艳芳：《认知语言学的理论基础及形成过程》，《外国语》2000 年第 1 期。

赵艳芳：《认知语言学概论》，上海外语教育出版社 2001 年版。

郑易理等：《英华大辞典》（修订第二版），商务印书馆 1987 年版。

周秋原、金升霞:《言语生成及理解的心理模型》,《长江大学学报》(社会科学版)2004年第1期。

朱永生、严世清:《系统功能语言学多维思考》,上海外语教育出版社2001年版。